Vom Leben
und anderen Zumutungen

Giovanni di Lorenzo

Vom Leben
und anderen Zumutungen

Gespräche

Kiepenheuer & Witsch

Der Verlag Kiepenheuer & Witsch hat sich zu einer nachhaltigen Buchproduktion verpflichtet. Gemeinsam mit unseren Partnern und Lieferanten setzen wir uns für eine klimaneutrale Buchproduktion ein, die den Erwerb von Klimazertifikaten zur Kompensation des CO_2-Ausstoßes einschließt. Weitere Informationen finden Sie unter www.klimaneutralerverlag.de

5. Auflage 2023

© 2023, Verlag Kiepenheuer & Witsch, Köln
Alle Rechte vorbehalten
Covergestaltung: Rudolf Linn, Köln
Covermotiv: © Vera Tammen
Gesetzt aus der Garamond Premier und der Bodoni LT
Satz: Buch-Werkstatt GmbH, Bad Aibling
Druck und Bindung: CPI books GmbH, Leck
ISBN 978-3-462-00618-6

Für Ambra Maria

Vorwort

Als ich vor Jahren für ein Buch die Chance bekam, meine mir liebsten Interviews seit meinen Anfängen als Journalist zu veröffentlichen, da hatte ich noch Gewissheiten: Ein Gespräch ist dann gut, wenn der oder die Befragte sich öffnet. Wenn Fragen und Antworten sich aufeinander beziehen und am Ende das Gesagte eine Art gedrucktes Porträt ergibt. Das alles ist mir heute auch noch wichtig, aber der Rückblick auf die vergangenen zehn Jahre, aus denen alle Gespräche in diesem Buch stammen, lehrt mich noch etwas anderes. Heute ist ein Gespräch vor allem dann gut, wenn das Gegenüber nicht so viel Angst hat, etwas Falsches zu sagen. Diese Angst äußert sich in Zurückhaltung, Zaudern, Vorsicht, Absagen, im Nachhinein vorgenommenen Streichungen oder Umformulierungen, manchmal sogar dem Einschalten von Anwälten, was zur Tilgung ganzer Passagen oder sogar des ganzen Interviews führen kann – all das ist heute das Grundrauschen fast jeder öffentlichen Äußerung. Anders als in angelsächsischen Ländern ist es im deutschsprachigen Raum nämlich üblich, dass Gespräche vor der Veröffentlichung autorisiert werden. Und jede und jeder weiß, ein pointierter Satz kann den nächsten Shitstorm auslösen.

Und man muss sagen: Alle Gesprächspartner haben auch recht. Kaum etwas bleibt unbemerkt, und irgendjemand regt sich immer auf, allemal bei den großen und polarisierenden Themen unserer Zeit, die in diesem Buch natürlich auch eine Rolle spielen: die Flüchtlingskrise und die digitale Revolution, der Kulturkampf um Identität und dem Noch-oder-nicht-mehr-Sagbaren, die Pandemie und die Klimakrise und schließlich der Krieg Russlands gegen die Ukraine.

Obwohl ich diese Entwicklung für eine Plage halte, muss ich zugeben, dass auch ich mich sehr in Acht nehme, wenn ich der Befragte bin und nicht selbst das Gespräch führen darf. Und dass ich bei öffentlichen Veranstaltungen oft als Erstes frage, ob das Gespräch denn im Internet gestreamt wird. Dann heißt es für mich: Jetzt reiß dich aber zusammen!

Kurioserweise gilt diese Regel der allumfassenden Absicherung für einen bestimmten Typus nicht. Recep Erdoğan und Viktor Orbán haben sich um die Autorisierung keinen Deut geschert. Orbán schaltete einen deutschsprachigen Mittelsmann ein, der nur sehr wenig beanstandete. Ein Berater Erdoğans bestand lediglich auf der Veränderung eines einzigen Wortes. Und selbst der Papst hatte nur an zwei Stellen Änderungswünsche. Können sich denn nur noch Autokraten oder Stellvertreter Gottes auf Erden das Recht auf wirklich freie Meinungsäußerung leisten?

Es ist nicht nur die Vorsicht vieler Gesprächspartner, die Interviews erschwert. Auch das Publikum ist empfindlicher geworden. Bei Menschen, die besonders umstritten sind, wie eben Orbán oder Erdoğan, kommt in Zuschriften immer der Vorhalt: Wie kann man so einem Menschen ein Forum geben? Und warum wurde so unkritisch gefragt? Das verkennt komplett, dass es einen großen Unterschied macht, ob man *über* jemanden schreibt oder *mit* jemandem spricht. Die Antworten müssen dann auch für sich stehen können. Meistens sind sie doch erhellend genug. Man kann ja nicht neben das veröffentlichte Interview einen Begleittext voller Distanzierungen oder Kommentare stellen.

Zwar bin ich grundsätzlich der Meinung, dass es Menschen gibt, die keine Bühne in einer Zeitung bekommen dürfen, Gewalttäter, Verschwörungstheoretiker, Holocaustleugner zum Beispiel. Für sie müssen wir nicht Verstärker spielen. Aber Herrscher, die Macht haben über Millionen von Menschen – von denen möchte ich alles wissen, selbst wenn mir beim Abhören ihrer verqueren Gedanken auf meinem Tonband schlecht wird. Gut vorbereitet würde ich sogar den Teufel interviewen, wenn es ihn denn gäbe. Papst Franziskus, das werden Sie in diesem Buch erfahren, glaubt fest an ihn.

Vor etwa zwanzig Jahren war ich mal zu einem Abendessen mit einem Autokraten eingeladen. Zwischen Hauptgericht und Dessert rutschte ihm ein vom Dolmetscher unter sichtbarem Unbehagen übersetzter Satz heraus, den ich mein Leben lang nicht vergessen werde. Er sprach über einen plötzlich zu Tode gekommenen Regimegegner, es war, wenn ich mich recht erinnere, ein erfolgreicher Unternehmer. Der Diktator bekannte, dass »wir ihn vernichtet« haben. Auch deshalb glaube ich an die persönliche Begegnung und das spontane Wort. Dieser eine Moment war aufschlussreicher als alles, was ich zur Vorbereitung des Treffens gelesen hatte.

In diesem Buch fehlt ein Gespräch, das ich gerne noch mal veröffentlicht hätte, was mir aber leider nicht erlaubt wurde. Auch dies ist ein Symptom für eine Fehlentwicklung, die zunehmend zu einer Bedrohung wird. Im Herbst 2021 interviewte ich die kultisch verehrte Sängerin Helene Fischer, einen der größten Stars im deutschsprachigen Showbusiness. Fünf Jahre lang hatte ich mich immer wieder darum bemüht, es war ein schwieriger Annäherungsprozess. Aber als wir uns endlich in einem Münchner Hotel zum Interview trafen, wurde es ein angenehmes, offenes Gespräch. Ich hatte ihr zugesagt, keine Frage zu ihrem Partner oder gar zu ihrer Schwangerschaft zu stellen, doch sprachen wir unter anderem ausführlich über ihr Ankommen in Deutschland, nachdem sie als Dreijährige mit ihrer Familie von Krasnojarsk in Sibirien nach Wöllstein in Rheinland-Pfalz ausgewandert war. Helene Fischer wirkte dabei sehr reflektiert und sympathisch. Aber am Morgen des Redaktionsschlusses bei der ZEIT rief das Management an und erklärte, dass man das Interview so unter keinen Umständen freigeben könne.

Am Abend dann, es fehlten nur noch Stunden bis zum Andruck, kam eine Fassung zurück, in der so viel verändert und vor allem gestrichen worden war, wie ich es in meinem ganzen Berufsleben noch nie erlebt hatte. Die Begründung der Anwälte ist einerseits nachvollziehbar: Sie hatten Angst, dass jeder persönliche Satz noch monatelang von den Boulevardmedien ausgeschlachtet werden könnte, wogegen sie dann juristisch vorgehen müssten. Andererseits führt das aber dazu, dass nur noch ein anwaltlich gefiltertes Bild bekannter Persönlichkeiten die Öffentlichkeit erreichen darf. Letztlich ein perfektes Marketingprodukt – und kein Mensch mit Widersprüchen und prägender Vorgeschichte. Unter großem Zeitdruck entschlossen wir uns in der Redaktion, das Interview mit Helene Fischer trotzdem zu veröffentlichen. In einem kleinen Begleittext machten wir wenigstens die Arbeitssituation transparent, wir schrieben: »Beim Autorisieren der Zitate ist ein umfangreicher Teil des Interviews überraschend wieder gestrichen worden – alles, was mit Helene Fischers Familie, ihrer Prägung und ihrem Ankommen und Aufwachsen in Deutschland zu tun hatte.« Dies wiederum verärgerte die Gegenseite und ist offenbar ein Grund dafür gewesen, warum uns der Nachdruck verweigert wurde.

Aber es gibt zum Glück auch heute noch überraschende, ja wunderbare Begegnungen. Mit Daniel Cohn-Bendit, der in der ZEIT zum ersten Mal ausführlich über seine jüdische Identität spricht. Oder mit dem Komiker Bülent Ceylan, der vor ganzen Stadien den lustigen Türken spielte, sich aber erst vor kurzer Zeit traute, über das Mobbing in seiner Kindheit zu sprechen. Oder mit Victoria und ihren drei Bandkollegen der Rockgruppe Måneskin, die in einer Offenheit über ihre Generation und über Politik redeten, wie dies vielleicht nur Musiker tun, die ihren Welterfolg noch nicht mit einem Kokon aus Floskeln und Aufpassern abgesichert haben.

Es gilt, in wenigen Stunden, manchmal in noch kürzerer Zeit so viel Vertrauen wie möglich aufzubauen, ohne dass die nötige Distanz verloren geht. Besonders verpflichtet fühle ich mich einem Mädchen gegenüber: Penelope ist die Tochter einer Kollegin und eines der klügsten und schlagfertigsten Kinder, die ich je kennengelernt habe. Mit ihr, sie war damals 8 Jahre alt, sprach ich im Rahmen eines Stiftungsprojekts kurz nach dem zweiten Lockdown über Selbstwertgefühl und Zukunftspläne. Von Penelope stammt der hoffnungsfroh stimmende Satz: »Ich habe mich als Vorbild, ich gehe einfach ins Leben rein.«

Giovanni di Lorenzo, Anfang Juli 2023

Ich danke Astrid Herbold für die redaktionelle Mitarbeit; Hanna Gieffers, Sabine Gülerman, Karoline Kuhla, Simone Steinmetz, Caroline von Bar sowie Marie Amrhein, Matthias Krupa, Özlem Topçu und Verena von Koskull, die bei der Vorbereitung, Bearbeitung oder Übersetzung eines oder mehrerer Interviews mitgewirkt haben; Flaminia Bussotti, Tina Hildebrandt, Andreas Sentker und Claas Tatje, mit denen ich jeweils ein Interview gemeinsam geführt habe. Mein besonderer Dank geht an Cordt Schnibben, den Freund und Kollegen, der immer noch viel kreativer ist als ChatGPT, an Helge Malchow, den großen Verleger und Motivator, und natürlich an die ZEIT, die den meisten meiner Gespräche den Raum gegeben hat und ohne die es in meinem Leben sowieso ein riesiges Loch gäbe.

Inhalt

Vorwort 7

»Das Glück ist ein flüchtiger Vogel«
Udo Jürgens 13

»Ich wollte immer Filme machen,
das war schon mit zehn Jahren so«
Michael Bully Herbig 33

»Der Unterschied zwischen Mensch und Computer
wird in Kürze aufgehoben sein«
Timotheus Höttges 51

»Italien ist immer ein rechtes Land gewesen«
Umberto Eco 73

»Ich kenne auch die leeren Momente«
Papst Franziskus 89

»Sie sollten erst einmal nachschlagen, was das ist,
ein Diktator!«
Recep Tayyip Erdoğan 107

»Es muss nicht jeder, der grün wählt,
gleich mit mir in den Urlaub fahren wollen«
Robert Habeck 123

»Die Kunst ist, nicht zu sterben«
Reinhold Messner 137

»Worum du mich bittest, Angela, ist Selbstmord«
Viktor Orbán 157

»Kann sein, dass ich kein guter Jude bin«
Daniel Cohn-Bendit 175

»Ich bin eigentlich ziemlich bescheiden«
Daniela Cavallo 195

Einmal Türke, immer Türke?
Bülent Ceylan 205

»Ich hoffe, dass man nicht wieder Schulen schließt«
Christian Drosten 223

»Ich habe mich als Vorbild«
Penelope Tzanakakis 239

»Mein Vater fand, Musiker zu werden, sei für einen
Süditaliener ungefähr so, wie zum Mond zu fliegen«
Riccardo Muti 251

»Hatten Sie gedacht, ich komme mit Pferdeschwanz?«
Angela Merkel 265

»Die wahren Legenden sind total lässig«
Måneskin 277

»Es ist praktisch unmöglich, ohne neue Techologie
die Wende rechtzeitig zu schaffen«
Leonhard Birnbaum 291

»Wer Angst vor mir hat, ist selber schuld«
Sabine Rückert 307

PS: Ein Nachtrag von und mit Robert Habeck 327

»Das Glück ist ein flüchtiger Vogel«

Udo Jürgens

Zu behaupten, man würde sich auf einen Gesprächspartner ohne Vorurteile einlassen, wäre pure Heuchelei. Natürlich hat man schon ein Bild im Kopf, allemal bei Prominenten. Meistens ist es allerdings ein Medienbild. Udo Jürgens, dieser wohl einflussreichste Chansonier deutscher Sprache, war mir nicht besonders sympathisch. Am Tag, an dem in Berlin die Mauer aufging, traf ich ihn, neben einem Begleiter stehend, zufällig am Empfangstresen des Parkhotels in Bremen. Ich hatte gerade die Nachricht aus Berlin erfahren und war ziemlich aufgewühlt. Deshalb sagte ich das auch Udo Jürgens und den anderen vor und hinter dem Tresen. Udo Jürgens schaute mich gar nicht an und wirkte ziemlich desinteressiert. Eher beiläufig sagte er zu seinem Begleiter: »Ja, jetzt geht's los.« Merci, Chérie!

Als ich ihn ein Vierteljahrhundert später in Hamburg zu diesem Interview traf, ging ich also mit ziemlich niedrigen Erwartungen in das Gespräch. Ich dachte, er habe nichts Neues mehr zu sagen, nach Millionen von Berichten, Interviews und Porträts, einige nicht gerade schmeichelhaft, vor allem wegen seines ausufernden Privatlebens als jüngerer Mann. Aber ich begegnete einem beinahe 80-Jährigen, der so offen und uneitel über sich selbst sprach, wie ich es selten erlebt habe: Leise im Ton, selbstkritisch zog Udo Jürgens Bilanz. Und erzählte Dinge, die ich, trotz aller Vorbereitungen, nicht mal geahnt hatte – wie er zum Beispiel als Kind Zeuge eines Kriegsgräuels geworden war. Im Nachhinein hat er kaum etwas geändert, ausgenommen eine kurze Passage, in der es um eine für ihn wichtige Frau ging, da fürchtete er die Skandalisierung seiner Offenherzigkeit. Dafür sprach er viel von den Plänen, die er noch hatte. Aber vier Monate später brach er bei einem Spaziergang zusammen, Stunden danach starb er in einem Spital im Kanton Thurgau. So wurde dieses Gespräch eines der letzten, das er mit einem Journalisten geführt hat.

Herr Jürgens, vor 35 Jahren war ich Hospitant bei der »Hannoverschen Neuen Presse«. Ich möchte Sie nicht beleidigen, aber mit der Musik von Udo Jürgens konnte ich damals nichts anfangen ...
... das kann ich verstehen.

Aber ich kann mich heute noch daran erinnern, dass Sie damals einer Kollegin in einem Interview ganz uneitel sagten: Ich hätte so gerne eine andere Stimme.
Das stimmt. Eine andere Stimme, ja.

Was hätten Sie denn gerne für eine Stimme gehabt?
Ich habe eine Moderatorenstimme. Ideal, um den Leuten im Fernsehen etwas zu erklären. Aber um als Sänger Karriere zu machen, braucht man eine Stimme, die den Text nicht so wichtig macht. Eine Stimme wie die von Elton John, die keine tiefen Resonanztöne hat, sondern nur Höhen. Das lässt sich leicht einmischen in eine Pop-Produktion. Ich musste also einen Weg finden, damit ich mit meiner Stimme etwas erzähle.

Das haben Sie sich bewusst vorgenommen?
Ja, und daher kommen Lieder wie *Ich war noch niemals in New York* oder *Mein Bruder ist ein Maler,* in denen ich Geschichten erzähle. Sie haben nur das Manko, dass die Leute von Anfang bis Ende zuhören müssen. Das ist für die Karriere eines Popsängers das Schlechteste.

Mit diesem Manko sind Sie aber weit gekommen!
Wissen Sie, warum? Die Leute haben meine Lieder wie ein Buch gelesen oder wie den Soundtrack zu einem Film wahrgenommen. Das ist heute noch so, auch in meinen Konzerten, dass die Lieder mit Ge-

schichten die Leute am tiefsten berühren. Das liegt an der Verfärbung der Stimme.

Insofern haben Sie doch einen großen Vorteil.
Das hat sich dann herausgestellt, dass das mein Kapital ist. Bei mir kommt's auf den Text an, wie im französischen Chanson. Gilbert Bécaud, Jacques Brel, die haben alle nur Geschichten erzählt. Das ist ein wunderschöner Gedanke, in der Musik eine Form von Literatur zu haben. Aber so etwas in Deutschland auszusprechen, ist schon ein schwerer Frevel. *(lacht)* Eigentlich gibt es ja kein deutsches Chanson. Aber bei mir gibt es so etwas Ähnliches.

Mir fällt noch ein Sänger ein, der aus einer begrenzten Stimme durch seine Technik unglaublich viel gemacht hat: Frank Sinatra.
Das ist für mich das größte Vorbild aller Zeiten. Frank Sinatra hat etwas erfunden, worauf ich heute aufbaue. Er hat gesagt, wenn du sprichst, verwendest du Töne. Man muss aus der Sprache heraus singen und versuchen, die Töne auf den verschiedenen Längen und in verschiedenen Lagen zu halten. Wenn das gelingt, wird ein Gesang unglaublich natürlich.

Hat Frank Sinatra Ihnen das persönlich gesagt?
Nein, ich habe ihn leider Gottes nicht gekannt, obwohl ich ein Lied für ihn geschrieben habe: *If I Never Sing Another Song.* Er hat es dann nicht selbst gesungen, aber er hat es zwei Jahre lang in der Schublade liegen gehabt, und dann hat er es Sammy Davis Jr. gegeben. Damit hat der dann immer seine Konzerte beendet.

Sehen Sie sich eigentlich in erster Linie als Komponist oder auch als Liedermacher?
Ich bin in erster Linie Komponist. Ich weiß, das ist ein großes Wort. Wenn ich an Daniel Barenboim und ich weiß nicht wen denke: Die würden jetzt vielleicht sagen: »Na, na, na, der Junge nimmt den Mund ein bisschen voll.« Ich fühle mich als ein Liederkomponist: Alle meine Lieder habe ich ohne Ausnahme selbst komponiert.

Die Texte dazu haben dann zum Beispiel Michael Kunze oder Joachim Fuchsberger geschrieben. Haben Sie denn an den Zeilen mitgearbeitet?
Sehr viel sogar. Das war immer eine großartige Zusammenarbeit. *Mein Bruder ist ein Maler* ist ein typisches Beispiel. Da habe ich zum Wolfgang Hofer gesagt: »Hör zu, mein Bruder und ich haben gestern die halbe Nacht darüber geredet, wer glücklicher ist, wenn er über seine Arbeit nachdenkt: der Maler, der das Bild bei sich an der Wand hat und immer drauf gucken kann, aber es ist still in dem Raum. Oder der Musiker, der auf der Bühne der Mittelpunkt der Welt ist, aber wenn sein Lied verklungen ist, dann ist es weg.

Letztlich dreht sich das Lied doch um die Frage, wer es schafft, das bessere Leben zu führen.
Ja, natürlich. Und jeder ist der Meinung, der andere hat's besser.

Was macht denn für Sie ein gutes Leben aus: anhaltende Zufriedenheit oder immer wieder kurze Momente großen Glücks?
Ich würde sagen, das mit den Glücksmomenten. Mein Bruder ist eher der Typ zufriedenes Leben. Man muss natürlich wissen, das Glück ist ein flüchtiger Vogel. Er setzt sich bisweilen auf deine Schulter und beschenkt dich mit seiner Gegenwart, aber er ist ganz schnell wieder weg. Du musst jeden Glücksmoment mit einem traurigen Moment bezahlen. Das ist der Ausgleich im Leben. Man sehnt sich immer nach dieser friedlichen Variante, besonders wenn man älter wird. Aber kaum ist man zufrieden, beginnt einen diese Zufriedenheit zu langweilen. Und dann erinnert man sich an diese Momente ... wie damals, als ich in Peking auf der Bühne stand und chinesische Studenten Schilder hochgehalten haben: »17 Jahr', blondes Haar«, »Udo, we love you«.

Das war so ein Glücksmoment?
Das ist ein Augenblick, in dem du dich auch selbst überschätzt. Wenn du auf der Bühne gewinnen willst, musst du denken, du bist die Erdachse. *(lacht)* Du musst das Gefühl haben, die Erde dreht sich jetzt an einer Achse, die du bestimmst, solange du hier stehst. Und all die vielen Milliarden Menschen, die das nicht miterleben können, die sind

arm dran. Aber du musst wissen: Wenn das vorbei ist, bist du genauso schnell wieder unten und noch tiefer. Du gehst aus dem Theater raus, vielleicht durch einen Hinterhof, wo kein Mensch ist, oder es kommt dir irgendeiner entgegen, der dich nicht kennt: Und du bist gar nichts mehr. Dieser Beruf lebt von der Erinnerung.

In welchen Situationen kommt bei Ihnen dieser »tipping point«, in dem das Hochgefühl sich ganz schnell in Melancholie umkehrt oder sogar in eine Depression?
Das sind Situationen, die sich aus dem Alltag ergeben. Wenn die Alltagsprobleme wieder reingeschwemmt werden in die Euphorie. Mit dem nächsten Telefonat ist bereits das erste Problem da, das man nicht gleich lösen kann. Da färbt sich die Stimmung um, sie wird grauer.

Sie haben viele, viele Jahre an Schlaflosigkeit gelitten.
Ja. Ich weiß nicht, warum, aber inzwischen schlafe ich wunderbar. Auf meinem Nachtkästchen liegt keine einzige Tablette mehr.

Schlaflosigkeit wird oft als Symptom von Depressionen gewertet.
Ich glaube, in dieser Zeit der Euphorie war ich auch immer sehr deprimiert, weil es eben ein Scheinglück ist, kein wahres, tiefes, bleibendes Glück. Das hat sich auch in meinem Privatleben geäußert: Ich habe mich als jüngerer Mann wahnsinnig schnell verliebt, aber sehr oft in meinem Leben hat sich auch schnell eine gewisse Ernüchterung eingestellt. Letztlich ist es vermutlich die zweite Variante, die Zufriedenheit, die im Leben die bedeutendere ist. Aber wenn du die Phase der Euphorie nicht erlebt hast und die Phase der Traurigkeit, dann wirst du nichts Bedeutendes schaffen. Wenn du Musik machen willst, wenn du schreiben willst, wenn du auch literarisch tätig sein willst, mit der Sprache umgehen willst, dann musst du von Euphorie in Traurigkeit verfallen.

Wenn Sie das so schildern, wie Sie sich auf der Bühne fühlen, das klingt ein bisschen wie das Glücksgefühl eines Kindes, das von Mama oder Papa hochgehoben wird und dem gesagt wird: Du bist toll!
Wunderbar, das ist es! Mein Vater hat mich früher natürlich genauso

hochgeworfen und wieder aufgefangen. Da haben wir gejuchzt und gejubelt. Wir drei Jungs haben meinen Vater sehr geliebt und auch sehr respektiert. Er hat uns niemals geschlagen, wie es damals gang und gäbe war.

Gab es in Ihrer Schule noch die Prügelstrafe?
Aber wie! Mit einem Stock, dem »Spanischen«. Der Lehrer hat uns knien lassen, wenn er den Spanischen geholt hat. Und wir mussten uns in einen schmalen Spalt hinter den Ofen zwängen und da eine halbe Stunde bleiben. Der Ofen war geheizt, also bekamen wir einen hochroten Kopf und sind manchmal auch ohnmächtig geworden. Das war eine Vorstufe der Folter, heute würden die Leute dafür eingesperrt.

Konnten Sie zu Hause davon erzählen, wie furchtbar es in der Schule war?
Das haben wir erst ganz spät gemacht, denn die oberste Tugend war die Disziplin. Nicht bei meinen Eltern, aber wir wollten alle in die Hitlerjugend. Das war unser großes Ziel – oder wenigstens als Zehnjähriger schon mal ins Deutsche Jungvolk, die Vorstufe zur Hitlerjugend. Du warst ein Arsch, wenn du da nicht drin warst. Beim Jungvolk kriegte man eine schwarze Hose und einen Gürtel oder ein braunes Hemd, sodass einen kein Mensch mehr schlagen durfte.

Aber was macht die Hitlerjugend mit so einem Jungen, wie Sie es damals waren?
Das ist natürlich eine gefährliche Entwicklung. Wenn du geistig über diese festgebrannten Formen nicht hinauskommst, dann bleibst du dein Leben lang Nazi. Solche Menschen habe ich reichlich kennengelernt.

Der schwarz-braune Aufzug beim Jungvolk hat Sie aber nicht vor Schlägen bewahrt: Ein Jungenschaftsführer hat Sie da so brutal geohrfeigt, dass Ihr Trommelfell geplatzt ist ...
... und zwar weil die Uniform nicht richtig saß. Bis heute kann ich auf dem linken Ohr nicht richtig hören.

Waren Sie enttäuscht, dass Ihr geliebter Vater danach nicht eingegriffen hat?
Nein, ich wusste, da geht es um was Großes. Zu Hause hat mich mein Vater in den Arm genommen. Er hat gesagt: »Du gehst da nie mehr hin, du schmeißt die Klamotten in die Ecke.« Ich wollte auch nicht mehr, aber ich habe meinen Vater gefragt, warum? Da hat er geantwortet: »Warte noch ein Weilchen, ich werde dir alles erklären.« Er wusste, dass der Krieg in ein paar Monaten zu Ende sein würde.

Und hat er Wort gehalten?
Sofort. Er hat zu uns gesagt: »Ihr werdet jetzt überall merken, dass eine neue Zeit beginnt.« Er meinte, dass er Angst gehabt hatte. Wir Kinder wussten auch, dass man von der Gestapo abgeholt wurde, wenn man sich kritisch äußerte. Einer unserer Nachbarn in Kärnten, ein alter Bauer, der hatte gesagt: »Der Krieg ist doch sowieso verloren.« Als er abgeholt wurde, wollte mein Vater ihn retten, um jeden Preis. Er hat diesen Bauern aufgefordert: »Sag doch endlich, dass du das nicht so gemeint hast!« Da hat der Bauer geantwortet: »Warum soll ich nicht sagen, dass der Krieg verloren ist? Das kann doch jeder sehen!« Da konnte mein Vater ja schlecht sagen: »Ja, recht hast du.« Dann hätten sie ihn gleich mitgenommen.

Was geschah mit dem Bauern?
Er wurde erschossen, zwei, drei Tage vor Kriegsende. Wir Kinder wussten, wenn die Engländer mit ihren Panzern kommen, wird es anders, dann wird es freier. Aber wir wussten nicht genau, warum. Wir lebten ja auf dem Land, weit weg von allem.

Sie sind auf Schloss Ottmanach aufgewachsen, einem wunderschönen gelb-weißen Gutshof in Kärnten.
Ich habe dort 20 Jahre meines Lebens verbracht. Da gab es keinen Garten, sondern einen Park, einen großen Pool. Es war alles da. Jedenfalls habe ich damals langsam begriffen, dass wir in einem Regime gelebt hatten, in dem es lebensgefährlich war, Kritik zu üben. Viele, die sich heute zu der Nazizeit äußern, verstehen das nicht. Deswegen spreche ich nicht von der Gnade der späten Geburt, sondern von der Gnade

der frühen Geburt. Für mich ist das einzig Positive an der Tatsache, dass ich jetzt 80 werde, dass ich Augenzeuge und Gefühlszeuge einer unverstandenen Epoche war. Deswegen habe ich auch überhaupt kein Problem damit, zu sagen, dass ich im Jungvolk gewesen bin. Denn was weiß schon ein Zehnjähriger? Der begreift das alles nicht, und ich hab's auch nicht begriffen.

Es fällt auf, dass Sie in Interviews immer wieder von Ihrem Vater erzählen, aber ganz wenig von Ihrer Mutter.
Da tun wir ihr wahrscheinlich unrecht. Sie war eine sehr fröhliche Frau, aber auch sehr bestimmt. Das hat vielen nicht gepasst. Sie war ungeheuer emanzipiert, was für die damalige Zeit ganz ungewöhnlich war.

Hat man die Kinder damals sehr umsorgt, oder lebten die eher selbstständig?
Die lebten sehr selbstständig. Es war ein herzlicher Umgang, aber verzärtelt wurde man nicht. Mit mir musste meine Mutter aber sehr behutsam umgehen, weil ich jahrelang jede Nacht Albträume hatte. Meine Mutter hat mich dann herumgetragen, weil ich immer geschrien habe, aber nicht gleich aufgewacht bin.

Wovon haben Sie geträumt?
Das waren ganz seltsame, surrealistische Bilder. Surrealismus in der Malerei ist für mich eine relativ realistische Angelegenheit. Da war zum Beispiel eine Säule, die immer größer wurde und sich immer schneller gedreht hat. Das ging gefühlte Stunden, und am Schluss rotierte die wie ein Flugzeugpropeller. Das war wahrscheinlich der Augenblick, in dem ich zu schreien begann.

Wurden Sie in der Schule gehänselt?
Ja, stark. Die haben mich Schwächling genannt. Das war in der Nazizeit das Allerschlimmste. Ich war sehr dünn und im Sport miserabel, beim Laufen war ich immer der Letzte. Das ist absolut tödlich für das Selbstbewusstsein eines Kindes, einfach entsetzlich. Ich habe mich immer gefragt: »Was soll aus mir werden?«

Und Ihre Eltern? Was haben die gedacht?

Ich habe mitgehört, wie mein Onkel Erwin und die anderen zu meinem Vater gesagt haben: »Der Junge guckt aus dem Fenster und träumt. Dem muss man mal die Hammelbeine langziehen!« Aber dann habe ich mir das Klavierspielen beigebracht. Mein Vater hat mich nachts einmal überrascht. Da habe ich recht hübsch gespielt und schon Stücke geschrieben – die sollten in der Art von Chopin sein. Das hat meinen Vater total berührt. Er hat dann der Verwandtschaft gesagt: »Hört zu, ich weiß, was in dem steckt, und wir wissen alle nicht, was daraus wird. Aber ich werde ihm jetzt die Chance geben, das zu probieren.« Gott sei Dank ist er belohnt worden.

Haben Sie lange um die Anerkennung Ihrer erfolgsverwöhnten Familie ringen müssen?

Ja, sehr. Mein Großvater hat fünf Söhne bekommen, in denen er die halbe Zukunft Deutschlands gesehen hat. Er war Großbankier in Moskau und in die Staatsgeschäfte des Zaren involviert. Das private Geld der Romanows, aber auch das Staatsgeld, lag auf der Bank Junker in Moskau – und das war die Bank, die zu 50 Prozent meinem Großvater Heinrich Bockelmann gehörte. Er ist damals nach Ausbruch des Ersten Weltkrieges mit einem Viehwagen aus Russland nach Schweden geflüchtet, und er ist da sofort wieder auf die Beine gekommen ...

... diese Eigenschaft haben sich die Banker bis heute bewahrt ...

... ja, aber die hießen damals nicht Banker, sondern Bankiers. Mit einem leicht französischen Akzent. Mein Großvater hat von Schweden aus versucht, sich wieder in die Geschicke Deutschlands einzumischen. Sein Hauptanliegen war, wie man diesen Krieg beenden kann. Er hat zum deutschen Reichskanzler und zum Kaiser Verbindung aufgenommen. Es gibt noch Briefe, die sie sich gegenseitig geschrieben haben. Mein Großvater hat auch initiiert, dass 1917 dieser Sonderzug mit Lenin und diesen »kommunistischen Rabauken«, wie er sie nannte, nach St. Petersburg fuhr. Er sagte, wir haben nur eine Chance, wir müssen Russland innenpolitisch schwächen, indem wir ein paar Terroristen ins Land schicken.

Da hat er sich leider vertan.
Das kann man wohl sagen. Es wurde eine Weltrevolution daraus.

Was ist das Schlimmste, was Ihnen aus der Zeit des Krieges in Erinnerung geblieben ist?
Das Schlimmste passierte ausgerechnet nach dem Krieg. Das war in der Lüneburger Heide, auf dem Landgut meines Großvaters. Mein älterer Bruder und ich haben gesehen, wie die belgischen Soldaten, teilweise besoffen, mit den Nazi-Kollaborateuren umgegangen sind. Die haben ihre eigenen Landsleute, die zu den Nazis übergelaufen waren, gegen das Scheunentor bei uns auf dem Hof genagelt und mit Stacheldraht ausgepeitscht. Der letzte Akt war, dass die Soldaten durchgeladen haben, als die Kollaborateure schon bewusstlos am Scheunentor hingen, und sie erschossen haben. Darüber spricht heute kein Mensch mehr.

Wurden Sie zufällig Zeuge dieses Martyriums?
Wir hatten das Geschrei auf dem Hof gehört, als wir in den Büschen spielten. Und dann sind wir da hin und sehen diese blutenden ... Man kann das fast nicht erzählen, es ist zu schlimm. Ich weiß noch, dass ich mir die Hände vors Gesicht gehalten und dann die Finger gespreizt habe. Ich habe nicht begriffen, wer da wen schlägt. Ich habe überhaupt nichts begriffen, weil der Krieg ja zu Ende war. Als die Schüsse fielen, sind wir aufgesprungen und weggelaufen ...

Wie kriegt man diese Bilder wieder aus dem Kopf?
Ich weiß es nicht. Wenn du keinen eingebauten Mechanismus hast, damit diese Bilder verdrängt werden, dann kommst du mit deinem Leben eigentlich nicht mehr klar. Wenige Jahre später begann ja schon das deutsche Wirtschaftswunder. In den Mauern und Fenstern waren überall noch Löcher drin, aber die Straßen waren aufgeräumt. Langsam begann man zu begreifen, was die Nazis gemacht hatten. In unserer Familie war mein Onkel Werner Soldat gewesen, Offizier der Deutschen Wehrmacht und gleichzeitig Mitglied der Kommunistischen Partei. Der war ein geistiger Linker. Weil er ein hochintelligenter Typ war, wurde er dann für die SPD Oberbürgermeister von Frankfurt am Main.

Sie selbst sind als Sympathisant der Sozis bislang nicht aufgefallen, trotz vieler sozialkritischer Lieder, für die Sie berühmt geworden sind.
Gewählt habe ich in meinen jungen Jahren immer CDU, also die ÖVP, ich konnte ja nicht CDU wählen als Österreicher. Ich habe geglaubt, wenn die Wirtschaftskraft in den Händen Konservativer bleibt, dann ist das vielleicht gut für ein Land. Sozialdemokrat konnte ich eigentlich nicht sein, aber der Gerechtigkeitsgedanke ist mir viel näher als der bürgerliche Gedanke. Mit Bruno Kreisky war ich später sehr befreundet ...

... der ja sozialdemokratischer Bundeskanzler in Österreich war. Haben Sie ihn nie gewählt?
Doch, natürlich habe ich ihn gewählt, einmal, als er zur Wahl stand. Aber ich habe immer, bei allen Wahlen, Bauchschmerzen gehabt.

In Ihrer Heimat Kärnten gab Jörg Haider lange den Ton an, er hat sich auch gerne mit Ihnen fotografieren lassen. Haben Sie dem auch mal Ihre Stimme gegeben?
Um Gottes willen, nein. Aber ich war mit Haider per Du.

Wirklich?
Der hat alle geduzt, die er gut fand: »Servus, Udo, wie geht's dir denn?« Aber ich habe ihm natürlich über die Medien und auch unter vier Augen gesagt: »Jörgel, was ihr da macht, ist scheiße. Diese Politik nahe dem Rechtsradikalismus wird sich ganz grandios politisch rächen.« Er kam trotzdem gerne zu meinen Konzerten.

Was war in Ihrer langen Karriere die größte Demütigung?
Einmal habe ich in Hamburg meinen Onkel besucht, Erwin Bockelmann. Damals bin ich schon in berühmten Varietétheatern aufgetreten, aber ich war noch nicht so erfolgreich. Bei meinem Onkel zu Hause fand ein Abendessen mit sehr wichtigen Leuten aus der Hamburger Gesellschaft statt. Seine beiden Söhne Peter und Wolli waren natürlich dabei, aber ich passte offenbar nicht so ganz zum Elbchaussee-Stil.

Ihr Onkel wohnte an der Elbchaussee?
Er hatte eine der schönsten Villen, neben der Oetker-Villa, unbeschreiblich. Er war Chef der BP, hat in Hamburg die BP-Werft gebaut, und dann wurde er zum Präsidenten des Welt-Ölkongresses gewählt. Er war eine imponierende Erscheinung: 1,90 Meter groß, dunkelhaarig und schwarze Augen, hochintelligent, einfach ein Wirtschaftskönig. Und der hat mich dann reingebeten in sein Arbeitszimmer, er saß da hinter seinem Schreibtisch. Da zitterte mir schon die Seele. Er sagte also: »Junge, nimm mal Platz. Nicht dass du das falsch verstehst, aber wir haben heute Abend hier den Bürgermeister der Hansestadt Hamburg, da kommt auch noch dieser Politiker, und das ist alles eine piekfeine Angelegenheit. Ich weiß, dass dich das langweilen würde.«

Das war also eine Ausladung?
Ja, er hat mich weggeschickt. Er gab mir 20 Mark und sagte: »Geh ins Kino, mach dir einen schönen Abend. Du kommst einfach um elf Uhr wieder.« Und da habe ich gesagt: »Selbstverständlich, ist schon klar.« Aber ich war natürlich verletzt. An dem Abend bin ich auf der Reeperbahn in eine Bar gegangen, und die Geschichte ist jetzt wirklich unglaublich ...

... erzählen Sie!
Ich saß am Tresen, ein paar Leute lungerten herum, und ich hatte vor, mir ein paar Drinks zu genehmigen. Da war so ein dicker Barmann, sehr freundlich, mit dem ich ein bisschen geredet habe. Und der hatte ein Radio. Plötzlich höre ich eine Einleitung, die klang so vertraut. Auf einmal singt da Shirley Bassey *I Reach For The Stars*. Und ich dachte, was ist denn hier los, das ist ja mein Lied! Das hatte ich geschrieben und einem Münchner Verleger gegeben, der Verbindungen nach Amerika hatte: Ralph Siegel, dem Vater vom jetzigen Siegel.

Sie wussten nicht, dass Shirley Bassey Ihr Lied übernommen hatte?
Das ging alles so schnell, ich war unterwegs in Deutschland, spielte an irgendeinem Theater und hatte die Benachrichtigungen in der Post wochenlang nicht so genau verfolgt. Und dann höre ich plötzlich dieses Lied. Ich bin hinter die Bar gelaufen, habe den Mann umarmt und ge-

sagt: »Das ist mein Lied!« Der hat mir natürlich kein Wort geglaubt und hat milde abgewinkt. Aber für mich war es der schönste Abend meines Lebens.

Bald darauf ging Ihre Karriere richtig los.
1969 begann ich eine Tournee mit 266 Konzerten durch ganz Europa, bis nach Rumänien und Bulgarien. Überall ausverkauft. Das Auftaktkonzert fand in Hamburg statt. Und da passierte wieder so eine unglaubliche Geschichte: Plötzlich, als das Konzert eine Viertelstunde vorbei war und die Leute noch immer jubelten, bin ich noch mal rausgegangen auf die Bühne. Ich war schon umgezogen und trug nur einen Bademantel, geschlossen natürlich.

Das ist mittlerweile Ihr Markenzeichen, das machen Sie am Ende jedes Konzerts.
Da ist der Bademantel-Mythos entstanden. Die Leute haben geschrien, das kann man sich nicht vorstellen. Sie fielen in Ohnmacht, wenn sie mich nur gesehen haben. Ich war ja damals das Idol der 19-Jährigen. Es gab eine Umfrage nach den Vorbildern der Gesellschaft, und da war ich bei den 19-Jährigen auf Platz zwei, nach Mao Zedong. Also, das war was ...

Und wie war nun die Geschichte in Hamburg?
Na, ich spielte im Bademantel noch ein paar Lieder, dann ging ich ab, und die Leute stürmten die Bühne und auch den Garderobentrakt. Damals gab's noch keine Security wie heute. Mindestens 200 Leute standen in den Gängen, vor meiner Tür, und schrien. Ich falle verschwitzt in einen Stuhl. Plötzlich sagt einer: »Da draußen steht ein Herr, der behauptet, er sei Ihr Onkel. Groß, schlank, sehr gut angezogen. Der fragt, ob er reinkommen darf.« Da sage ich: »Um Gottes willen, der Erwin ist da. Selbstverständlich, bitten Sie ihn rein!« Die Tür geht auf, der Onkel Erwin betritt meine Garderobe, mit ernstem Gesicht: »Entschuldige, dass ich störe, darf ich dich einen Augenblick sprechen?« Ganz unterwürfig. Und dann sagte er, bevor ich was sagen konnte: »Ich möchte dich um Verzeihung bitten.« Er hatte sich in das Konzert geschlichen ...

Hat Ihr Onkel sich dafür entschuldigt, dass er Sie bei dem Abendessen an der Elbchaussee nicht dabeihaben wollte?
Ja, er fragte mich: »Kannst du mir verzeihen?« Da haben wir beide geheult und uns umarmt. Unsere Irrtümer bescheren uns manchmal die größten Glücksmomente im Leben. In diesem Fall war es der Irrtum meines Onkels.

Sie haben mal gesagt, Sie hätten noch nie ein Konzert in den Sand gesetzt. Aber kürzlich sind Sie bei einer privaten Veranstaltung eines Betonunternehmers bei Hannover förmlich gegen eine Wand gefahren. Man sieht es in einem Film, den der ZEIT-Redakteur Hanns-Bruno Kammertöns und Michael Wech für die ARD gedreht haben. Auch Gerhard Schröder war im Zelt. Die Leute saßen da wie angewurzelt ...
... das war ein schrecklicher Abend.

Was der Film nicht zeigt, ist, wie sich der Bauunternehmer, der stark angetrunken wirkte, das Mikrofon schnappte und Sie aufforderte, die alten Lieder vorzutragen. Dann würden auch die Leute mitgehen. Kommt in diesen Momenten das alte Gefühl der Demütigung zurück?
Ja. Aber so ein Konzert habe ich unter Tausenden nur ein Mal erlebt. Und am Ende sind wir doch als Sieger von der Bühne gegangen.

Als die große Karriere begann, waren Sie schon mit Panja verheiratet, Ihrer ersten Ehefrau. Sie bekamen zusammen zwei Kinder: Jenny und John. Haben Sie sich durch den riesigen Erfolg von der Familie entfremdet?
Das war schlimm, weil in der Zeit mein Sohn geboren ist und was weiß ich was alles passiert ist. Ich konnte damals nicht nach Hause fahren, wie man das heute tut, weil ich gerade in Japan auf Tournee war. Man hat ein schlechtes Gewissen. Man weiß, dass man Fehler macht. Aber damals, in den Sechzigerjahren, stand die Pflicht an erster Stelle. Dann kam die Familie. So hatten wir das gelernt. Heute ist das undenkbar.

Aber war es Ihnen nicht auch ganz lieb, immer wieder aus der Enge der Familie auszubrechen?
Die Tournee hat mir natürlich ein Paradies an Leben vermittelt. Ich habe in dieser Zeit Sachen erlebt, die man eigentlich gar nicht erleben konnte. Ich werde nie vergessen, wie Willy Brandt aufgestanden ist, als ich einen Raum betrat, und mich begrüßt hat. Da war mir klar: Mensch, wenn du heute einen Raum betrittst, tanzen alle nach deiner Pfeife. Wehe, man fängt dann an, sich selbst so wichtig zu nehmen! Von diesem Punkt an macht man Fehler, auch gegenüber seiner Familie. Aber in den Dreißigern denkt man diesen Gedanken nicht bis zu Ende.

Man verdrängt es?
Du genießt diese Wertschätzung nach dem langen Warten: dass du es deinem Onkel zeigen konntest und dass deine Familie stolz auf dich ist und dass du es geschafft hast, erfolgreich zu sein in der ganzen Dynastie. Es war diese Phase im Alter zwischen 30 und 40, in der du einen Höhepunkt an Leistungsfähigkeit erreichst. Ich habe damals ja mit Fred Bertelmann und Bully Bulahn gesungen. Zarah Leander habe ich persönlich gekannt, und mit Marlene Dietrich habe ich zusammen auf der Bühne gestanden.

Sie sind mit Marlene Dietrich aufgetreten?
Das war bei einer Sendung, die von Heinz Erhardt moderiert wurde: »Baden-Badener Roulette«, in Schwarz-Weiß, wunderbar. Marlene Dietrich sang bei den Proben ein einziges Lied, *Sag mir, wo die Blumen sind*. Uns blieb allen die Luft weg. Dann war ich dran, und als ich wieder von der Bühne abging, wer stand da plötzlich? Die Dietrich. Mir rutschte ein bisschen das Herz in die Hose, sie war so eine Legende. Da hing jedenfalls ein großes Schild, »Rauchen verboten«. Aber sie holte eine Packung amerikanischer Zigaretten raus und bot mir eine an. Ich sage zu ihr: »Gern, aber hier ist Rauchverbot.« Da sagte die Dietrich: »Um solche Schilder habe ich mich noch nie in meinem Leben gekümmert, bitte rauchen Sie eine mit mir.«

Das traut sich heute nur noch einer in Deutschland.
Ja, Helmut Schmidt, wunderbar. Also, wir rauchten und kamen ins Gespräch. Und dann fragte sie: »Was machen Sie denn heute Abend? Gehen wir doch zusammen essen! Ich stelle Ihnen gleich meinen Musical-Direktor vor.« Das war Burt Bacharach.

Der große amerikanische Komponist.
Ich habe mir gedacht, was ist denn heute los? Und so saß ich abends mit denen beim Abendessen. Wir haben viel gelacht, viel geraucht, die Dietrich hat Kette geraucht wie meine Mutter.

Und auch getrunken?
Ja, ordentlich, wir haben alle getrunken. Ich erinnere mich nicht an einen Musiker, der in dieser Zeit nicht getrunken, um nicht zu sagen: gesoffen hat. Ich habe weniger gesoffen, aber ich war oft betrunken.

Mit 33 Jahren hatten Sie einen schweren Zusammenbruch.
Ja, hatte ich. Aber bis dahin war es immer sehr lustig. Nach jedem Konzert wurde getrunken, vor jedem Konzert wurde getrunken. Bei jedem Essen wurde getrunken, und hinterher in irgendeiner Bar wurde auch getrunken. In jeder Stadt, ob in Madrid oder in Berlin oder in Tokio, haben wir zuerst nach dem besten Klub der Stadt gefragt. Da mussten wir hin. Alka Seltzer war das Wichtigste, was man nehmen musste, wenn man nach Hause kam. Und dann bin ich einmal in Neapel zusammengebrochen.

Mal abgesehen von diesem Zusammenbruch: Sie haben damals doch ein beneidenswert aufregendes Leben geführt?
Das haben wir, und das wurde so akzeptiert. Die Leute wussten einfach: Diese erfolgreichen Künstler leben relativ fröhlich. Das hat man aber auch bewundert, das hat man erwartet. Das war Teil des Mythos: »Der kann alle Frauen haben.« Nicht nur die Männer haben einen dafür bewundert, sondern vor allem die Frauen. Wer so ein Image hatte und in irgendein Lokal gegangen ist, den wollten in diesem Lokal alle haben.

Verzeihen Sie mir die arg persönliche Frage. Aber eine Sache habe ich nie verstanden: Warum haben Sie sich immer auf so junge Frauen eingelassen? Ihre zweite Frau Corinna zum Beispiel war erst 16 Jahre alt, als Sie sich kennenlernten.

Ich weiß es nicht. Vielleicht weil diese Frauen viele Jahre lang immer diejenigen waren, die von sich aus die Nähe am meisten gesucht haben. Die haben die Popmusik und die Schlagermusik geliebt, die haben einen angehimmelt. Ich habe darüber einfach nicht nachgedacht. Das liegt auch relativ lange zurück. In meinem Alter heute könnte ich mir das nur mit jemandem vorstellen, mit dem ich auf einer Augenhöhe bin.

Haben Sie denn das Gefühl, dass die Zeiten prüder geworden sind? Dass schon meine Fragerei dafür ein Beleg ist?

Ja, es ist eine komplett andere Zeit! Damals war auch die Homosexualität verboten, aber wir hatten alle schwule Freunde. Unser Beruf ist zum Teil einfach schwul. Mode, Kino, Schauspiel – da war die Homosexualität wesentlich mehr verbreitet. Jeder wusste es, und man hat sich darüber keine Gedanken gemacht. Heute spielt die Sexualität eine immer größere Rolle. Man spricht heute auch mehr über Sex als früher, und vor allen Dingen will man dabei jetzt auch die Seele bloßlegen. Das macht Angst, und es wird wahrscheinlich eine neue Verdrängung von Sexualität kommen.

Sie haben aber über Ihre Beziehungen selbst in zahllosen Interviews gesprochen. Überliefert ist der schöne Satz: »Meine Geliebten waren immer zufrieden mit mir, die Ehefrauen weniger.«

Man redet viel, wenn man viel gefragt wird.

Würden Sie denn im Rückblick auf diese ganze Zeit sagen, das Primat der Musik über die Familie war richtig?

Heute sagen meine Kinder, es war richtig. Sie wissen natürlich auch, dass ein relativer Wohlstand erarbeitet wurde, an dem sie letztlich auch partizipieren und partizipieren werden. Ich bin 80 Jahre alt ...

... und da ist einiges zusammengekommen. Sie haben allein 100 Millionen Platten verkauft.

Ja, es ist einiges zusammengekommen, sicher. Ich habe immer gut gelebt, aber trotzdem ...

Glauben Sie denn, dass Ihre Kinder aufrichtig sind, wenn sie sagen, Sie hätten es richtig gemacht? Sie haben denen doch früher bestimmt enorm gefehlt.

Wir versuchen das jetzt nachzuholen. Gestern hat mein Sohn mich angerufen: »Papa, du fehlst mir einfach. Wir müssen was machen, damit wir uns wiedersehen. Du sagst schon seit Jahren, dass du weniger machen willst.« Und das habe ich mir wirklich ganz groß auf die Fahne geschrieben. Ich habe ein paar Warnschüsse bekommen, Schwindelattacken und solche Geschichten, die vielleicht mit dem Alter Hand in Hand gehen. Und ich will auch mehr Zeit für John und Jenny und meine Enkel haben.

Aber der Vater fehlt ja nicht, wenn man 40 oder 50 ist, sondern wenn man klein ist!

Das ist richtig. Aber es stimmt auch nicht, dass ich nie da war. Wenn ich da war, haben wir unglaublichen Spaß gehabt. Die Jenny kann heute noch Lieder singen, die wir zusammen beim Spazierengehen gesungen haben. Aber Panja und ich hatten eine nicht funktionierende Ehe. Weil zu Hause nichts klappte, habe ich natürlich andere Beziehungen gehabt. Meine Frau hat andere Beziehungen gehabt, von denen ich wusste. Das ist ganz offen gelebt worden, und das ging eigentlich auch ganz gut. Wir haben den Kindern immer nur das gesagt, was sie verstehen können. Sie haben über diese Geschichten keine Probleme bekommen.

Sie haben eindrucksvoll von dem Rausch gesprochen, den Sie auf der Bühne erleben. Finden Sie, dass dieser Erfolg auch wärmt?

Nein, eindeutig nicht. Wärmen tut es, wenn ein Freund oder eine Freundin anruft, und du spürst aus der Stimme, wir müssen uns wiedersehen. Wenn mein Sohn anruft, wenn meine Tochter anruft, wenn wir gut miteinander kommunizieren: Das ist das, was ich unter dem Bleibenden verstehe. Dafür tue ich immer noch zu wenig. Es kommen jetzt aber Zeiten, in denen ich mich mehr um meine Kinder und Enkelkinder kümmern möchte. Meine Tournee ist keine Abschiedstournee, aber ich möchte mich davon verabschieden, zu sehr ein Produkt zu sein. Ich will, dass die Menschen bei dieser Tournee noch mal den Rausch empfinden, den auch ich empfinde. Das werde ich jetzt mit allem, was mir zur Verfügung steht, ernsthaft zu Ende bringen. Danach habe ich keine so ausgedehnten Tourneen mehr vor, aber ich hoffe doch, dass ich weiterhin Konzerte geben kann. Ich lasse alles auf mich zukommen, auch ob ich noch genug gute Ideen für neue Lieder habe.

Einige Ihrer Textzeilen sind ja in die Alltagssprache eingegangen.
Stimmt.

Zum Beispiel: »Mit 66 Jahren ist noch lange nicht Schluss!« Was ist denn mit 80 Jahren?
Die Zahl 80 eignet sich nicht für ein Lied. Mit 66 Jahren ist der Mensch in einer Situation, wo er noch alles machen kann. Er kann sich trennen, sich scheiden lassen. Wenn ein 80-Jähriger sich scheiden lässt, fragt man sich: Spinnt der Alte? Jetzt muss ich meinem Alter gerecht werden.

Haben Sie denn endlich eine Antwort auf die Frage gefunden: »Wo bleibt die Liebe, wenn sie geht?«
Ach, das Lied ist der Versuch, eine Antwort zu finden. Und die Antwort ist eben poetisch. Wenn ich mir im Lied vorstelle, dass die Liebe an den Bäumen zu Blüten wird, dann kann ich damit nichts anfangen. Aber schöne Bilder beruhigen die Gedanken. Denn die Antwort kennen wir ja alle nicht. Der Schlusssatz des Liedes, um den ich mit der Autorin lange gerungen habe, der allerdings stimmt.

Nämlich?
»Langsam heilt die Zeit die Wunden, denn du hast herausgefunden, dass für dich die Liebe – neu entsteht ...«

Und, haben Sie genug geliebt?
Im oberflächlichen Sinne, ja. Im Sinne von wirklich Liebe weitergeben und anderen helfen, da muss ich zugeben: Wahrscheinlich habe ich nicht genug geliebt.

ZEITmagazin, 28.08.2014

»Ich wollte immer Filme machen, das war schon mit zehn Jahren so«

Michael Bully Herbig

Bully Herbig ist einer jener Menschen, die mit der Gabe der Sympathie gesegnet sind: Mit ihrer Freundlichkeit und ihrem Witz können sie nahezu jeden für sich gewinnen oder entwaffnen. Manche mögen das als charakterlichen Hang zur Leichtigkeit ansehen. Von Max Frisch stammt der Satz: »Charme zur Haltung gemacht, ist etwas Fürchterliches: Waffenstillstand mit der eigenen Lüge.« Aber mit diesem Befund kann man auch falschliegen. Menschen, die so sind wie Bully Herbig, haben ihren Charme vielleicht deswegen entwickelt, weil sie sich schützen mussten. Weil sie anders nicht durchgekommen wären. Das hat mich an Bully Herbig interessiert: Wie ist er aus bescheidenen Verhältnissen, ohne jede Unterstützung von außen, zum Kultkomiker im Stadtfernsehen »tv.münchen«, wo ich ihn in meiner Münchner Studentenbude verfolgte, zum Kinoliebling und Publikumsmagneten aufgestiegen – als Schauspieler, Regisseur und Produzent?

In einem kahlen Konferenzraum der Bavaria Film in Geiselgasteig erzählte er mir die berührende und bewundernswerte Geschichte einer Karriere, die ihm selbst noch lange unwirklich zu sein schien. Das Sonnenhafte seines Wesens ist über all die Jahre geblieben. Erst vor Kurzem war er zu Gast bei »3nach9«, Anlass war sein Kinofilm *Tausend Zeilen,* eine Mediensatire, die frappierende Ähnlichkeit mit dem Fälschungsskandal um den »Spiegel«-Reporter Claas Relotius aufwies. Erst begann es lustig. Bully Herbig erfand eine Geschichte über seine angeblichen Sportlerqualitäten. Aber dann wollte ich von ihm wissen, ob er heute noch Komödien wie *Der Schuh des Manitu* inszenieren würde, in denen die Winnetou-Filme persifliert werden – jetzt, da schon das Aussprechen des Wortes Indianer Ärger machen kann. Oder ob er als

Schauspieler noch Klischees über schwule Männer bedienen würde wie in *(T)Raumschiff Surprise*?

Eine ähnliche Frage hatte ich ihm schon in meinem ZEIT-Interview gestellt. Diesmal sagte Bully Herbig, nein, das würde er so nicht mehr tun. »Die Comedy-Polizei ist so streng geworden, und das nimmt einem so ein bisschen die Unschuld und die Freiheit.« Und als er das sagte, klang er, zumindest für eine kurze Zeit, gar nicht mehr wie ein Sunnyboy.

Kann es sein, dass Sie Ihr Leben ändern wollen?
Ja, vor allem in Bezug aufs Filmemachen. Im Grunde hat das ja seinen Anfang gehabt vor 14 Jahren.

Was war vor 14 Jahren?
Dieser exorbitante Erfolg mit dem *Schuh des Manitu* hat eigentlich alles über den Haufen geschmissen.

Was genau?
Es war Wahnsinn, weil man bis dahin so vor sich hin gewurschtelt hat und irgendwie alles entspannt war. Selbst die TV-Show damals ...

... die *Bullyparade* auf ProSieben ...
... war anders, als sie heute vielleicht wahrgenommen wird. Heute wird ganz gern von einer Kultshow gesprochen. Die Wahrheit ist: Die ersten Staffeln hat kaum jemand gesehen! Die Show lief ja samstags gegen »ran!«. Ungelogen, wir hatten mit der ersten Staffel eine durchschnittliche Zuschauerzahl von 500 000. Wenn ich mir jetzt überlege, es hätte damals Facebook gegeben oder Twitter – die hätten uns wahrscheinlich weggeblasen.

Und was änderte sich dann durch den Erfolg von *Manitu*?
Ich hatte vorher ja *Erkan und Stefan* inszeniert, und dieser Film hatte, glaube ich, 1,2 oder 1,3 Millionen Zuschauer. Das war für mich unheimlich. Ich habe damals gesagt: »Ich hoffe ja nur, dass mein zwei-

ter Film wenigstens einen Zuschauer mehr hat, damit die Leute nicht sagen können: »*Erkan und Stefan* war eine Eintagsfliege von dem Typen!« Und dann kam dieser Western, das war eine Odyssee von zwei, drei Jahren, bis wir überhaupt das Drehen angefangen haben, weil es ja keiner machen wollte. Erst anhand der Trailer, die im Kino liefen, zeichnete sich ab, dass das etwas Gutes werden könnte. Ich bin ja so: Ich muss dann ins Kino und mir die Reaktionen auf den Trailer anschauen.

Die Leute haben sehr gelacht?
Ja, also man spürte, da bewegt sich gerade irgendwas. Dann kam der Kinostart – und das mit Wucht! Am ersten Abend hatte der Film 250 000 Zuschauer. Und am ersten Wochenende bestimmt irgendwas zwischen einer und zwei Millionen!

Was passierte dann in Ihrem Leben?
Das war auf einmal totaler Stress.

Warum?
Weil ich plötzlich so im Fokus war, den ich nicht gewohnt war. Ich stand am zweiten Wochenende mal mit dem Rick Kavanian auf unserem Parkplatz, wir haben uns angeguckt und gemerkt, das ist ein gemischtes Gefühl: Irgendwie freut man sich, aber es hat auch was Unheimliches, da kommt was Vereinnahmendes, so etwas wie: »Jetzt gehörst du uns allen.« Helmut Dietl, den ich damals getroffen habe, hat mir etwas total Richtiges gesagt, was ich erst Jahre später verstanden habe. Er sagte: »Jetzt haste deinen Erfolg, jetzt musst du damit leben.« Am Ende hatten wir 11,7 Millionen Zuschauer.

Sie waren damals Anfang dreißig. Haben Sie wirklich nie abgehoben, nicht einmal für einen Moment?
Nee, bei mir passierte genau das Gegenteil. Ich habe mich erst einmal gar nicht mehr rausgetraut. Das war die Zeit, in der ich das letzte Mal auf der Wiesn war und erschrocken bin, wenn mich im Flugzeug die Stewardess mit dem Namen angesprochen hat. Ich wollte eigentlich wieder in Ruhe gelassen werden. Wir waren ja dann ein halbes Jahr mit

35

dem Film im Kino unterwegs, das hörte einfach nicht auf. Irgendwann kam ein Befreiungsschlag. Auf die Frage, was als Nächstes kommen soll, habe ich gesagt, wisst ihr was, ich lasse einfach das Publikum abstimmen.

Eine unglaublich avantgardistische Maßnahme damals.
Ja, ganz ohne Facebook. Wir haben durch einen Aufruf im Fernsehen im Internet abstimmen lassen.

Fast jeder andere hätte nach dem Erfolg eine Fortsetzung des *Schuh des Manitu* gedreht. Stattdessen haben Sie nach der Abstimmung das *(T)Raumschiff Surprise* gemacht.
Eine Abstimmungsoption war übrigens auch »Bully, hör auf mit dem Scheiß«. Ich war ein bisschen enttäuscht, dass nur fünf Prozent dafür waren. Dann hätte ich endlich meine Ruhe gehabt. *(lacht)*

Bis heute ist wohl nur dem Produzenten Horst Wendlandt mit *Otto – Der Film* ein noch größerer Zuschauererfolg als Ihnen gelungen, weit zurück im vergangenen Jahrhundert.
Nun ja, bis unser Film kam, hieß es, *Otto* hätte 8,7 Millionen Zuschauer gehabt, danach haben die offenbar neu gerechnet, egal. Aber ich habe den Herrn Wendlandt unheimlich bewundert. Einmal war er bei mir im Büro; da habe ich gedacht, jetzt zeige ich ihm mal den Trailer vom *Manitu*. Er war ja auch der Produzent der *Winnetou*-Filme, die ich parodiert habe. Ich dachte, ich hole mir jetzt seinen Segen ab, oder er haut's mir um die Ohren. Meine Mitarbeiter im Raum verfielen in Schockstarre, die wurden ganz blass und haben gesagt: »Bist du irre?« Und dann guckte sich Wendlandt das an, ich glaube, er hat ein Mal ganz kurz mit den Schultern gezuckt, ich weiß nicht, ob's ein Husten oder ein Lacher war. Und dann war der Trailer zu Ende, und er dreht sich um und hat zu mir nur gesagt: »Ich weiß nicht, ob die Leute lieber über Winnetou lachen oder weinen, aber ich wünsche Ihnen viel Glück.«

Wie haben Sie den Satz verstanden?
Für mich war das ein Absegnen.

Stimmt es, dass Bernd Eichinger Ihnen für den Erfolg von *Manitu* einen Porsche schenken wollte?
Ja. Ich wollte ihn aber nicht.

Warum nicht? Hatten Sie schon einen?
Nein, gar nicht. Es war so, ich wohnte damals noch in einer netten kleinen Dreizimmerwohnung in Trudering.

Nicht die hipste Gegend.
Nein, aber ruhig. Da saßen wir auf unserem Balkon, und sonntagnachmittags fuhren da plötzlich auffällig viele Radler vorbei und haben hochgewinkt. »Vielleicht sollten wir mal langsam an Umzug denken«, habe ich zu meiner Frau gesagt. Und da hatte ich damals einen sehr netten Nachbarn, der ein Autonarr war und einen Ferrari besaß und noch einen Porsche und immer mit Brrrruumm, Wrrruuum vorbeigefahren kam. Er hat mir mehrmals angeboten, mit ihm eine Spritztour zu fahren. Ich habe immer gesagt: Nee, lass mal, ich fühle mich nicht so wohl, wenn ich in solchen Autos sitze, weil die Leute ohnehin schon gucken. Und dann die Vorstellung, dass die Leute sagen: »Aha, da sitzt der feine Herr im Ferrari«, das war mir noch unangenehmer.

Aber wie kam Eichinger auf die Idee?
Es sollte ja eine Überraschung sein. Meine Managerin rief mich an und meinte: »Ich soll's dir ja eigentlich nicht verraten, aber der Bernd würde dir gerne einen Porsche schenken.« »Warum?«, habe ich gefragt.

Ja, warum eigentlich?
Weil er einen Haufen Kohle gemacht hat über den Verleih meines Filmes. Ich sagte also Nein, und damit war das Thema für mich erledigt. Doch dann ruft meine Managerin eine Woche später wieder an und sagt: »Jetzt wollen sie dir ein Pferd schenken!« Ich sage: »Sind die irre geworden? Was soll ich mit einem Pferd? Wo soll ich das hinstellen?« Ich habe mich wirklich mit Händen und Füßen gegen das Geschenk gewehrt.

Hat Eichinger Sie eigentlich vor Ihrem Erfolg mit *Manitu* ernst genommen?
Nee, er kannte mich ja nicht mal. Bernd hat irgendwann mal den Trailer von *Erkan und Stefan* gesehen. Und er war jemand, der sich gerade im Marketing und bei Trailern extrem eingemischt hat und immer alles genau haben wollte. Er hat diesen Trailer gesehen und seinen damaligen Marketingchef erstaunt gefragt: »Wer hat denn das g'macht?« Da sagt der: »Der Regisseur, der Bully.« – »Warum kenne ich den nicht?« Das war seine Antwort: »Warum kenne ich den nicht?«

Dann haben Sie sich kennengelernt?
Dann kam der legendäre Anruf: »Der Bernd will dich sehen.« Der Bernd will dich sehen: Das ist einer dieser Sätze ... Dann bin ich da rein zu Constantin und war wahnsinnig aufgeregt und nervös. In dem Raum waren unglaublich viele Leute, und dann ist es mir passiert.

Was?
Ich war so nervös. Ich bin da rein und habe jedem die Hand gegeben, »Herbig, Herbig, Herbig«, dann komme ich zu Bernd und sage prompt: »Eichinger«.

Sie haben sich Bernd Eichinger mit Eichinger vorgestellt?
Ja, und in dem Moment habe ich gedacht, das war's. Aber er war sich nicht sicher, ob ich einen Scherz gemacht habe. Während ich da so rumstand, fragte er dann: »Ihr plant's doch noch so einen Western.« Da war ich total überrascht, weil ich tatsächlich eineinhalb Jahre mit dem *Manitu* unterwegs gewesen war, aber mir überall Absagen eingefangen hatte. Und dann sagt er so zu mir: »Was is des?« Dann sage ich: »Na ja, das ist so eine *Winnetou*-Parodie.« In der Woche drauf habe ich ihm dann meine *Winnetou*-Sketche aus der »Bullyparade« gezeigt.

Hat er darüber lachen können?
Er hat nur gesagt: »Ja, is witzig«, also ohne Lachen, »ja, is witzig«. Und: »Wie stellst'n dir das vor?« Ich habe ihm beschrieben, dass ich das jetzt gerne in Almería drehen möchte und dass es ausschauen soll

wie ein Western. Und dann sagt er: »Hast schon einen Verleih?« – »Nein.« – »Ich würd's machen.«

Sie sagten zu Beginn, dass Sie Ihr Leben ändern wollten und dass Sie diesen Vorsatz schon eine ganze Weile mit sich herumtragen.
Ja, nach dem Erfolg des *Schuh des Manitu* musste man schon sehr naiv sein, wenn man nicht ahnte, dass das der größtmögliche Erfolg war, den man mit einem Film haben kann. Darum fing das damals schon an mit den Überlegungen, worin jetzt noch der Reiz dieses Genres bestehen könnte. Ich hätte mich vergraben können und sagen, okay, mit Anfang dreißig habe ich meinen Erfolg gehabt. Das war die Geburtsstunde eines Wunsches. Ich bin ja nicht auf die Welt gekommen und habe gesagt, ich bin jetzt Komiker, sondern ich wollte immer Filme machen.

Auch ernste also.
Ja.

Erst mal haben Sie aber an den lustigen Filmen festgehalten?
Absolut, ich wollte die Fans nicht enttäuschen. Wir haben einen Film gemacht, der hat die Leute wirklich glücklich gemacht. Da haben sich Menschen bedankt, dass ihre im Sterben liegende Schwester noch mal lachen konnte. Wir bekamen Wäschekörbe voller Post! Bis heute ist das so. Und da war mir klar, ich kann nicht von heute auf morgen das Genre wechseln.

Würden Sie auch im Nachhinein sagen, dass es kein Problem ist, dass man beim *(T)Raumschiff* die ganze Zeit über drei Schwule lacht?
Nee, und zwar weil wir die Figuren echt lieben. Ich finde, das waren immer charmante Figuren.

Man lacht über Tunten.
Nee, ich habe mir das ja nicht ausgedacht, sondern abgeguckt. Wir haben diese Filme vorher auch mit schwulen Freunden geguckt, die sich weggeschmissen, die Tränen gelacht haben. Thomas Hermanns hat sich öffentlich hingestellt und gesagt, es gebe zwei in Deutschland, von

denen er sich gerne parodieren lasse: Der eine sei Bastian Pastewka als Brisko Schneider in der »Wochenshow« damals – der andere sei Bully.

Wir leben ja in politisch sehr korrekten Zeiten heute. Wäre es möglich, diese Filme heute noch genau so zu machen, ohne dass Sie einen Aufschrei erleben?
Ja klar, wir würden es genau so wieder machen.

Wann haben Sie erstmals an sich entdeckt, dass Sie komisch sein können?
Gut, da muss ich wieder ausholen. Nicht dass Sie sich beschweren, ich würde nicht zum Punkt kommen.

Okay.
Ich habe mich in der Schule sehr schwer konzentrieren können, weil ich immer Bilder im Kopf hatte, die ganze Zeit, ich wollte immer Filme machen. Das war auch schon mit zehn Jahren so.

Sie wollten mit zehn schon Filme machen?
Ja, mit acht oder neun dachte ich, ich werde Schauspieler. Aber mit zehn habe ich dann meinen ersten Hitchcock gesehen und dachte, »Nee, nee, ich mache die Filme lieber selber.« Auf jeden Fall musste ich mich wahnsinnig konzentrieren im Klassenzimmer, in diesem Neonlicht. Wenn es draußen geschneit hat, waren die Schneeflocken viel interessanter. In der Geschichtsstunde habe ich den Vorschlag gemacht, die Geschichten über die Königshäuser nachzuspielen. Das fand der Lehrer super. »Wenn du das auf die Beine stellst, dann schauen wir uns das an«, hat er gesagt. Ich habe mir drei, vier Leute aus der Klasse gesucht, die Lust hatten, und wir haben uns ein Theaterstück ausgedacht. Das kam so gut an, dass am Ende alle Zugabe geschrien haben.

Weil Sie so lustig waren?
Anscheinend, ja.

Und Sie haben auch die Regie geführt?
Ja, aber ich wusste damals nicht, dass ich Regie führe. Heute weiß ich, das war Inszenieren, ja. Am nächsten Morgen war mir das aber schon peinlich, da kannten mich alle auf dem Schulhof, und das fand ich dann wieder doof.

Haben Sie das zu Hause erzählt?
Da habe ich das erste Mal zu meiner Mutter gesagt, ich würde gerne Schauspieler werden. Ein Jahr später war mir klar, dass ich eigentlich lieber die Filme machen möchte.

Hatten Sie eigentlich eine glückliche Kindheit?
Ja, erstaunlicherweise. Ich habe sicherlich gewisse Dinge verarbeiten müssen, das ist ja klar, wenn man mit einer alleinerziehenden Mutter aufwächst. Damals war eine alleinerziehende Mutter noch nicht salonfähig, man musste sich manchmal dumme Bemerkungen anhören. Aber es ist unglaublich, wie sie das hingekriegt hat. Ich habe mich trotzdem immer sicher und geborgen gefühlt. Das finde ich schon eine tolle Leistung.

Was war mit Ihrem Vater?
Es hat ihn praktisch nicht gegeben. Das hat natürlich extrem viel mit mir gemacht, darum versuche ich als Vater auch ... *(Pause)*

... zu geben, was Sie selbst vermisst haben?
Ja, ich möchte alles viel, viel besser machen. Ob es mir gelingt, das wird der Kleine mir dann irgendwann erzählen.

Wie hat denn Ihre Mutter auf die Ankündigung reagiert, Sie wollten auf das Abitur verzichten, um möglichst schnell Filme machen zu können?
Als ich elf war, haben wir einen Deal geschlossen. Meine Mutter sagte: »Pass auf, wenn du meinst, du willst kein Abitur, dann ist der Deal, mindestens die mittlere Reife und eine Ausbildung.« Und dann habe ich gesagt: »Spitze, dann werde ich erst mal Fotograf.« Denn über den Fotografen bist du schon mal ganz nahe dran am Kameramann. Das

fand ich auch ganz cool, Kameramann zu sein, denn wenn du später Regisseur bist, kann dir der Kameramann nicht erzählen, was geht und was nicht geht. Also habe ich meinen Realschulabschluss gemacht und dann drei Jahre die Fotografenausbildung absolviert.

Und dann haben Sie beschlossen, sich bei der Hochschule für Fernsehen und Film in München zu bewerben?
Na ja, ich wollte das nach der Ausbildung machen, das war mein Plan. Aber dann kam plötzlich die Wehrpflicht. Die hatte ich ja überhaupt nicht mehr auf dem Schirm.

Wie alt waren Sie da, 19?
Ja, ungefähr. Ich dachte mir, ich kenne so viele Leute, die sind um die Bundeswehr rumgekommen, das mache ich auch. Da gehe ich zu meinem Doktor und frage, ob er mir ein Attest schreibt. Und jetzt muss man aber dazu sagen, ich habe schon einen roten Kopf gekriegt, wenn man mich in der Schule an die Tafel geholt hat. Aber ich bin hin zu dem Arzt und sage den Satz: »Ja, ich werde jetzt dann bald eingezogen, könnten Sie ...« Da unterbrach er mich schon und sagte: »Nee, nee, so was machen wir nicht.« Da war ich so eingeschüchtert, dass ich sofort »okay« gesagt habe und wieder gegangen bin. Was die Sache dann aber noch viel schlimmer machte, war, dass die Wehrpflicht plötzlich von 15 auf 18 Monate erhöht werden sollte. Ich habe also direkt da angerufen und gesagt: »Ihr müsst mich jetzt sofort einziehen, weil ich ein Riesenangebot aus Amerika habe, und wenn ihr mich jetzt nicht einzieht, dann ist meine Karriere komplett im Arsch.« Das war sozusagen mein erster Pitch. Da habe ich gemerkt, wie wichtig das ist.

Wie ist Ihnen der Wehrdienst bekommen?
Ich war hier in München, nach der Grundausbildung beim Faltschwimmbrückenzug. Alle, die nach der Grundausbildung in die Kompanie kamen, haben entweder den Lkw- oder Bootsführerschein gemacht. Nur ich bin den Iltis gefahren, ein lächerliches Jeep-ähnliches Gefährt. Ich dachte, wie uncool ist das eigentlich? Darin sollte ich den Oberleutnant fahren, und ich habe mich die ganze Zeit gefragt, warum ich dort gelandet bin. Irgendwann habe ich ihn dann gefragt, und er

sagte: »Jo, ich hab bei der Grundausbildung ang'rufen und hab gesagt, schickst mir den Lustigsten.« Der Humor hat mich auch vor manchem bewahrt.

Aber nicht vor der großen Enttäuschung an der Filmhochschule in München.
Stimmt, ich hatte mir während der Bundeswehr schon die Bewerbungsunterlagen schicken lassen. Dann habe ich mich beworben, aber nicht mal die erste Hürde geschafft.

Hat Sie das gekränkt?
Sehr. Aus heutiger Sicht war es natürlich auch ein bisschen naiv, dass ich so fest davon ausgegangen bin, dass das klappt.

Wie sind Sie mit der Kränkung fertig geworden?
Na ja, ich dachte, ich habe drei Jahre lang intensiv mit Bildern zu tun gehabt, jetzt nehme ich mir den Ton vor. Mit einem Kumpel, den ich bei der Bundeswehr kennengelernt hatte, habe ich dann eine Firma gegründet, die Ansagetexte für Anrufbeantworter produziert hat, das war damals eine Marktlücke.

Wirklich wahr?
Wirklich wahr. Verdient haben wir damit zwar nichts, aber dadurch kam letztendlich die Einladung zum Radio, und so bin ich zum Radio, von da zum Fernsehen und schließlich zum Film.

Und redet man an der Filmhochschule heute darüber, dass Sie damals abgelehnt wurden?
Moment, dazu muss ich Ihnen etwas zeigen!
Herbig verlässt den Raum und kommt mit einem Plakat wieder. In großen Buchstaben kündigt das Poster ein sechseinhalbstündiges Gespräch mit Michael Bully Herbig an zum Thema »Lasst uns doch mal ernsthaft über Humor reden. Über die Kunst der Komödie« – an der Hochschule für Film und Fernsehen.
Ich habe mir vorgenommen, beides nebeneinanderzuhängen: das Absageschreiben der HFF und dieses Plakat. Toll, oder? Mittlerweile be-

treue ich als Mentor auch den Abschlussfilm einer Studentin. Späte Genugtuung.

Wir waren beim großen Erfolg von *(T)Raumschiff Surprise* angekommen. Dann haben Sie noch den Zeichentrickfilm *Lissi und der wilde Kaiser* gemacht. Und dann sind Sie 2010 Vater geworden.
Das hat natürlich schon ziemlich viel verändert in meinem Leben. Ich konnte mir auch, weil alle Verträge ausgelaufen waren, endlich Zeit nehmen für meine Familie. Und auch schauen, wo ich stehe und wie mich die anderen sehen. Und so habe ich mich wirklich fast ein Jahr lang mit vielen Studio-Producern oder Studiobossen oder was auch immer getroffen. Letztendlich wollte ich mir auch anhören, was meine Perspektiven wären. Ich wollte gerne noch ein paar andere Leute bei der Arbeit beobachten.

Sie haben dann in ziemlich ernsten Filmen mit ziemlich großen Regisseuren als Schauspieler mitgewirkt: Vilsmaier, Haußmann, Dietl.
Genau, und ich war da schon auch ein Glücksschwein. Man hat mich mal gefragt, ob ich nicht Theater spielen wolle. Da habe ich gesagt, wenn, dann gibt's nur ein Stück, das ich mir vorstellen könnte: der *Brandner Kaspar.* Und ein halbes Jahr später, das wusste der aber nicht, kam die Anfrage vom Joseph Vilsmaier, ob ich den Boanlkramer im *Brandner Kaspar* spielen würde.

Was haben Sie von Vilsmaier gelernt?
Eine unglaubliche Entspanntheit. Joseph Vilsmaier und ich saßen mal mit unseren Produktionsfirmen im selben Gebäude. Gleich nebenan war der Schnittplatz für *Brandner Kaspar,* und irgendwann sagt Joseph: »Moagst a mal schaun?«, und zeigt mir eine Szene. Ich mache so ein paar Vorschläge, da sagt der Sepp auf einmal: »Woaßt was, dann schneid' du des«, und ist rausgegangen. Ich schau den Cutter so an, der Cutter sagt: »Ja klar, machen wir halt so.« Und dann habe ich eine Szene selbst geschnitten. Nach einer Woche hat er sich's angeschaut und gesagt: »Ja super, das lassen wir.« Ich fand's Wahnsinn, weil so was käme mir andersrum nie in den Sinn.

Dann kamen Leander Haußmann und Ihre Hauptrolle in *Hotel Lux*.
Also, jetzt muss ich echt aufpassen, was ich sage. Also Punkt eins: Ich liebe Leander Haußmann. Ich liebe ihn. Punkt.

Jetzt bin ich aber gespannt auf Punkt zwei.
Ich liebe ihn, und ich habe viel gelacht, aber er wird mir auch verzeihen, wenn ich sage, am Set ist er manchmal nicht ganz einfach. Als wir in Berlin gedreht haben, klingelt mitten in der Nacht mein Telefon. Schlaftrunken gehe ich ran und sage: »Was? « – »Ja Bully, hier ist Leander. « – »Was rufst du mich jetzt an? « – »Mein Kind kommt. « Da sage ich: »Wie, dein Kind kommt? « – »Ja, meine Frau, die entbindet. « – »Warum rufst du mich da jetzt an? «, frage ich. »Ja, was soll ich jetzt machen? « – »Das fragst du mich? « – »Ja, ich muss doch da hin. « – »Ja, dann fahr halt hin. « – »Ja, soll ich echt hinfahren? « – »Ja «, sage ich, »ruf deinen Produzenten an und nicht mich! « Auf einmal fragt er: »Ja, kannst du morgen Regie machen? « Ich war so verpennt, ich hab Ja gesagt, aufgelegt und bin wieder eingeschlafen. Am nächsten Morgen komme ich ans Set, hab das total vergessen, sitze in der Maske, kommt der Regie-Assi rein und sagt: »So, guten Morgen, was machen wir heute? « Dann sage ich: »Wie, was? « – »Na ja, Leander hat gesagt, du machst Regie. « Und so kam es, dass ich einen Tag am Set von *Hotel Lux* Regie geführt habe.

Und dann bot Helmut Dietl Ihnen die Hauptrolle in seinem letzten Film an: *Zettl*.
Dietl war immer ein Traum von mir, bei Helmut war es mir völlig wurscht, was wir machen, ich wollte ihn einfach am Set erleben. Für mich war er einer der Größten. Also wirklich Lubitsch, Wilder, Dietl. Für mich kann man die in einem Atemzug nennen.

Wie sind Sie zusammengekommen?
Das war wie gesagt 2001, als dieser Satz fiel: »Jetzt haste deinen Erfolg, jetzt musst du damit leben. « Ich habe damals zu ihm gesagt: »Weißt du, Helmut, wenn du eine neue Komödie machst, will ich nur einmal als schmieriger Banker hinten durchs Bild laufen, das würde mir schon reichen, weil ich einmal in einem Helmut-Dietl-Film sein will! «

Er guckt mich an und sagt: »Ah wirklich, interessant, aha, aha.« Danach haben wir uns noch ein-, zweimal getroffen, und ich war so stolz, dass wir dann allgemein über Filme gesprochen haben. Und dann hat er einmal gesagt: »Also, Bully, man kann schon sagen, also, du beflügelst mich.«

Beflügelt waren Sie nach diesem Satz bestimmt auch!
Ja, ich bin selten stolz, aber in dem Moment! Es gibt so ein paar Dinge, die ich für mich aufgehoben habe, dieser Satz gehört dazu.

Wie war es dann mit ihm?
Ich muss ganz ehrlich sagen, das ist jetzt – glaube ich – auch kein großes Geheimnis, das wusste Helmut sicherlich auch, dass es sehr diktatorisch am Set zuging.

Alte Schule.
Ja. Und manchmal vielleicht auch sehr ungerecht. Wobei es natürlich für diese cholerischen Ausbrüche Gründe gab. Ich habe da eine andere Energie, wenn bei uns am Set etwas schiefgeht oder nicht funktioniert. Helmut brauchte ein Ventil, sonst wäre er wahrscheinlich buchstäblich geplatzt. Aber in diesen Momenten musste ich das Set verlassen. Ich habe allerdings nie erlebt, dass er sich mit einem Schauspieler angelegt hat, er hat seine Darsteller immer geliebt.

Und was hat er Ihnen als Tipp gegeben fürs Schauspielen?
Gleich am ersten Tag gab es einen Satz nach der ersten Probe, den habe ich mir den ganzen Film über gemerkt: »Net lustig, Bully, trocken, ja, na, Bully: trocken!«

Trocken?
Trocken. Das hat er mir noch mehrmals vorgehalten, da habe ich irgendwann zu ihm gesagt: »Helmut, nach diesem Film bin ich komplett ausgetrocknet.«

Zettl **war ein Misserfolg, Dietl wurde von der Kritik zerrissen. Ein paar Spritzer haben Sie damals auch abbekommen.**

Ich war da vielleicht ein bisschen naiv, ich habe damals wirklich gelernt, dass die meisten nicht unterscheiden können zwischen »ein Film von ...« und »ein Film mit ...«. Das ist aber ein Riesenunterschied. Wenn ein Film kritisiert, für schlecht befunden oder wie *Zettl* zerfleddert wird, dann stehe ich als Zaungast da. Denn ich wurde engagiert, ich habe meinen Job gemacht, und wenn jemand sagt, Bully hat scheiße gespielt, dann ist das was anderes, dann sage ich, okay, dann versuche ich es beim nächsten Mal besser zu machen.

Es gibt Leute, die raunen: Bully macht nur noch bei Flops mit.

Das ist eine oberflächliche Beurteilung, die bei den Leuten dann wahrscheinlich auch so ankommt.

Lassen Sie das an sich heran?

Na ja, damit komme ich jetzt wieder auf 2001 zurück ...

... und die Frage, was Sie in Ihrem Leben ändern wollen ...

... das Schöne am Filmemachen ist ja, dass du nicht in Rente gehst. Am Ende will ich ja mit achtzig, toi, toi, toi, auf einer Parkbank sitzen und meinem Enkel erzählen können, dass ich mit Helmut Dietl gedreht habe, und von meinen Begegnungen mit Bernd Eichinger. Das sind meine Geschichten, das mögen alles Flops sein, aber das sind meine Geschichten.

Was wirft man Ihnen am häufigsten vor?

Es ist ja meistens einfach Polemik. Pauschale Beschimpfungen zum Beispiel, wenn du dich für eine Kampagne engagierst wie jetzt im Moment für dieses *Recht auf Menschenrecht,* und dann kommt der Kommentar: »Das war's jetzt, die DVDs wandern in die Tonne, und ich esse kein Haribo mehr!«

Apropos Haribo. Warum machen Sie dafür Werbung, wenn Ihnen Öffentlichkeit immer wieder peinlich ist?

Aus Spaß. Es gab sehr früh die Idee dieses gemeinsamen Spots ...

... von Thomas Gottschalk und Ihnen ...
... ja, und das mochte ich total. Klar wird dir immer wieder von Leuten, die dich ohnehin nicht mögen, vorgeworfen: »Jetzt hat er sich doch kaufen lassen!« Aber ich habe da eine andere Einstellung.

Nämlich?
Ich war immer der Überzeugung, wenn du Dinge aus Überzeugung heraus tust, dann kommt der Erfolg, und mit dem Erfolg kommt automatisch natürlich auch die Kohle, das ist in jedem Beruf so. Die größte Energie in den letzten zwanzig Jahren habe ich investiert, um dem Mittelmaß zu widerstehen. Ich fand's immer besser, wenn Leute sagen: »Wir finden dich scheiße«, und die anderen sagen: »Wir finden dich gut«, als wenn Leute sagen: »Ja, ist ganz okay, was du machst!«

Um endlich auf den Punkt zu kommen: Ist jetzt Schluss mit lustig?
Darauf wird es hinauslaufen. Ich bin jetzt 47, und ich weiß halt nicht, ob ich mit 50 noch in Frauenklamotten steigen möchte. Oder auf ein Pferd.

Und wie werden Sie sich verabschieden aus diesem Genre?
Das ist das Schöne: Ich habe ja erzählt, wie armselig 1997 die »Bullyparade« gestartet ist und was sie letztendlich hervorgebracht hat, von *Manitu* über *(T)Raumschiff* bis *Lissi*. Wir haben uns vor Kurzem mal getroffen ...

Die drei üblichen Verdächtigen ...
Genau, Rick Kavanian, Christian Tramitz und ich. Jeder von uns dachte während der letzten zehn Jahre, es hört irgendwann mal auf, irgendwann fragt keiner mehr nach einer Fortsetzung.

Aber es hörte nicht auf.
Nein, da ging es uns allen gleich. Und da haben wir uns entschieden, wir wollen noch einmal einen Film machen. Die Wünsche der Fans dazu sind ganz unterschiedlich. Die einen sagen, wir wollen eine Fortsetzung vom *Manitu,* andere: »Macht doch mal eine Fortsetzung von *(T)Raumschiff Surprise*«, viele sagen »Wir wollen die ›Bullyparade‹

zurück!« Und da die »Bullyparade« 2017 ihr 20-jähriges Jubiläum feiert, haben wir uns entschieden, dann mit einem »Bullyparade«- Film ins Kino zu kommen. Da wird alles drin sein, es wird ein Episo- denfilm: die beliebtesten Figuren, dazu gehörten Winnetou und Old Shatterhand, Mr. Spuck, Kork, Schrotty, da gehörten Sissi und Franz dazu, die wir ja im Kinofilm noch nie gezeigt haben. Und zwei Über- raschungen wird es auch geben.

Wenn der Film 2017 in die Kinos kommt, stehen Sie kurz vor Ihrem 50. Geburtstag. Was machen Sie, wenn Sie endlich volljährig sind?
(*lacht*) Ich werde einen Thriller drehen, den ich schon seit Jahren ma- chen wollte. Die Geschichte der Familien Strelzyck und Wetzel, die 1979 mit einem Heißluftballon aus der DDR in die Bundesrepublik geflohen sind. Die Story ist Anfang der Achtzigerjahre von Disney ver- filmt worden. Mittlerweile sind aber aus den Stasi-Akten Details be- kannt geworden, die man damals nicht kennen konnte.

Haben Sie selbst dafür recherchiert?
Ich habe mich mit beiden Familien getroffen, deshalb bin ich ja auch der Meinung, dass man die Geschichte noch mal erzählen muss. Wir haben lange Gespräche geführt, die Drehbuchautoren Thilo Rösch- eisen und Kit Hopkins waren auch dabei. Den Film werde ich zusam- men mit Roland Emmerich produzieren.

Und rauskommen wird der Film dann nach dem finalen »Bully- parade«-Film?
Das wäre der Plan. Für mich wäre es ein Traum, wenn Leute von mir einen Thriller akzeptieren würden.

Obwohl er überhaupt nicht lustig ist?
Ja, mit Ansage nicht lustig.

ZEITmagazin, 22. 10. 2015

»Der Unterschied zwischen Mensch und Computer wird in Kürze aufgehoben sein«

Timotheus Höttges

Beim Interview mit Timotheus Höttges passierte mir etwas besonders Peinliches. Ich kam fast eine halbe Stunde zu spät, weil ich in Bonn zum falschen Gebäude der Telekom gelaufen war. Mit jeder Minute, die dann verstrich, wuchs meine Sorge, wie sich das wohl auf die Atmosphäre des Gesprächs auswirken würde, wenn der CEO eines Weltkonzerns, Herr über 200 000 Angestellte, zunächst einmal verdauen musste, dass man ihm dreißig Minuten Wartezeit zugemutet hatte. Aber Timotheus Höttges ließ sich nicht viel anmerken, das heißt, er machte sich zunächst über mich lustig. Er sagte: »Seitdem Vorstandsvorsitzende nicht mehr Krawatten tragen, bindet ihr euch welche um.« Ich hatte mir ihm zu Ehren tatsächlich eine Krawatte angezogen. Dann reichte er über den Tisch einen Plastikbeutel mit frittierten Maden rüber, die er gerade aus China mitgebracht hatte. Sie schmeckten nicht, auch wenn sie aus einem von ihm bewunderten Ernährungs-Start-up stammten. Höttges ist als Interviewpartner ein Glücksfall, allemal in der Welt der Wirtschaft. Denn er ließ sich auf ein Gespräch darüber ein, wie unser Leben in der Zukunft aussehen wird. Es wurde eine Zeitreise, bei der ich staunte und schauderte. Wenn man das Gespräch heute, mit acht Jahren Abstand liest, wirkt es merkwürdigerweise nicht veraltet, sondern die Szenarien und Diskussion erscheinen im Gegenteil höchst aktuell. Vor Kurzem schrieb mir Timotheus Höttges: »Vielleicht sollten wir eine Neuauflage planen.«

Wenn Sie Ihrer Fantasie freien Lauf lassen und an die Zukunft denken, worauf freuen Sie sich?

Ich freue mich, dass wir mehr Zeit für Dinge haben werden, die uns wichtig sind, weil wir uns entlasten können von Dingen, die uns lästig sind.

Das höre ich seit dem Beginn der digitalen Revolution und habe doch den Eindruck: Die Leute sind immer gestresster.

Ich habe das Gefühl, dass mein Leben reicher geworden ist durch die Möglichkeit, Wissen über alles, was mich beschäftigt, sofort zu bekommen. Und auch durch die Möglichkeiten des Teilens. Ob das Bilder sind, die wir über die Cloud mit Freunden teilen, oder Dinge wie Autos, oder Erfahrungen und Emotionen. Kinder teilen Emotionen! Wir kritisieren Kinder oftmals dafür, dass sie nur noch am Computer hängen. Aber ist denn die Intensität, die sie erleben, nicht größer geworden, weil sie permanent mit ihren Freunden zusammen sind? Sie können jeden Moment teilen, über Snapchat oder Instagram, ganz egal, wo sie sind. Es ist nicht wie bei uns früher, als man sich für nachmittags um drei in der Stadt verabredete und dann nur zwei Stunden gemeinsam hatte.

Wer Ende der fünfziger, Anfang der sechziger Jahre geboren wurde, so wie Sie, verabredete sich noch ganz spontan, ging raus in den Wald, ins Abenteuer. Da gab es einen direkten Austausch von Emotionen, von guten und schlechten!

Den haben die Kinder heute auch noch. Sicher hat die Natur bei uns noch eine größere Rolle gespielt, das ist vielleicht ein Verlust in der jetzigen Generation. Aber diese Intensität, alles zu teilen, alles auszutauschen – selbst wenn wir es manchmal als banal erachten –, ist in der Summe doch mehr, als wir damals von unseren Freunden mitgekriegt haben.

Mag sein, aber die Menschen freuen sich nicht über die ständige Erreichbarkeit, den Stress durch Innovationsdruck, den Weiterbildungszwang.

Für Stress ist man ein Stück weit auch selbst verantwortlich. Ich suche mir Momente des absoluten Rückzugs, in denen ich weder erreichbar bin noch mich durch die Möglichkeiten des Internets ablenken lasse. Ich glaube schon, dass sich unsere Gesellschaft durch das Netz noch beschleunigt hat und der Mensch da mit seiner Adaptionsfähigkeit hinterherhinkt. Insbesondere für ältere Menschen ist das ein echtes Problem: Meine Mutter ist 86 Jahre alt und kämpft mit ihrem iPad.

Haben Sie ihr eins geschenkt?

Ja, um eben meine Erlebnisse mit ihr zu teilen. Wir haben eine Art Familien-Cloud, in die wir alle unsere Bilder einstellen. Ich bin ja in der glücklichen Lage, dass ich wirklich die gesamte Welt bereise und ein digitales Tagebuch führe. Überall fotografiere ich tolle Dinge. Im Oktober war ich in Japan, in Südkorea, in China. Das findet meine Mutter spannend, aber sie hat manchmal Probleme bei der Bedienung. Und das ist für Menschen wie sie echter Stress, weil sie das Gefühl haben, nicht mehr dazuzugehören.

Woher wird denn der Zugewinn an Zeit kommen, den Sie voraussagen?

Die klassischen physischen Arbeiten werden auf lange Sicht komplett durch Maschinen erledigt werden, davon bin ich zutiefst überzeugt. Darüber hinaus werden auch Routinetätigkeiten, die Denkleistung erfordern, durch Software und Computer wahrgenommen. Das wird uns unheimlich viel Zeit schenken, für soziale Interaktion und dafür, unsere persönlichen Interessen zu verwirklichen. Wir werden nicht mehr in so festen Arbeitszeitmodellen arbeiten wie heute. Übrigens haben wir das jetzt schon: Vergleichen Sie mal unsere Generation mit denen davor. Für die war die Wochenendarbeit am Samstag die völlige Normalität!

Sie glauben also, dass die Menschen mit ihrer freien Zeit automatisch etwas anfangen können, was sie glücklich und zufrieden macht?
Wir müssen das lernen. Kreativität wird in Schulen viel zu wenig unterrichtet. Sie wird im Job genauso wie im Privaten eine enorme Rolle spielen. Wir verlieren sie ein bisschen dadurch, dass wir uns ...

... so viel mit der digitalen Revolution beschäftigen?
Jein. Die digitale Revolution ermöglicht uns auch Kreativität. Ich sehe da keinen Widerspruch: Sie ermöglicht, sich zu informieren, sich Inspirationen zu suchen. Aber Sie haben recht: Viele Menschen wissen selbst nicht mehr, was sie interessiert, was sie persönlich beglückt und was sie mit ihrer Freizeit anfangen können. Darauf kann man reagieren, indem man zum Beispiel das Bildungssystem verändert. Die großen Unternehmer im Valley sind überproportional oft Montessori-Schüler, Menschen wie Jeff Bezos, Sergey Brin und Larry Page. Alles Leute, die sehr kreativ sind.

Gibt es eine ganz konkrete Maschine, auf die Sie sich freuen?
Absolut: das selbstfahrende Auto! Auch wenn ich ein Auto habe, das ich privat gerne selbst fahren möchte, gewinne ich bei 80 Prozent meiner fahrenden Tätigkeit Zeit und obendrein Sicherheit. Und dann freue ich mich natürlich auch auf Pepper!

Wer ist Pepper?
Pepper ist ein Roboter, den das japanische Internetunternehmen Soft-Bank entwickelt hat. Er verfügt über künstliche Intelligenz, lebt quasi in der Familie, lernt, übernimmt Alltagsarbeit und fragt Sie dann zum Beispiel: »Was ist das?« Und dann sagen Sie: »Das ist meine Brille.« Damit lernt er, dass das Ihre Brille ist. Danach können Sie ihn dann fragen: »Wo ist meine Brille?« Und in dem Moment holt er sie.

Fragt er Sie auch nach Ihrem Befinden, zum Beispiel: »Warum siehst du heute so verknittert aus?«
Theoretisch ja. Vom Algorithmus her überhaupt kein Problem.

Wie hilft er Ihnen dann? Legt er Ihnen etwas nahe?
Nun fragen Sie nach Kreativität! Er kann doch schon genug: Er nimmt
mir Haushaltstätigkeiten ab, er kann aber auch singen, jede Minute,
jede Sekunde lernt er, was in meinem Umfeld passiert und was mir
wichtig ist.

Den würden Sie für zu Hause tatsächlich adoptieren?
Höttges: Ja. Ich freue mich aber auch auf medizinische Geräte, die die
Pflegearbeit erleichtern und dafür sorgen, dass mehr Zeit von Menschen für Menschen bleibt. Ich freue mich, dass Maschinen dazu beitragen, uns gesund zu halten. Wenn Ärzte heute Krebs diagnostizie-
ren, hat er sich in der Regel schon im Körper festgesetzt. Larry Page
arbeitet mit Google X momentan an Nanopartikeln, die Sie einneh-
men und die die Krebszellen schon im Blut identifizieren, bevor sie sich
fatal vermehren können. Die Lebensqualität wird dadurch höher und
wahrscheinlich auch die Lebenserwartung.

**Sie glauben also auch – bei Google ist das ja sehr verbreitet –, dass es
für jedes Problem eine technische Lösung gibt?**
(zögert) Meine persönliche Meinung ist: Nicht alles, was technisch
möglich ist, sollte gemacht werden.

Zum Beispiel?
Die komplette Überwachung des Einzelnen, die Registrierung aller
persönlichen Daten, kein Recht auf Vergessenwerden im Internet. Die
Werte, die wir uns durch jahrhundertelange Auseinandersetzungen auf-
gebaut haben, kann man im digitalen Zeitalter nicht einfach über den
Haufen werfen. So einen Werteprotektionismus im Internet finde ich
gerade für Europa wichtig. Transparenz geht nicht über alles. Radikale
Transparenz, so wie es *The Circle* beschreibt, macht mir teilweise Angst.

**Ein ziemlich dicker Wälzer. Haben Sie das Buch von Dave Eggers
wirklich ganz gelesen oder nur angelesen?**
Ich habe es ganz gelesen.

Wann haben Sie die Zeit dafür?
Ach, ich lese viel, immer sechs, sieben Bücher gleichzeitig. In der Regel
lese ich nachts oder abends spät, wenn ich ins Bett gehe. Aber auch im
Urlaub lese ich sehr viel – exzessiv. Ich kann dann nicht mehr aufhören,
dann will ich wissen, wie es ausgeht.

Sie haben selbst gerade so etwas wie Angst anklingen lassen.
Das Silicon Valley ist momentan sehr stark getrieben durch das Motto
»Alles, was technisch möglich ist, ist gut«. Das Valley beruht auf Pro-
totypen, Ausprobieren und einem absoluten Technologieglauben. Darin besteht eine Gefahr. Ich habe von Unternehmen gehört, die allen
Ernstes sagen: Das, was wir technologisch können, machen wir, auch
wenn es Gesetze gibt, die dem widersprechen. Die nennen das dann
»zivilen Ungehorsam«.

Das hat man Ihnen ins Gesicht gesagt?
Ja, die Valley-Unternehmen sind so überzeugt von ihren großen Ideen:
Google will das Wissen der Menschheit überall hinbringen. Uber zum
Beispiel will die Mobilität der Gesellschaft komplett neu erfinden.
Oder Amazon: jedes Gut für jeden verfügbar zu machen in kürzester
Zeit. Das sind große Ansprüche, dazu passen die existierenden Gesetze
oftmals nicht. Darum sagen sie im Valley: Wir provozieren mit dem zi-
vilen Ungehorsam eine gesellschaftliche Diskussion darüber, dass die
existierenden Gesetze im Endeffekt nichts anderes sind als ein Schutz
für alte, falsche Systeme.

**Würden Sie sich auch hier in Europa eine weitergehende Diskussion
darüber wünschen, was wir zulassen und was nicht?**
Da bin ich ambivalent. Warum? Weil ich schon finde, dass oftmals das
wirklich Revolutionäre in der Veränderung unserer Produkte und Ge-
schäftsmodelle fehlt, weil wir von vornherein eine Schere im Kopf haben.

Was für eine Schere?
Wir sagen: »Das können wir nicht, weil unsere Strukturen das nicht
zulassen«, oder: »Das dürfen wir nicht, weil es juristische Restriktio-

nen gibt.« Sobald wir das sagen, opfern wir womöglich schon die Qualität und den Nutzen für den Kunden. Dessen sollten wir uns zumindest bewusst sein.

Sie geben den Valley-Leuten also recht?
Höttges: Die tun es genau umgekehrt: Sie sagen, der Kunde steht mit seinem Nutzen wirklich im Vordergrund. Und deswegen bin ich ambivalent: Ich habe keine Antwort. Ich finde gut, dass eine Diskussion darüber geführt wird. Diesen Diskurs provoziere ich gerne. Aber ein Verstoß gegen Gesetze widerspricht meinen Wertvorstellungen und der Art, wie ich ein Unternehmen führe.

Aber ist es nicht so, dass Sie – als Spitze eines Konzerns, der innovativ sein muss und in dessen Laboren Dinge entwickelt werden, die erst in zehn, fünfzehn Jahren Marktreife haben – längst den faustischen Pakt eingegangen sind mit etwas, das möglicherweise die zerstörerische Kraft hat, diese Gesellschaft zum Schlechten zu verändern?
Ich meine, Faust verliert sein Leben in dem Augenblick, in dem er den Moment akzeptiert: »Verweile doch, du bist so schön.« Und Stillstand wäre jetzt das Schlimmste. Die Angst vor der Digitalisierung wäre fatal für die Prosperität unserer Gesellschaft. Darum sage ich: Wir müssen uns damit auseinandersetzen. Wir dürfen nicht immer nur hinterherhasten. Vor Big Data haben wir ja schon allein aus dem Begriff »Big« heraus Angst, aber Big Data ist per se kein Teufelszeug! Wenn ich über anonymisierte oder pseudonymisierte Daten genau erfassen kann, in welchem Krankenzimmer welche Medikamente, welche Reinigungsmittel und welche unterschiedlichen Krankheitsformen zusammengekommen sind, diese Informationen bündele und dadurch die Keimentwicklung und damit wiederum die Mortalität in Krankenhäusern reduzieren kann – dann ist das gut!

Aber das Gegenargument kennen Sie doch auch: Ein, zwei Variablen reichen, um den Einzelnen zu identifizieren.
Das ist die Angst. Darum brauchen wir zum Beispiel eine Ethikkommission, die klare Regeln festlegt, und Instrumente gegen eine Digitali-

sierung nach Wildwest-Manier, die uns erlauben, die Chancen von Big Data zu nutzen.

Finden Sie die Bedenken nicht berechtigt?
Ich bin dafür, dass Menschen sagen können: »Ja, meine Daten dürfen verwendet werden, wenn ein gemeinschaftliches Interesse dahintersteht, auch wenn es dabei ein Risiko gibt.« Aber die Daten dürfen niemals einfach so verwendet werden. Jeder muss sicherstellen können, dass seine Daten nicht zurückverfolgt werden.

Sie sagen, wir sollten den Amerikanern nicht hinterherhasten, wir bräuchten kein europäisches Google. Aber auf welchem Gebiet hätten wir denn überhaupt noch Chancen, etwas Neues zu entwickeln?
Wenn wir in Europa eine Suchmaschine bauen, fehlen uns die Kunden, es fehlen die gesamten Daten, die wir bräuchten, damit eine Suchmaschine auch funktioniert. Facebook hat 1,4 Milliarden Nutzer, Google einen Marktanteil von 96 Prozent in Deutschland im Bereich der Internetsuche. Die Chance, ein Modell aufzubauen, das die gleiche Qualität hat, ist sehr gering.

Der Zug ist also abgefahren?
Meiner Meinung nach ja. Die erste Halbzeit haben wir krachend verloren. Aber es gibt ja auch die zweite Halbzeit. Europa ist führend zum Beispiel bei der Software, die für die Steuerung industrieller Maschinen eingesetzt wird. Und ich glaube, gerade bei der Digitalisierung der Industrie haben wir große Chancen. Das Silicon Valley hat vor allem Lösungen für Privatkunden entwickelt. Das geht verhältnismäßig einfach und ist kostengünstig. Bei den Lösungen für Geschäftskunden, die komplexer sind, haben wir in Europa noch alle Chancen vor uns.

Womit gewinnen die amerikanischen Unternehmen jetzt ihre Kunden – und woran verdienen sie so viel?
Bei den großen Internetunternehmen haben die Kunden den Eindruck, dass deren Dienste kostenlos sind. Das ist aber nicht der Fall: Wir bezahlen eben mit unseren Daten für den kostenlosen Routenplaner, und jedes Mal, wenn wir den »Gefällt mir«-Knopf drücken, ist das für

den Betreiber des Dienstes bares Geld. Wir geben unsere Daten viel zu leichtfertig und zu billig weg. Außerdem entwickeln sich die Datenmodelle in einer unheimlichen Geschwindigkeit weiter. Sie antizipieren, wo der Kunde ein Bedürfnis hat, und geben ihm das Gefühl, die verstehen mich.

Entschuldigen Sie: Ich freue mich doch nicht, wenn dieses System in Zukunft immer weiter ausgebaut wird!
Ich kann Ihre Skepsis verstehen, aber der Erfolg, den die amerikanischen Internetgiganten mit ihren Anwendungen haben, spricht für sich: Die Kunden lieben sie, die Kunden nutzen sie, die Kunden bezahlen bereitwillig mit ihren Daten. Die Datennutzung verdoppelt sich momentan in einem Zyklus von 12 bis 15 Monaten – und das seit Jahren.

Die Kundenzufriedenheit, die Kundenpräferenz, die Kundennutzung sind für Sie also ein Ersatz für demokratisch legitimierte Prozesse?
Nein, natürlich nicht! Da legen Sie mir was in den Mund. Ich beschreibe nur! Diese Internetgiganten verfügen durch Standards, die sie weltweit geschaffen haben, über eine unheimliche Macht. Natürlich kann man sich fragen, ob das eine digitale Volksabstimmung ist, durch die demokratische Systeme infrage gestellt werden. Ich glaube, dass das perspektivisch nicht der Fall sein wird. Wir werden globaler in dem, was wir tun, wie wir unsere Services nutzen, aber auf der anderen Seite haben wir Angst vor Überfremdung. Das ist ja auch in der aktuellen Flüchtlingsdebatte zu spüren.

Wie kommt es zu diesem Widerspruch?
Der Widerspruch entsteht dadurch, dass Globalisierung und Digitalisierung viele Menschen überfordern und eine Sehnsucht nach dem Bekannten auslösen. Aber die Macht dieser Systeme ist enorm. Es geht jetzt eben darum, die Grenzen zu definieren. Wenn wir über Digitalisierung sprechen, sprechen wir auch immer von digitaler Verantwortung. Wie die aussehen kann, gilt es zu diskutieren, die kann nicht einer verordnen. Immerhin hatten wir ja gerade die Diskussion über die Facebook-Hasskommentare.

Finden Sie es richtig, dass der Justizminister da so offensiv geworden ist?
Ich finde das richtig, ja. Wir dürfen uns diesen Systemen nicht beliebig unterwerfen.

Es gibt keine Rede von Ihnen, in der Sie nicht auf zwei Zahlen verweisen. Die eine ist aus Amerika, wo in den nächsten 20 Jahren vermutlich 47 Prozent der vorhandenen Arbeitsplätze wegfallen. Die andere ist aus einer Studie des Bundesarbeitsministeriums, die sagt, in den nächsten 20 Jahren könnten es in Deutschland mindestens 12 Prozent sein. Was passiert mit den entlassenen Menschen?
Vielleicht hilft ein Blick in die Geschichtsbücher: Die Strumpfstrickmaschine wurde im 16. Jahrhundert von der englischen Königin bekämpft, weil man Angst vor Massenarbeitslosigkeit hatte. Von den Webstühlen bis zur Dampfmaschine, bei allem hieß es, das sei Teufelszeug. Es hat jedoch bei industriellen Quantensprüngen immer auch einen positiven Beschäftigungseffekt gegeben. Und wenn man sieht, wie viel Beschäftigung durch Software und Digitalisierung in unserer Gesellschaft entstanden ist, wird es wohl auch nach einem neuerlichen Transformationsprozess enorm viele neue Arbeitsplätze und Chancen geben. Wir dürfen diesen Transformationseffekt, den wir erleben und auch noch vor uns haben, nur nicht unterschätzen, sondern müssen uns darauf einstellen.

Was haben wir denn vor uns?
In der ersten Phase der Digitalisierung ging es um die Substitution von physischer Arbeit durch Maschinen.

Jetzt geht es um Intelligenz?
Genau. Nehmen wir zum Beispiel Journalisten: Es gibt heute schon Börsen- und Sportnachrichten, die automatisiert erstellt werden. Es gibt Anwälte, die substituiert werden, Systeme, die Texte und Gerichtsurteile analysieren und den Anwälten einen Vorschlag machen.

Instagram brauchte am Anfang nur ein Dutzend Mitarbeiter, Kodak hatte in den Achtzigerjahren mehr als 145 000.
Exakt. Drittes Beispiel, was ich faszinierend finde: Doktor Siri kommt, es ist nur eine Frage der Zeit. Moderne, zentrale Rechner analysieren Massen an Daten und erkennen Krankheitsmuster. Ich habe auf einem Symposium mit Medizinern gefragt: Kann ein Rechner anhand von Computertomografie-Bildern Krankheiten erkennen? Wie viele Muster sind standardisierbar und dadurch für ihn erkennbar? Ich habe auf 60 oder 70 Prozent getippt und fand das schon gewagt. Ich lag falsch: 90 Prozent der Bilder kann ein Computer nach bestimmten Mustern auswerten!

Es wird also weniger Ärzte geben?
Es wird signifikant weniger Routinetätigkeiten für Ärzte geben und eine hohe Spezialisierung sowie mehr Zeit für die Patienten. Die Qualifikation spielt also eine große Rolle.

Glauben Sie, dass in den nächsten Jahrzehnten genug neue Arbeitsplätze entstehen, um die wegfallenden aufzuwiegen?
Die Menschen werden sich neu organisieren müssen. Ganze Berufsgruppen werden wegfallen, ganz neue entstehen. Wir haben damit begonnen, junge Menschen zu Cybersecurity-Experten auszubilden ...

Wo werden denn Arbeitsplätze wegfallen?
Im Bereich Transport und Logistik wird es weniger Lastwagenfahrer, Taxifahrer und dergleichen geben, weil Routinetätigkeiten von selbststeuernden Fahrzeugen übernommen werden können. Die Veränderungen in anderen Berufsgruppen habe ich bereits genannt. Zudem befeuert die Digitalisierung die Globalisierung: Wenn ich heute ein Software-Problem lösen will, suche ich weltweit die Spezialisten, die mir am besten helfen können.

Die Frage war noch nicht beantwortet: Wird es in Zukunft genug neue Arbeitsplätze geben oder eher nicht? Was ist Ihre Prognose, wenn Sie an Ihre eigene Lebenszeit denken?

Ich will nicht über meine Lebenszeit spekulieren. In den nächsten 30, 40 Jahren werden sehr viele Arbeiten substituiert werden, und in der Übergangsphase wird es vermutlich nicht genug neue Jobs für diese Leute geben. Die Demografie hilft uns dabei aber ein bisschen.

Aber es heißt doch immer, wir bräuchten in Deutschland Zuwanderer und Flüchtlinge, weil wir jetzt schon mehr als eine halbe Million Arbeitsplätze nicht mehr besetzen können. Hängen wir da einem Irrglauben an?

Nein, denn da reden wir über das Hier und Jetzt. Es gibt qualifizierte Aufgaben, die wir heute nicht besetzen können, Software-Ingenieure beispielsweise für unsere Industrie, in den klassischen Feldern der Mathematik und der Naturwissenschaften haben wir riesige Defizite. Darum ist der globale Arbeitsmarkt relevant geworden. Dann gibt es Stellen, die Bürger regional oder fachlich unattraktiv finden. Und es gibt Tätigkeiten, für die wir zu viele ausgebildete Menschen haben. Aber wir können nicht einfach aus einem Buchhalter einen Software-Ingenieur für künstliche Intelligenz machen. Das erfordert einen Generationensprung.

Was schlagen Sie also vor für dieses bald entstehende Heer von Arbeitslosen, wie sollen wir den gesellschaftlichen und sozialen Frieden erhalten?

Ich halte nichts von solchen Drohkulissen. Wie bald »bald« tatsächlich ist, ist offen – wir reden hier über Jahrzehnte und nicht Jahre. Fakt ist: Wir müssen und können uns auf den Wandel vorbereiten. Statt dieser Entwicklung ängstlich und abwartend zu begegnen, ist es doch besser, sie aktiv zu gestalten. Es gibt auch Chancen, und die müssen wir nutzen, damit die Sozialsysteme weiter funktionieren. Diese Systeme erhalten den sozialen Frieden und versetzen Konsumenten in die Lage, Produkte zu kaufen. Die Frage ist, wie wir diese Systeme erhalten können! Die Antwort ist vielleicht eine der schwierigsten überhaupt. Deswegen müssen wir uns auch über unkonventionelle Lösungen Gedanken machen: Ein bedingungsloses Grundeinkommen kann eine Grundlage sein, um ein menschenwürdiges Leben zu führen.

Verstehe ich Sie richtig: Sie sind ein Befürworter des bedingungslosen Grundeinkommens?
Es könnte eine Lösung sein – nicht heute, nicht morgen, aber in einer Gesellschaft, die sich durch die Digitalisierung grundlegend verändert hat. Ich versuche, nicht in starren Strukturen zu denken, sondern zu sehen, was sich in der Welt verändert und wie wir darauf reagieren könnten, wenn die Dinge so eintreffen, wie wir sie erwarten. Wir müssen unsere Gesellschaft absichern. Deswegen die Idee des Grundeinkommens. Wir dürfen solche Ideen nicht allein deshalb ablehnen, weil sie uns aus heutiger Sicht unbrauchbar scheinen.

Das erste Argument gegen das Grundeinkommen sind die großen Finanzierungsprobleme: Man rechnet, es würde die Bundesrepublik 80 Milliarden Euro monatlich kosten, wenn man zum Beispiel, wie ernsthaft vorgeschlagen, jedem Bürger 1000 Euro im Monat auszahlt. Das wäre ein Posten von etwa 960 Milliarden Euro jährlich – ein Vielfaches des gesamten heutigen Bundeshaushalts. Woher soll das Geld kommen?
Die 1000 Euro haben Sie jetzt in den Ring geworfen, aber grundsätzlich stellen Sie die richtige Frage. Die Besteuerung folgt zu einem großen Anteil der Produktivität. Früher und in Teilen auch heute noch haben Menschen durch Mehrarbeit mehr Wertschöpfung produziert, die dann besteuert worden ist und die Sozialsysteme finanziert hat. Wenn Produktivität zukünftig vor allem an Maschinen und die Auswertung von Daten gekoppelt ist, könnte die Besteuerung stärker auf den darauf beruhenden Gewinnen aufbauen und weniger auf der Einkommensteuer des Einzelnen.

Ich sehe jetzt schon die Flucht der Unternehmen in andere Länder.
Ja, genau das ist eins der fundamentalen Probleme: Die Besteuerung großer Internetkonzerne fällt uns heute schon schwer, weil die ihre Plattformen irgendwo auf der Welt errichten und – ich sag mal – über vier, fünf Länder gehen.

Trotzdem bleiben Sie bei Ihrer Finanzierungsidee?
Die Gewinnbesteuerung ist wahrscheinlich der richtige Weg. Eine Besteuerung von Daten scheint mir wenig praktikabel und nicht sinnvoll zu sein. Die Besteuerung der Maschinen, die Produktivitätssteigerungen garantieren, würde dazu führen, dass vielleicht weniger Maschinen genutzt würden, als technisch sinnvoll wäre.

Sie glauben allen Ernstes, dass man die heutigen multinationalen Konzerne, wie zum Beispiel auch Ihre Telekom, kräftig zur Steuer heranzieht?
Den Hinweis auf die Telekom verstehe ich nicht, wir zahlen unsere Steuern da, wo sie entstehen. Aber ich will nicht über die Telekom reden. Es geht um die Frage, wie wir ein faires System für eine Welt von morgen schaffen. Und wir müssen uns mit dieser Frage beschäftigen, und zwar meines Erachtens jetzt – und nicht erst dann, wenn unsere Systeme aus der Einkommensteuer heraus nicht mehr finanzierbar sind ...

... oder wir gegenüber diesen Konzernen so schwach sind, dass wir es gar nicht mehr durchsetzen können?
Ganz genau. Wie wir das lösen in einer globalen Ökonomie des Internets, ist hochkompliziert. Aber ich glaube, wir alle, Politik, Wirtschaft und Gesellschaft, müssen uns jetzt der Fragestellung und vor allem der Lösung dieser Probleme stellen.

Zweites Argument gegen das bedingungslose Grundeinkommen: Es macht eine Gesellschaft satt und faul, weil allen der Antrieb fehlt.
Satt und faul ... *(zögert)* Ich halte Massenarbeitslosigkeit und die damit verbundene Perspektivlosigkeit eher für ein großes Problem. Im Kern geht es darum, zu verhindern, dass wir eine komplette Entkoppelung der Gesellschaft erleben, mit Massenarmut auf der einen und extremem Reichtum auf der anderen Seite. Die amerikanische Wissenschaft spricht vom Phänomen des *great decoupling*. Seit der digitalen Revolution steigt zwar das Einkommen insgesamt, aber das Realeinkommen des Mittelstandes und der unteren Einkommensgruppen hält nicht mehr Schritt mit der Entwicklung des Bruttoinlandsproduktes.

Gemeinhin wird das darauf zurückgeführt, dass einige Leute über ein großes Vermögen verfügen und es mehren können und die anderen eben nicht. Sie meinen, es liegt auch daran, dass nur wenige von der Digitalisierung profitieren?

Exakt. Es gibt eine Agglomeration von Milliardenvermögen bei Firmen, die globale Plattformen aufgebaut haben. Wir werden demnächst wahrscheinlich den ersten Privatbillionär haben.

Aber was setzen Sie dem Argument, dass ein bedingungsloses Grundeinkommen eine Gesellschaft träge macht, aus Ihrer Lebenserfahrung entgegen?

Meine Erfahrung lehrt mich, dass man durch Qualifikation und Motivation Kräfte und Ehrgeiz freisetzt, die sich dann auf produktive Themen richten und nicht Faulheit provozieren. Vor dem Hintergrund glaube ich, dass die Erziehungssysteme, die Art, wie wir Menschen auf diese Reise mitnehmen, wichtig sind.

Das dritte Argument gegen das bedingungslose Grundeinkommen: Der Migrationsdruck auf die wenigen Länder, die es sich leisten können, würde noch zunehmen.

Ja, er wird zunehmen. Aber schauen Sie sich das Valley an: Das ist gewollte, qualifizierte, gezielte Migration. Jedes zweite Unternehmen im Valley ist von einem Ausländer gegründet. Die Kombination unterschiedlicher Hintergründe, Sprachen und Qualifikationen bringt enorm viel Kreativität und neue Ideen. Das ist faszinierend! Aber Sie haben natürlich recht: Armutsmigration ist ein aktuelles gesellschaftliches Thema. Die Welt globalisiert sich, wir können meines Erachtens nicht einfach sagen, wir machen die Grenzen dicht und ignorieren das.

Da sind Sie also bei der Kanzlerin?

Ja.

Welches System innovativer Unternehmen hat Sie zuletzt mehr fasziniert, das kalifornische im Valley oder das israelische?

Das israelische.

Warum?

Das israelische Valley ist nicht nur Software. Die Unternehmen sind noch viel kreativer in der Entwicklung von Geschäftsmodellen.

Erzählen Sie mir ein Beispiel.

Kennen Sie den Tricorder aus *Star Trek?*

Klar.

Worauf auch immer man dieses Gerät richtete: Es hat einem gesagt, was für ein Gegenstand das ist und aus welchen Materialien er besteht. Ich habe eine Firma – SCiO – besucht, die diesen Tricorder tatsächlich gebaut hat. Ein Nanospektrometer für Dinge, so groß wie ein Smartphone. Sie halten das Gerät auf Gegenstände in Ihrer Umgebung. Dann werden die entsprechenden Daten an ein Rechenzentrum übermittelt und dort mit den bereits vorhandenen Daten zu allen möglichen Produkten verglichen. Also, der Obstteller steht da, und das Gerät sagt mir: Das ist die süßeste Nektarine, nimm die! Weil der Zuckergehalt sofort gemessen wird. So wird Software mit sämtlichen Formen von Wissenschaft verbunden, ob das Metallurgie ist, Medizintechnologie oder Pharmakologie. Stellen Sie sich vor, Sie haben ein Medikament vor sich liegen und fragen sich, was genau es ist. Das Gerät identifiziert sofort, ob das ein Originalmedikament ist oder eine Kopie.

Wann wird es denn den Tricorder auf dem Markt geben?

Ich glaube, der ist relativ weit in seiner Marktreife. Sie sehen: Es kommt auf die Kreativität an, Vorhandenes neu zu kombinieren, in diesem Fall Infrarotlicht, Mobilfunktechnik, Cloud-Rechner, Datenbanken. Die Verknüpfungen sind es, die Israel momentan beschäftigen.

Warum glauben Sie, dass die Israelis das noch besser hinkriegen als die Amerikaner?

Wenn die Amerikaner eine große Idee haben, beschäftigen sie sich als Nächstes mit der Kommerzialisierung in ihrem Heimatmarkt. Die Israelis haben aber keinen Markt von 320 Millionen Menschen vor der Haustür. Also nehmen sie ihr Produkt, verkaufen es in der Welt und entwickeln das nächste. Dadurch entsteht eine viel größere Dynamik, so entstehen viele »Serial entre preneurs«, Unternehmensgründer, die ständig was Neues machen.

Was bedeutet das für künftige Hierarchien von Unternehmen? Wie sieht der Vorstand, der Abteilungsleiter der Zukunft aus?
Auch da wird sich die Arbeitswelt komplett verändern. Das wird keine Revolution, sondern eine Evolution.

Aber in der Evolution sterben relativ viele Lebewesen weg.
Wer sich anpasst, überlebt. Und wir müssen das ja nicht von heute auf morgen machen, wir haben Zeit, uns anzupassen. Wichtig ist: Wie findet man das richtige Personal für die sich ständig verändernden Projekte? Wir haben über Kreativität gesprochen, über interdisziplinäres Arbeiten, darüber, sich in verschiedenen Fachgebieten auszukennen – dazu braucht man Plattformen, auf denen Mitarbeiter ihre Qualifikationen zeigen und dokumentieren können. Das bedeutet aber auch mehr Eigeninitiative.

Und wie wird dann sein Verhältnis zum Chef aussehen?
Der Chef wird weniger Kontrolleur sein, sondern eher Moderator dieser qualifizierten Leute. Führungskräfte sind ja schon heute eher aufgefordert, ihre Leute zu motivieren, als sie zu überprüfen. Wobei ich zugeben muss, dass ich in der Beziehung auch noch lerne.

Ihre Spitzenkräfte sind also freie Mitarbeiter, die projektbezogen für einzelne Weltkonzerne arbeiten?
In fernerer Zukunft vermutlich ja. Freie Mitarbeiter vielleicht, freiere ganz sicher. Darum gewinnt auch das Selbstmanagement des Einzelnen an Bedeutung. Mehr Eigeninitiative ist erforderlich, um sich in diesen Ausschreibungen zu qualifizieren. Junge, moderne Mitarbeiter wollen ein Problem dann lösen, wenn sie dazu Lust haben. Wenn Sie heute in Berlin sind, sitzen diese jungen Leute morgens in einem Café und unterhalten sich über eine Problemlösung, tauschen sich aus. Sharing, das Teilen, ist das Wichtigste bei diesen Projekten. Im Valley wird jede Idee geteilt. Wir stellen uns immer vor, die würden ihre Ideen im

Kleinen entwickeln, und keiner weiß davon. Das Gegenteil ist der Fall: Das Valley tauscht sich aus.

Und keiner fürchtet den Ideenklau?
Das spielt keine Rolle. Denn nicht die Idee ist das Problem, sie wird geteilt, diskutiert und immer wieder erprobt ...

... das Problem ist die Realisierung.
Genau: die schnelle, konsequente Umsetzung.

Wie bereiten Sie Ihr eigenes Unternehmen auf diese Veränderungen vor?
Vor zwei Jahren haben wir neue Führungsgrundsätze bei der Telekom eingeführt. Wir haben gesagt: Es geht nicht nur darum, *was* du erreichst, sondern auch, *wie* du es erreichst. Junge Menschen sollen zum Beispiel Verantwortung tragen, denn sie sind am motiviertesten, wenn sie das Gefühl haben, etwas gestalten und Probleme selbst lösen zu können. Sie sollen sich auch grundsätzliche Fragen stellen: Warum hat kein Taxiunternehmen in Deutschland Uber erfunden? Warum haben nicht Quelle oder Kaufhof Amazon gegründet? Wieso entsteht in starken Unternehmen der alten Ökonomie nicht die Innovation für die neue?

Was ist Ihre Antwort?
Wenn Sie versuchen, alten Unternehmen Innovationen zu verordnen, werden Sie feststellen, dass diese Veränderungen immer wieder abgestoßen werden. Das ist wie ein Schutzmechanismus. Ich bin überzeugt, wenn Innovation nicht aus dem mittleren Management der alten Welt eingefordert wird, wird sie nie passieren. Darum müssen wir Führungskräfte auf der mittleren Ebene nicht nur danach beurteilen, wie gut sie ihr Altgeschäft beherrschen, sondern auch danach, wie grundsätzlich sie dieses Modell infrage stellen. Europa ist sehr gut darin, bestehende Techniken und Prozesse zu verbessern. Gefragt ist aber jetzt die sogenannte disruptive Innovation. Also die neue Technik, die eine alte Technik ablöst und damit neue Wertschöpfungsketten erschafft.

Warum lieben Sie das Wort disruptiv so sehr?
Es geht nicht um das Wort. Aber wir dürfen die zerstörerische Kraft der Digitalisierung auf althergebrachte Prozesse nicht unterschätzen. Wir müssen die Funktionsweisen der amerikanischen Internetgiganten verstehen und was sie so erfolgreich macht. Die Amerikaner arbeiten nach dem Motto »Think big«, darin liegt etwas Zerstörerisches, etwas Disruptives. Zudem merke ich bei der Telekom immer wieder, dass ich manchmal radikaler formulieren muss, um schnell etwas zu verändern. Aber ich war noch nicht fertig.

Sie meinen, mit Ihren Unternehmensgrundsätzen?
Ja. Das dritte Thema bei uns ist »Collaboration«, Zusammenarbeit. Wenn ich heute etwas verändern will, kann ich das nicht alleine. Ich muss offen sein, aus meinem Einzelbüro herauskommen und andere dazu befragen. Darum machen wir 360-Grad-Feedbacks für jede Führungskraft.

360 Grad?
360 Grad heißt, bevor wir die Zielerreichung beurteilen, wird jeder Mitarbeiter von seiner Führungskraft, von seinen Kunden, von seinen Mitarbeitern und von seinen Kollegen beurteilt.

Der reinste Psychoterror!
Nein, Feedback ist viel Arbeit. Aber nur so kann ich überprüfen, ob mein Selbstbild mit dem Fremdbild übereinstimmt.

Glauben Sie, dass Sie selbst diesem Unternehmensleitbild, das Sie sich vorstellen, entsprechen?
Auch da lerne ich noch. Ich wünschte mir eine Entmystifizierung des Vorstandsvorsitzenden, weg vom Bild des Allwissenden. Ich habe schon den Anspruch, fachliche Themen auf Augenhöhe zu diskutieren. Aber ein Techniker hat natürlich auf seinem Gebiet viel mehr Kenntnisse, als ich das jemals haben werde. Ich möchte nicht, dass er sich allein aufgrund meiner Rolle in irgendeiner Weise zurückhält. Sonst kriege ich nicht die Informationen, die ich von ihm brauche.

Ärgert es Sie manchmal, dass es praktisch kein Porträt von Ihnen gibt, in dem nicht darauf hingewiesen wird, dass Sie als sehr streng gelten?

Dieser Eindruck kommt aus der Zeit, in der ich als Finanzvorstand sehr stark der Sparkommissar war. Heute muss ich eine andere Rolle wahrnehmen, das ändert das Bild. Aber ich bin jemand, der sehr wettbewerblich denkt.

Was heißt das?

Ich kann nicht gut verlieren. Ich treibe mich immer an, etwas besser, neu, anders zu machen, und sehe eigentlich die größte Gefahr im Erfolg. Vielleicht bin ich zu calvinistisch in dieser Beziehung.

Stimmt es denn, dass Sie Bewerber manchmal fragen: »Haben Sie schon mal einen richtigen Bruch in Ihrem Leben erfahren?«

Ja.

Glauben Sie, dass große Karrieren auch das Ergebnis eines Defizits sind, das man im Leben kompensiert?

Ja, so schlimm das vielleicht erscheinen mag: Ich glaube, dass Menschen, die Brüche in ihrem Leben erfahren haben, sich gegen enorme Widrigkeiten haben durchsetzen müssen, dass Menschen, die etwas an sich kritisieren und versuchen, das zu kompensieren, Kräfte entwickeln, die andere nicht aufbringen.

Oder sie gehen daran zugrunde.

Exakt. Die eine Gruppe geht zugrunde, weil sie es nicht verkraftet, die andere lenkt um und wird dadurch noch stärker. Das ist ein auffälliges Muster, das ich über die Jahre in Lebensläufen gesehen habe.

War der Bruch in Ihrem Leben, dass Ihr Vater die Familie verlassen hat?

Ja. Ich komme aus einer Familie, die wohlhabend war. Die Trennung der Eltern musste nicht nur emotional verkraftet werden, sondern wurde von mir auch als sozialer Abstieg wahrgenommen. Entsprechend hat er den Ehrgeiz enorm beschleunigt, mein Leben zu gestalten.

Von Ihnen stammt der Satz: »Das menschliche Gehirn ist für exponentielle Schritte nicht gemacht.« Wie soll sich unser Hirn dann an die bevorstehende Evolution anpassen?
Es passt sich nicht an, es kann nicht exponentiell denken.

Der italienische Regisseur Federico Fellini hat einmal sinngemäß gesagt, dass sich alles ändert, nur der Mensch bleibt immer gleich.
Er hat auch gesagt: »Der einzige wahre Realist ist der Visionär.« Bald wird der Moment kommen, an dem wir nicht mehr unterscheiden können, ob uns ein Computer oder ein Mensch antwortet, zum Beispiel auf die Frage: Warum fühlst du dich heute nicht wohl?

Aber das kann man doch nicht wollen!
Die Frage stellt sich nicht, das kommt einfach. Ich will nur sagen, dass der für uns wahrnehmbare Unterschied zwischen Computer und Mensch bei dem, was wir Denkvermögen nennen, in Kürze aufgehoben sein wird. Das ist der berühmte Turing-Test. Ich bin auch der Meinung, Ihr Fellini-Zitat stimmt nicht. Der Mensch hat sich über die letzten 2000 Jahre enorm verändert.

Fellini sagt: in seinen emotionalen Grundinstinkten nicht.
Ja, okay, *so what*? Die Frage ist doch: Wenn die Maschine uns im Denken und im Entscheiden ebenbürtig wird, was denkt sie dann eigentlich über uns?

Ja, was denkt sie? Vielleicht: »Wozu gibt's dich überhaupt noch, Mensch?«
»Wozu gibt's dich überhaupt?« – jetzt wird's philosophisch.

Sie philosophieren doch ganz gerne. Was würden Sie antworten?
(lacht) Das überfordert mich jetzt. Ich bin für exponentielles Denken nicht ausgelegt.

DIE ZEIT, 30.12.2015

»Italien ist immer ein rechtes Land gewesen«

Umberto Eco

Zu Umberto Eco machte ich mich vom Haus meiner Großeltern in Rimini auf, wo ich in den 1960er-Jahren eine mich sehr prägende Zeit verlebt hatte. Der weltberühmte Semiotiker und Schriftsteller, der letzte Vertreter der großen linken Intellektuellen Italiens, auf die das ganze Land hörte, erwartete mich auf seinem Landsitz in den Marche, eine gute Autostunde von Rimini entfernt. Es waren die Landschaften meiner Kindheit, an einem mörderisch heißen Julitag. Ich musste daran denken, wie schön es wäre, wenn es noch diese Straßenstände gäbe, an denen man gekühlte Wassermelone kaufen konnte. So wie früher. Die Stimmung im Haus von Umberto Eco war nicht so warm, obwohl die überaus zugewandte Frau von Eco, die deutsch-italienische Dozentin Renate Ramge, ein gutes, leichtes Mittagessen im abgedunkelten Esszimmer vorbereitet hatte. Dort setzte unser Gespräch ein, bei dem Umberto Eco stellenweise gereizt und auch abgeklärt wirkte. Man denkt dann sofort, es läge an einem selbst. Sieben Monate später ging die Nachricht um die Welt, dass er an einem besonders heimtückischen Krebs gestorben war. Vielleicht wusste er in diesem Sommer auch schon, dass er unheilbar krank war. Was einiges erklären würde, besonders den eher beiläufig gesprochenen Satz, dass der neue Roman, über den wir sprechen wollten, sein letzter sein würde.

In Ihrem neuen Roman sagt Simei, der durchtriebene Chefredakteur der Zeitung »Domani«, Interviews mit Schriftstellern sind friedensstiftend, weil sie dem Leser den Verriss des Buches ersparen.
Ja, aber nicht nur das. Autoreninterviews sind Gratiswerbung, schließlich würde ein Autor nie schlecht über sein eigenes Buch reden. Ich weiß aus jahrzehntelanger Erfahrung, dass jede Zeitung sagt: Wenn Sie uns kein Interview geben, gibt's von uns keine Rezension. Also macht man das Interview, und schon haben die Zeitungen keinen Grund mehr, eine Rezension zu bringen.

Für diese perfide Verkaufsstrategie kann man sich nur mit heimtückischen Fragen revanchieren: Wieso haben Sie wieder eine Parabel über Journalismus und Macht in der Berlusconi-Ära geschrieben? Das haben Sie doch in den letzten Jahrzehnten nun wirklich wiederholt getan!
Wiederholt ist das entscheidende Wort. Seit über dreißig Jahren verfasse ich Artikel und Essays über die Laster des Journalismus. Es hat also möglicherweise mit Faulheit zu tun, dass ich mich in meinem letzten Roman diesem vertrauten Thema widme.

Ist das Ihr Ernst: *Nullnummer* ist Ihr letzter Roman?
Aber ja, jetzt reicht's, zumal ich mehrere große nicht narrative Projekte habe, denen ich mich voll und ganz widmen möchte. Ich habe mir gesagt: Wieso packe ich das Thema nicht in einen Roman? Die Idee zu *Nullnummer* hatte ich schon eine ganze Weile, seit Rizzoli in den Siebziger-, Achtzigerjahren eine Zeitung namens »Oggi – il quotidiano di domani« (»Heute – die Zeitung von morgen«) herausgeben wollte und an den Fassaden ihrer Verlagshäuser große Werbung dafür gemacht hat. Doch dann ist das Blatt nie erschienen. Die ersten Notizen hatte ich mir vor rund fünfzehn Jahren gemacht.

Warum spielt Ihre Geschichte im Italien der Neunzigerjahre?
Irgendwann reifte die Idee, die Geschichte 1992 anzusiedeln, und das nicht zuletzt aus dem pragmatischen Grund, dass ich mich mit den damaligen Autos besser auskenne, was mir bei der Beschreibung meines paranoiden Protagonisten, der nicht weiß, für welches Auto er sich ent-

scheiden soll, sehr hilfreich war. Wenn ich mir einen neuen Wagen anschaffen muss, bin ich genauso, ich zermartere mir das Hirn mit Tausend Fragen: Ist er groß genug, ist er schmal genug, komme ich gut rein und raus?

Das klingt ein bisschen nach Woody Allen, der sagt, sobald er neue Handtücher kaufen will, muss er erst einmal monatelang zum Psychoanalytiker.
Typisch Woody Allen! Ich weiß noch, wie er mir erzählte, er müsse ständig Klarinette üben – dabei spielt er miserabel. Er sagte, weil er auf Reisen meistens gezwungen sei, im Hotel zu üben, würde er es unter der Bettdecke tun, um die anderen Hotelgäste nicht zu stören.

Sind Sie und Allen befreundet?
Nicht direkt. Ich hatte seine ersten Bücher übersetzen lassen, deshalb sind wir uns ein paar Mal begegnet und zusammen essen gegangen. Aber kommen wir zum Thema zurück. 1992 interessierte mich aus zwei weiteren Gründen: Erstens musste ich die Geschichte nicht in der Ära des Internets ansiedeln, was die Sache grundlegend geändert hätte, und zweitens galt 1992 in Italien als das Jahr der großen Wende, in dem alles anders werden sollte, doch dann ist nichts passiert. Kritiker haben gesagt, ich würde von Berlusconi reden, und natürlich habe ich auch an Berlusconi gedacht, aber die Welt ist voll mit Typen wie dem Commendatore Vimercate (die Figur des bösen alten Finanziers im Hintergrund, *Anm. d. Red.*), man denke nur an Murdoch.

In Italien lässt sich allerdings schwerlich an jemand anderen als an Berlusconi denken. Das hat auch in Italien für einige Ratlosigkeit gesorgt.
Das stimmt, aber ich wollte nicht, dass sich die Sache allzu sehr auf Berlusconi beschränkt. Auch weil Berlusconi zu der Zeit noch gar nicht richtig auf den Plan getreten war. Aber Sie haben etwas völlig Unzutreffendes gesagt: Mein Buch habe für große Ratlosigkeit gesorgt.

Für einige Ratlosigkeit.

Das war kaum der Fall: Die sogenannten seriösen Zeitungen haben sich über diesen Angriff auf den schlechten Journalismus gefreut. Die Zeitungen hingegen, die sich in meinem Buch wiedererkannten, reagierten, wie zu erwarten war. Die Episode mit den Essstäbchen beispielsweise ist mir wirklich passiert. Im »Giornale« (Die Tageszeitung gehört Paolo Berlusconi, dem Bruder des ehemaligen Ministerpräsidenten Silvio Berlusconi, *Anm. d. Red.*) war einmal zu lesen, Professor Eco sei doch tatsächlich in einem chinesischen Restaurant gesehen worden, zusammen mit einem Unbekannten, der mit Stäbchen gegessen habe.

Damit spielen Sie auf eine italienische Unsitte an: Politische Gegner werden mit Unterstellungen aller Art herabgesetzt, manchmal sind es auch nur lächerliche Anspielungen, die aber die Glaubwürdigkeit der Person erschüttern sollen.

Ganz genau. Es ist doch selbstverständlich, dass man in ein Restaurant geht, das vor der Haustür liegt. Und der Unbekannte, mit dem ich aß, war ein französischer Freund. Für jemanden, der in Rom oder Mailand lebt, sind chinesische Restaurants keine Besonderheit, aber für den Rest Italiens sind sie geheimnisvoll wie Dr. Fu Manchu (Dr. Fu Manchu ist ein genialer Verbrecher und Hauptfigur der Romanreihe des englischen Kriminalautors Sax Rohmer, *Anm. d. Red.*). Und da sitze ich mit einem Unbekannten und esse Reis mit Stäbchen statt Pasta!

Unheimlich! Geradezu kriminell!

Ja, es ist das Prinzip der sogenannten Dreckschleuder. Bei vielen Zeitungen gehört sie längst zum Inventar. Zwei beredte Beispiele aus jüngster Zeit sind die Bilder der siebenjährigen Queen Elizabeth, die den Hitlergruß zeigt, mit dem dämlichen Onkel daneben, der auch die kleine Schwester dazu bewegen will, und Angela Merkel, die dem libanesischen Mädchen nicht sagen kann: »Du darfst in Deutschland bleiben.« Die Ärmste, was hätte sie denn tun sollen? Man könnte fragen, ob das ein rein italienisches Phänomen ist, aber diese Beispiele sprechen dagegen.

In Italien ist es aber besonders hässlich – und wirksam.

Ja. Nehmen Sie diesen Richter, der Berlusconi zu einer Geldzahlung an De Benedetti (Carlo De Benedetti ist ein mit Berlusconi rivalisierender Unternehmer und Investor, dem unter anderem »La Repubblica« und »L'Espresso« gehören, *Anm. d. Red.*) verdonnert hat. Er wurde von irgendeinem rechten Blatt dabei belauert, wie er in seinen amarantroten Socken zwei Stunden rauchend auf einer Parkbank gesessen und die Kippen weggeschnippt hat. Der Mann hat nichts Unrechtes getan, aber es wurde behauptet: Statt seine Robe zu tragen, hockt er wie ein Hippie rauchend auf einer Parkbank, womöglich kifft er sogar. Das ist die Dreckschleuder.

Ihr Buch spielt zu einer Zeit, in der das Internet noch in den Kinderschuhen steckt, dabei hat die Dreckschleuder mit dem Internet eine sehr viel größere Durchschlagskraft bekommen.

Im Internet kursiert eine Flut von Falschmeldungen, die ebenso groß ist wie die der Fakten. Was fehlt, ist ein vernünftiger Filter. Ich weiß nicht, ob Sie die Diskussion um die Schwachköpfe verfolgt haben.

Sie haben, glaube ich, im Sommer bei einer Pressekonferenz in Turin gewütet ...

... das war nach einer Vorlesung an der Uni. Pressekonferenzen sind das Gefährlichste, was man tun kann, es gibt tausend Fragen, man antwortet, so gut man kann, und dann macht jeder daraus, was er will. Die Frage lautete in etwa: Glauben Sie nicht, dass die Sozialen Netzwerke im Internet einen Haufen Schwachsinn verbreiten? Ich sagte, für mich ist die Sache ganz einfach: Bei einer Weltbevölkerung von sieben Milliarden gibt es einen entsprechenden Prozentsatz Schwachköpfe. Das sind nicht unbedingt Spinner, es reicht ein Ahnungsloser, der sich über internationale Politik auslässt, oder jemand, der ohne Sachverstand über die Steuerpolitik herzieht. Früher einmal standen diese Schwachköpfe leicht beschwipst am Tresen und gaben ihren Schwachsinn zum Besten, die anderen lachten darüber, und die Sache war erledigt. Heute tummeln sie sich im Netz. Sie glauben nicht, was für einen Schwachsinnigen-Aufstand meine Antwort ausgelöst hat!

Einen sogenannten Shitstorm ...
... ja, aber viele haben mir auch recht gegeben. Womit wir wieder beim Problem mit dem Filter wären: Wie filtert man Nachrichten im Netz? Mein Vorschlag lautete: Wieso werden Websites nicht ebenso rezensiert wie Bücher oder Filme? Das hat natürlich wieder für eine Welle der Entrüstung gesorgt, das Internet sei viel zu groß, man könne nicht alles rezensieren, außerdem wäre es nicht demokratisch, und die jungen Leute würden sich heutzutage sowieso nur noch übers Internet informieren und keine Zeitung mehr lesen.

Lassen sich die Printmedien vom Internet jagen?
Offenbar ist die Presse nur noch dazu da, um für Scoops im Internet zu sorgen. Fangen wir also an, zu rezensieren! Ich habe noch eine Theorie, warum sich in den Sozialen Netzwerken so viele Schwachköpfe tummeln: Wenn ich früher einen Brief bekam, habe ich meine Antwort sorgfältig abgewogen, sie dann zu Papier gebracht und in die Post gesteckt. Heute hingegen reagiert man im Affekt. Wenn Sie mir sagen: Du bist ein Arschloch, würde meine briefliche Antwort lauten, Werter Herr, vielleicht haben Sie mit Ihrer Beleidigung ein wenig übertrieben. Wenn ich aber unmittelbar darauf reagieren soll, sage ich: Selber! *(lacht)* Damit leistet man den Schwachköpfen Vorschub, das ist genau wie mit den Handys. In einer meiner Kolumnen stellte ich mal die Frage: Wie kann es sein, dass diese Politiker, die genau wissen, dass sie abgehört werden, so fahrlässig in ihre Telefone plaudern?

Was ist Ihre Erklärung?
Der eine Grund ist die Arroganz des Mächtigen. Zum anderen liegt es daran, dass das Handy zu einem Körperteil geworden ist: Einer, der sein Handy benutzt, kommt gar nicht darauf, die ganze Welt könnte ihm dabei zuhören, es ist, als würde er Klopapier benutzen, eine ganz intime Körperhandlung.

Immer wieder vermitteln die klassischen Printmedien den geradezu mutlosen, verstörten Eindruck, sie würden zwar weiter wacker ihre Arbeit tun, aber das Zukunftsmedium sei nun einmal das Internet.

Das ist Masochismus. Sie und ich fahren nach wie vor ganz wunderbar mit Papier.

Und wie deuten Sie dieses masochistische Verhalten?

Wie erklärt es sich, dass jede Wochenzeitung bis hin zur ZEIT einmal pro Jahr den Tod des Romans und das Ende der Kunst propagiert? Das ist saisonale Effekthascherei.

Wann haben Sie das erste Mal gedacht: O Gott, ich komme mit der Entwicklung der Medien nicht mehr mit, vielleicht werde ich alt?

In den Sechzigern, würde ich sagen.

So früh schon?

(lacht) Ja.

Und da hat Sie zum ersten Mal die Angst beschlichen, die Dynamik nicht mehr zu durchschauen?

Nicht die Angst, sondern die Gewissheit.

Haben Sie Konsequenzen daraus gezogen?

Ja, allerdings erst in den Siebzigern, als ich auf die 50 zuging. Da habe ich mir gedacht: In meinem Alter sollte ich mich nur noch mit elisabethanischen Dichtern beschäftigen. Aber dann habe ich mich doch mit zahlreichen anderen Dingen beschäftigt und Romane übers Mittelalter geschrieben.

Neben dem hochaktuellen Thema der Dreckschleuder haben Sie in *Nullnummer* **noch ein weiteres Lebensthema auf die Spitze getrieben, nämlich das der Verschwörungstheorie. Auch damit treffen Sie einen heutigen Nerv: Noch nie hatten Journalisten so heftig mit dem Argwohn vieler Leser zu kämpfen, die von uns recherchierten und verfassten Artikel entsprächen nicht der Wirklichkeit, sondern seien uns von den Mächtigen eingetrichtert worden.**

Sie können den Menschen noch so sehr auseinandersetzen, wie hirn-rissig ihre Verschwörungstheorien sind, die meisten wollen trotzdem daran glauben. Aus dem gleichen Grund pilgern sie in Massen nach Medjugorje im ehemaligen Jugoslawien, weil einer Handvoll Hellse-hern alle Nase lang die Madonna erscheint, bis es selbst dem Papst zu bunt wurde und er verlauten ließ, die Muttergottes sei nicht der Typ, der dauernd Postkarten schreibt.

Es gibt noch einen Grund, weshalb Verschwörungstheorien einen so immensen Anklang finden. Wenn ich sage: Hinter dem 11. Septem-ber stecken die Geheimdienste, muss ich mich nicht mehr um das religiöse, politische und kulturelle Phänomen des radikalen Islamis-mus kümmern.

Ich wälze die Verantwortung ab. Aus dem gleichen Grund greifen die Menschen, die abends beruhigt einschlafen wollen, zu einem Krimi, weil er eine der großen metaphysischen Fragen befriedigt: *Whodunit?* – »Wer war's«? Das betrifft die Bibel ebenso wie den Krimi. In der Bibel ist das Problem hochkomplex, im Krimi ist die Lösung einfach. Die Verschwö-rung überträgt unsere Schwäche für *Whodunit?* auf den Alltag – wer hat die Twin Towers zum Einsturz gebracht? – und befriedigt das, was man in Italien den *benaltrismo* nennt: Glaubst du ernsthaft, so ist es gelau-fen? Da steckt *ben altro* – etwas »ganz anderes« – dahinter! Um es mit Chesterton zu sagen: Wenn die Menschen aufhören, an Gott zu glauben, dann glauben sie nicht an nichts, sondern an alles Mögliche.

Wie lässt sich Ihre Theorie mit der Tatsache vereinbaren, dass es in Italien tatsächlich Verschwörungen gab, die jeden Krimi oder Polit-thriller übertreffen?

Meiner Ansicht nach war die Welt schon immer voller Verschwö-rungen. Der Mord an Cäsar war eine Verschwörung, die vermeintli-che Vergiftung Napoleons ebenfalls. Für gewöhnlich kommen solche Verschwörungen aber ans Licht, egal, ob sie gelingen oder nicht. Ver-schwörungen, die im Dunkeln bleiben, sind es, die die kollektive Vor-stellung in Wallung bringen.

Und das ist der Unterschied zwischen der echten und der vermeintlichen Verschwörung: Die echte Verschwörung wird früher oder später aufgedeckt?

Ja, auch wenn sich die Verantwortlichen nicht dingfest machen lassen. Bis heute weiß man nicht, wer hinter dem Bombenanschlag auf der Piazza Fontana 1969 in Mailand steckt. Aber dass es eine Verschwörung und einen Bombenanschlag gab, ist sonnenklar.

In Ihrem Buch sagt Ihr Protagonist Colonna, dass jene Jahre im Schatten der Geheimbünde die dunkelste Zeit Italiens waren. War die Berlusconi-Ära nicht schlimmer? Immerhin gab es in den bleiernen Jahren eine Opposition und eine äußerst rege intellektuelle Szene.

Ich will Ihnen aus dem Bauch heraus antworten, auch wenn ich nicht weiß, ob ich richtig liege. Das Land hat versucht, das zu verdrängen. Zum einen Ohr rein, zum anderen raus. Erst Berlusconi hat dem Land eine Dosis Selbstvertrauen verpasst: Vergesst den ganzen Kram, jetzt wird alles gut. Und unter Berlusconi gab es keine Verschwörungen, nur Korruption, zahllose kleine Mauscheleien, doch daran war das Land hinreichend gewöhnt.

Er hat sich die Gesetze zurechtgebogen.

Aber er hat daraus keinen Hehl gemacht. Er hat dem Land die Chance gegeben, die vorangegangenen Jahrzehnte zu vergessen. Die Verschwörungen haben die Menschen terrorisiert. Berlusconi hat die Menschen nicht terrorisiert.

Interessante Theorie. Aber der Berlusconismus hat die öffentliche Meinung und die italienische Kultur grundlegend verändert, oder nicht?

Gewiss, er hat die Korruption legalisiert. Aber das macht niemandem Angst.

Wieso nicht?

Weil man sagen kann: Was soll's, das ist normal. Er hat gesagt: Ich rechtfertige die Leute, die keine Steuern zahlen – etwas Beruhigenderes kann ein Politiker gar nicht sagen. Er hat allen ein gutes Gefühl gegeben: Keine Bange – ja, es gibt Korruption, ja, ich schmiere meine Abgeordneten, aber das ist seit dem Präfaschismus so.

Viele haben die Skandale schon gar nicht mehr ernst genommen, nicht einmal mehr geglaubt, dass sie stimmen.
Ja, die Zeitungen schrieben, Berlusconi treibt es mit Nutten. Pfff, na und? Das tun doch alle!

In einem katholischen Land wie Italien?
In einem katholischen Land treiben es alle mit Nutten. Er hat die Sache salonfähig gemacht, und trotzdem oder gerade deshalb war er so beliebt.

Ein ehemaliger Chefredakteur in Italien hat mir mal eine furchterregende Geschichte erzählt. Er hatte eine enge Vertraute Berlusconis getroffen, die zu ihm sagte: »Sie ahnen nicht, wie mächtig Berlusconi ist.« – »Machen Sie Witze?«, hatte der Chefredakteur erwidert, »unsere Zeitung ist täglich voll mit Berlusconis Machenschaften.« – »Offenbar verstehen Sie nicht, was ich meine«, hatte die Frau gesagt, »Berlusconi hat die Macht, die Wahrheit zu kaufen.« Ist das etwa nicht erschreckend?
Und das mag auch für Ihren Chefredakteursfreund gelten, aber für den kleinen Buchhalter aus der lombardischen Provinz ist das überaus beruhigend. Besser eine gekaufte Wahrheit als eine beängstigende. Berlusconi hat keine Terrordiktatur geführt. Aber Berlusconi ist nicht Schnee von gestern. Selbst wenn er einem Herzinfarkt erläge, wäre der Berlusconismus damit nicht vorüber. Nennen wir das Kind doch beim Namen: Italien ist immer ein rechtes Land gewesen. Auch vor dem Faschismus. Selbst die zwei Jahrzehnte unter den Christdemokraten waren – linke oder progressive Strömungen hin oder her – eine Entscheidung für rechts, um Ruhe zu haben und keine Scherereien zu kriegen.

Italien galt immer ein wenig als Vorreiter für das, was anderen Ländern bevorstand. Für was könnte Italien jetzt, in dieser Post-Berlusconi-Ära, Avantgarde sein?
Auf tragische Weise vielleicht für den Schulterschluss der europäischen Neofaschisten.

Von außen betrachtet, denkt man in puncto Vorreiter eher an die große Ähnlichkeit zwischen rechten und linken Bewegungen.
Das natürlich auch. Schauen Sie mal, wer aus dem Norden nach Athen gepilgert ist: die extreme Rechte und die extreme Linke. Die alten politischen Lager sind vollkommen in sich zusammengebrochen.

Ist dieses Chaos für einen Linken wie Sie schmerzlich?
Schmerzlich nicht, schließlich war der ideologische Niedergang abzusehen. Was von der Linken noch bleiben könnte, ist der Sinn für sozialen Zusammenhalt, aber auch der wird auf eine harte Probe gestellt, wenn ein ganzes Mietshaus dagegen aufbegehrt, sobald nebenan 19 Flüchtlinge einziehen sollen. Damit droht der einzige Wert, auf den die Linken sich noch berufen können, vor die Hunde zu gehen.

Zwar haben die Italiener jetzt eine Mitte-links-Regierung, aber die Sehnsucht nach starken Leitfiguren ist geblieben, oder nicht?
Sie lechzen geradezu nach wahren Landesvätern.

Und wird ein 40-Jähriger wie Matteo Renzi dem gerecht?
Noch gar nicht. Aber er ist der erste Politiker, der sich bewegt, alle anderen traten nur auf der Stelle. Wer sich bewegt, läuft Gefahr, einen Haufen Fehler zu machen, aber immerhin tut sich was. Um es positiv auszudrücken: Die anderen sind noch schlimmer.

Das Erschreckende ist, dass es in Italien jenseits der Renzi-Partei PD nur noch antieuropäische Parteien zu geben scheint. In diesem Sommer ist man von antideutschen Ressentiments geradezu überrollt worden.
Die Sache ist doch ganz klar: Deutschland hat gegenüber Griechenland eine harte Haltung angenommen und damit alle gegen sich auf-

gebracht. Die Deutschen haben momentan das wirtschaftliche Sagen und drücken dem restlichen Europa ihre Politik auf.

Sehen Sie das auch so?
Ja. Ist doch klar, dass das auf Widerstand stößt, und der ist mit Griechenland noch gewachsen. Ich will Griechenland nicht verteidigen, das Land muss für seine Fehler geradestehen, und wahrscheinlich gab es gar keine andere Lösung. Aber wer ein Pokerface macht, gilt immer als der Böse. Das ist völlig normal, so funktioniert Nationalismus.

Kaum ziehen sich die USA aus Europa zurück und überlassen die Verantwortung der stärksten europäischen Wirtschaftsmacht, wird diese zum Buhmann Europas.
Damals war die italienische Jugend antiamerikanisch, jetzt ist sie aus genau dem gleichen Grund antideutsch: gegen den Hegemonialstaat. Der Stärkere erzeugt Misstrauen. Das steckt nun mal drin.

Muss man sich deshalb Sorgen machen, oder ist das ein vorübergehendes Phänomen?
In gewisser Weise ist es schon vorübergegangen. Im kollektiven Unterbewusstsein ist dank der Hilfe Merkels für die Flüchtlinge das Bild des strengen, harten Deutschen, der immer »kaputt« ruft, plötzlich verschwunden. Es ist eine historische Wende.

Es gibt in Ihrem Buch den schönen Satz: Um Erfolg zu haben, muss eine Tageszeitung zur Wochenzeitung werden.
Das ist nicht auf meinem Mist gewachsen, es ist eine Tatsache. Mit dem Aufkommen des Fernsehens – 1952–1953, in Italien Ende 1953 – haben die Zeitungen ihre Funktion eingebüßt. Der große Humorist Achille Campanile hat einmal gesagt: Seit es das Fernsehen gibt, ist die Zeitung ein Brief, der mit dem Satz endet: Telegramm folgt. Die Zeitungen schreiben das, was am Abend vorher in den Nachrichten lief. Und wie reagiert eine Zeitung auf dieses Dilemma? Sie wird zur Wochenzeitung.

Am Ende des Buches sagt Colonna etwas ziemlich Ernüchterndes: Seit die Korruption erlaubt ist, sitzt die Mafia im Parlament. Und das stimmt! Das Drogenkartell regiert.

Sprechen Sie von Italien, von der Welt, von heute oder von den Neunzigerjahren?
In diesem Punkt spreche ich von heute. Aber *Nullnummer* ist ein pamphletistischer Roman, der das Horrorbild einer Zeitung malt. Colonna ist ein Loser, der sich in sein Verlierertum fügt.

Eigentlich ganz sympathisch!
Im letzten Kapitel allerdings gibt es diese BBC-Sendung, die ein Paradebeispiel für guten Journalismus ist, aber natürlich von keiner Sau gesehen wird. Trotzdem hat sie ihren journalistischen Auftrag erfüllt. Natürlich werden auch heute noch hervorragende Sendungen und Interviews produziert, viele davon findet man im Netz. Ich bin also nicht ganz so schwarzseherisch, wie ich scheine. Aber ich wollte die Sache nicht unerwähnt lassen.

Einer der letzten Sätze klingt allerdings sehr pessimistisch und zugleich auf eine fast heitere Art resigniert: »Das Leben ist erträglich, man muss nur bereit sein, sich damit zu begnügen.« Ist das auch Ihr Motto, um mit dem Leben und seinen Enttäuschungen fertigzuwerden?
Nein. Ich wollte einen Roman schreiben, in dem der italienische Journalismus sein Fett wegbekommt. Hätte ich über etwas Erfreuliches schreiben wollen, hätte ich erzählt, wie schön es ist, mit meinen Enkeln zu spielen, oder wie tüchtig die Freiwilligen sind, die bei Erdbeben helfen. Aber dazu hatte ich keinen Anlass.

Gehören Sie zu den wenigen Intellektuellen der älteren Generation, die keine Kulturpessimisten sind?
Sagen wir es so: Mit meinem einstigen Lehrer Emmanuel Mounier (französischer Philosoph und Gründer der Zeitschrift »Esprit«, *Anm. d. Red.)* teile ich den tragischen Optimismus.

Wie drückt der sich aus?

Man weiß, die Welt ist beschissen, *a tale told by an idiot full of sound and fury* (Zitat aus Shakespeares *Macbeth:* »Ein Märchen ist es, das ein Thor erzählt, voll Wortschwall und bedeutet nichts«, *Anm. d. Red.),* aber man macht trotzdem weiter. Das ist Gramsci: der Pessimismus des Verstandes und der Optimismus des Willens!

Wenn man sich Ihr Schaffen anschaut, hat man den Eindruck, es gibt nichts, wofür Sie sich nicht interessieren. Das scheint eine speziell mediterrane Eigenschaft zu sein. Die Deutschen haben immer Angst, in die Falle der Unterhaltung, der Belanglosigkeit zu tappen, die Adorno Verblendungszusammenhang genannt hat. Kennen Sie diese Angst?

Gegen ein anständiges Sümmchen stelle ich Ihnen eine Liste aller Dinge zusammen, die mich nicht die Bohne interessieren – das sind mehr, als Sie glauben! Adorno habe ich übrigens kennengelernt, ich habe ihn einmal fürs Fernsehen interviewt. Ich fragte ihn: Angenommen, Sie hätten in *Minima Moralia* oder die *Dialektik der Aufklärung* über das Thema Fernsehen erst nach Ihrer Rückkehr aus Amerika nach Deutschland geschrieben? Er hat geantwortet: Das hätte all meine Ideen über den Haufen geworfen, denn das deutsche Fernsehen hat einen Bildungsauftrag.

Gibt es denn etwas, das Sie langweilt?

(Stille) Interviews!

Da habe ich Ihnen ja eine großartige Vorlage geliefert!

Verzeihung, diese Antwort haben Sie mir wirklich auf einem Silbertablett gereicht! *(lacht)* Aber im Ernst: Mit Sport habe ich überhaupt nichts am Hut, der ist mir vollkommen wurst. Ich bin hochzufrieden, wenn sie sich in den Stadien die Köpfe einschlagen, damit erledigt sich die Sache von selbst. Wenn ich Quizshows im Fernsehen sehe – und das tue ich mit Begeisterung, weil ich wissen will, ob ich die Antwort weiß –, merke ich, dass alles, was an Unterhaltungsmusik nach den Beatles kam, vollkommen an mir vorbeigerauscht ist. Die gesamte Pflanzenwelt ist mir völlig schnuppe. Und fürs Kochen habe ich auch nichts übrig, obwohl mein Sohn ein hervorragender Koch ist und sehr viel davon versteht. Dieses ganze Gerede über Kochen und Küche, was gerade so en vogue ist, geht mir mächtig auf den Sack. Mir reichen Pizza, Kaviar und Pasta.

Inzwischen ist Renate Ramge in das Wohnzimmer getreten, eine deutsch-italienische Dozentin für Kommunikation und Design, die der Schriftsteller Anfang der Sechzigerjahre als Grafikerin bei Bompiani kennengelernt und 1962 geheiratet hat. Mit einigem Abstand lauscht sie dem Gespräch.

Wissen Sie, worum Sie zu beneiden sind? Sie sind seit mehr als einem halben Jahrhundert verheiratet, augenscheinlich ziemlich glücklich. Vielleicht sind wir aber auch nur aus Faulheit noch zusammen. *Da lacht Renate Ramge, die Frau Eco ist, und sagt: »Das stimmt.«*

DIE ZEIT, 24.09.2015

»Ich kenne auch
die leeren Momente«

Papst Franziskus

Den Zugang zum Papst zu finden, ist ein Ritus für sich, allerdings ein sehr weltlicher. Schon in den acht Jahren des Pontifikats von Benedikt XVI. hatte ich mich immer wieder um ein Gespräch bemüht – und war Mal für Mal gescheitert. Denn welches deutsche Medium, vor allen Dingen: welcher Interviewpartner, infrage kommt, hängt von der Einflüsterung seiner deutschen Vertrauten ab. Mein Eindruck war: In Georg Gänswein, dem Privatsekretär Benedikts, hatte die ZEIT nicht gerade ihren glühendsten Fürsprecher. Unter Papst Franziskus änderten sich die Koordinaten, auch wenn die Würdenträger aus der Zeit Benedikts mächtig blieben. So kam es, dass das durch einen deutschen Verbindungsmann im Februar 2017 vermittelte Interview bis zur letzten Minute unsicher blieb. Es ist auch schon vorgekommen, dass ein Termin mit dem Pontifex noch Minuten vor Gesprächsbeginn gekippt wurde. Am Vorabend meines Treffens mit Papst Franziskus kam es dann zu einem Vorfall, der mehr an einen Roman von Dan Brown als an eine sonst übliche journalistische Anbahnung erinnerte. Im Schatten eines Vatikangebäudes stieß mein Verbindungsmann auf zwei Herren der römischen Kurie, die der ZEIT ganz bestimmt nicht das Gespräch geebnet hätten. Der Verbindungsmann wechselte nach knappem Gruß ganz schnell die Richtung, damit er ja nicht gefragt werden konnte, was ihn wohl nach Rom geführt hatte.

Aber am nächsten Tag fand die Begegnung störungsfrei statt – in einem Besprechungsraum im vatikanischen Gästehaus Santa Marta, der, wie die gesamte Herberge, von geradezu demonstrativer Bescheidenheit ist: sechs Lehnstühle, grün bezogen, eine Anrichte, ein Abbild von Johannes XXIII., ein Fernseher. Hier empfängt der Papst jeden Besuch außerhalb des Protokolls. Zum Gespräch gab es nicht einmal ein Glas Wasser. Papst Franziskus wohnt genau über diesem Besprechungsraum, das Schlafzimmerfenster geht auf eine Mauer.

Ich muss gestehen, unter den vielen, auch im Nachhinein mich sehr bewegenden Gesprächen war dies vielleicht das berührendste. Das mag daran liegen, dass ich selbst katholisch sozialisiert bin, aber auch an der Ausstrahlung und Offenheit dieses Menschen, der Stellvertreter Gottes auf Erden sein soll. Ich hatte mich wochenlang auf die Begegnung vorbereitet – aber im letzten Moment entschied ich mich, dem Papst sehr einfach wirkende Fragen zu stellen: Glaubt er *immer* an Gott? Glaubt er an den Teufel? Glaubt er, dass man für alles beten darf? Franziskus ließ sich darauf ein, und auch später bei der eigenhändig vorgenommenen Autorisierung änderte er das gesprochene Wort nur an einigen wenigen Stellen. Als wir uns verabschiedeten, sagte er: »Beten Sie für mich!« Diesen Satz hat er vielleicht schon vielen Besuchern zugerufen, er berührte mich dennoch sehr. Denn was zum Ausdruck kommt, ist etwas Unerwartetes: Einsamkeit.

Heiliger Vater, Mitte der Achtzigerjahre hielten Sie sich längere Zeit in Deutschland auf, um Ihre Dissertation über den Priester und Philosophen Romano Guardini fertig zu schreiben. Es heißt, dass Sie damals von einem Gemälde vollkommen überwältigt gewesen seien, dem Bild *Maria Knotenlöserin*, das ein Barockmaler um 1700 schuf und das in der Kirche St. Peter am Perlach in Augsburg hängt.
Nein, das stimmt nicht.

Das stimmt nicht?
Ich war nie in Augsburg!

Ich habe es in einer richtig guten Biografie über Sie gelesen.
Fast hätte ich gesagt: Typisch Journalisten! *(lacht)* Die Geschichte war so: Zu Weihnachten hatte mir eine Ordensschwester, die ich in Deutschland kennengelernt hatte, eine Grußkarte mit diesem Bild geschickt. Das Bild machte mich sofort neugierig. Nicht weil es so großartig wäre, es ist ziemlich mittelmäßiger Barock.

Aber es zeigt ein ungewöhnliches Motiv: Maria mit einem weißen Band in den Händen, voller Knoten.
Das Bild greift einen Satz des Kirchenvaters Irenäus von Lyon aus dem 2. Jahrhundert auf. Der Stifter des Bildes hatte Schwierigkeiten mit seiner Frau. Ich will nicht sagen, dass sie sich schlugen, aber ...

... irgendetwas stimmte nicht ...
... ja, irgendetwas war nicht in Ordnung, aber er liebte seine Frau, und seine Frau liebte ihn, und es gab keine Schwiegermutter, die dazwischenfunken konnte. *(lacht)* Also suchte der Mann Rat bei einem Jesuitenpater. Der nahm das lange weiße Band, das bei der Trauung des Paares verwendet worden war, und betete zur Jungfrau Maria, denn er hatte bei Irenäus gelesen, dass der Knoten von Evas Sünde durch Marias Gehorsam gelöst werde. Er bat also die Madonna um die Gnade, die Knoten aufzulösen.

Die Knoten auf dem Bild stehen also für lauter ungelöste Probleme.
Ja – und das Bild ist zum Dank entstanden, denn am Ende hat die Muttergottes dem Paar die Gnade gewährt.

Die beiden sind zusammengeblieben, und durch Sie ist das Bild berühmt geworden. So wurden von diesem ohnehin nicht besonders schönen Gemälde weitere, auch nicht so gelungene Kopien angefertigt: Eine hängt in Buenos Aires, eine habe ich gerade im Empfangssaal dieses Gästehauses gesehen, in dem wir jetzt sitzen. Sie werden inzwischen verfolgt von diesem Bild!
Das könnte man sagen. *(lacht)* Aber es hat mir so gut gefallen, dass ich angefangen habe, Postkarten davon zu verschicken.

Wenn Sie mir dieses persönliche Bekenntnis als Katholik erlauben: Zu Weihnachten war ich mit meiner achtjährigen Tochter beim Krippenspiel in unserer kleinen Gemeinde – in Hamburg leben Katholiken in der Diaspora ...
... ich war einmal in Hamburg, zu einer Taufe in Wandsbek, in den Achtzigerjahren, darum hatten mich argentinische Landsleute gebeten!

Meine Geschichte aus Hamburg spielt jetzt, in der Gegenwart: Bei diesem Krippenspiel an Heiligabend war zum wiederholten Male kein Priester anwesend, was ziemlich trostlos war. Danach habe ich mich an den Hamburger Erzbischof gewandt und ihn gefragt, wie es möglich ist, dass an einem Tag, an dem so viele Katholiken wie sonst nie in die Kirche gehen, kein Priester mehr zugegen ist. Der Bischof, der neu und noch ziemlich jung ist, hat mir geantwortet, dass der Priestermangel für ländliche Gebiete mit wenigen Katholiken noch viel schlimmer ist und dass auch er noch nicht wisse, wie sich das ändern lasse. Die Statistiken bei uns sind verheerend: immer weniger Gläubige, immer weniger Priester, immer mehr offene Stellen.

Ja, das ist ein großes Problem. Auch in der Schweiz sieht es nicht gut aus. Viele Gemeinden haben brave Frauen: Sie erhalten den Sonntag aufrecht und feiern Wortgottesdienste, also ohne die Eucharistie. Das Problem ist aber der Mangel an Berufungen. Und dieses Problem muss die Kirche lösen.

Wie?
Ich glaube ... – Sie merken, ich spreche auch als bekennender Katholik, ich bin übrigens auch gläubig, wissen Sie? *(lacht)* Der Herr hat uns gesagt: Betet! Das ist es, was fehlt: das Gebet. Und es fehlt die Arbeit mit jungen Leuten, die Orientierung suchen. Es fehlt der Dienst an den anderen. Die Arbeit mit jungen Menschen ist schwierig, doch sie ist notwendig, denn die Jungen verlangen danach. Sie sind die großen Verlierer der modernen Gesellschaft, in zahlreichen Ländern gibt es keine Arbeit für sie.

In Deutschland ist aber die Jugendarbeitslosigkeit kein großes Problem, sie liegt bei nur sieben Prozent.
Das ist ein Privileg! Aber hier in Italien sind fast 40 Prozent der jungen Leute unter 25 arbeitslos. In anderen Ländern Europas sind es fast 50 Prozent, in bestimmten Landesteilen sogar beinahe 60 Prozent! Arbeitslosigkeit ist ein riesiges Problem. In dieser Hinsicht mag es in Deutschland anders aussehen, doch es gibt noch ein weiteres Problem ...

Nämlich?
Die Geburtenrate.

Die ist bei uns im europäischen Vergleich niedrig, aber nicht niedriger als in Italien.
Und wo es keine jungen Männer gibt, gibt es auch keine Priester. Das ist ein ernstes Problem, das wir in der nächsten Synode über junge Menschen angehen müssen, und es hat nichts mit Proselytismus zu tun. Durch Proselytismus erhält man keine Berufungen ...

... verzeihen Sie, aber ich verstehe nicht, was Proselytismus meint.
Das ist das Abwerben Andersgläubiger, wie bei einer Wohltätigkeitsorganisation, die Mitglieder anwirbt. Dann kommen viele junge Leute, die sich nicht berufen fühlen und die die Kirche ruinieren werden. Entscheidend ist die Auswahl. Und auch die Empörung der Menschen – wie Sie und Ihre Tochter sie empfunden haben: Wieso ist hier kein Priester, um die Eucharistie zu feiern? Das schwächt die Kirche, denn eine Kirche ohne Eucharistie hat keine Kraft. Die Berufung von Priestern stellt ein Problem dar, ein enormes Problem.

Es braucht also die wahre Berufung, wie Sie sie empfunden haben, als Sie kurz davorstanden zu heiraten?
Aber nicht doch!

Als Sie siebzehn waren ...
... aber ich war nicht dabei zu heiraten! *(lacht)*

Zumindest hatten Sie eine Verlobte, ich habe das so gelesen.
Das stimmt, ich hatte eine Verlobte, aber Journalisten übertreiben – Verzeihung! *(lacht)*

Deshalb überprüfe ich doch jetzt auch alles!
Das ist gut, es wird immer viel erzählt, aber ich bin ein ganz normaler Mensch. Kein bisschen ungewöhnlicher als andere.

Allein die Tatsache, dass Sie das sagen, ist außergewöhnlich.
Na gut, vielleicht ist nicht alles an mir gewöhnlich.

Wenn Sie auf die Jungen setzen wollen – müssen Sie dann nicht Anreize schaffen, die heute fehlen? Ihnen beispielsweise sagen, dass man nicht mehr auf ein Gefühls- und Liebesleben verzichten muss, um Priester zu werden? Als Bischof vielleicht oder als Kardinal – aber nicht als Priester?
Über den freiwilligen Zölibat wird in diesem Zusammenhang immer wieder gesprochen, vor allem dort, wo es an Klerus mangelt. Doch der freiwillige Zölibat ist keine Lösung.

Was ist mit den Viri probati, jenen »bewährten Männern«, die zwar verheiratet sind, aber aufgrund ihres nach katholischen Maßstäben vorbildlich geführten Lebens zu Diakonen geweiht werden können?
Wir müssen darüber nachdenken, ob Viri probati eine Möglichkeit sind. Dann müssen wir auch bestimmen, welche Aufgaben sie übernehmen können, zum Beispiel in weit entlegenen Gemeinden.

In weit entlegenen Gemeinden? Den konservativen amerikanischen Kardinal Raymond Burke, der als einer Ihrer ärgsten Widersacher im Vatikan gilt, haben Sie gerade auf die Insel Guam irgendwo im Pazifik geschickt – manche sagen: verbannt.
Kardinal Burke ist wegen eines schrecklichen Vorfalls dorthin gereist. Dafür bin ich ihm sehr dankbar, es gab dort einen schlimmen Missbrauchsfall, und er ist ein exzellenter Jurist, aber ich glaube, dass der Auftrag fast schon erledigt ist.

Warum ist das für die katholische Kirche nicht der richtige Moment, um den Zölibat aufzuheben oder zu lockern?
Es geht der Kirche stets darum, den richtigen Augenblick zu erkennen, zu erkennen, wann der Heilige Geist nach etwas verlangt. Deshalb sagte ich, über die Viri probati wird weiter nachgedacht.

In einigen Gegenden der Welt wächst die Kirche, während sie woanders wie in Europa schrumpft. Hat sich Joseph Ratzinger, der spätere

Papst Benedikt, darauf bezogen, als er sagte: »Die Kirche der Zukunft wird klein werden«?
Ja, das hat er gesagt, und ich glaube, man kann es wörtlich auch so verstehen. Die Mehrheit der Leute denkt, dass sie gläubig sind oder agnostisch, ohne jedoch einer Kirche anzugehören. Allerdings weiß ich nicht mehr, wie genau Benedikt sich ausgedrückt hat. Bestimmt kann man seine Sicht teilen, und bestimmt ist sie fundiert, denn alles, was Benedikt sagt, hat Hand und Fuß. Er ist ein großer Theologe.

Er ist ja auch ein deutscher Theologe.
Eben. *(lacht)*

Gianfranco Ravasi, Kurienkardinal und Präsident Ihres Kulturrates, hat heute Morgen – nur wenige Stunden vor unserem Gespräch – im Interview mit der Katholischen Nachrichten-Agentur gesagt, dass er das Diakonat der Frau für möglich hält. War das mit Ihnen abgesprochen?
Ich will Ihnen sagen, wie es war, denn es gibt – bei allem Respekt – diesen Informationsfilter namens Journalisten. Die Sache war so: Vor ungefähr einem Jahr habe ich sämtliche Oberinnen der Ordensgemeinschaften einberufen. Sie sind gekommen, und ich habe ihnen vorgeschlagen, sie sollten statt der förmlichen Ansprache, für die ich sowieso nicht viel übrig habe, Fragen stellen. Ein Dialog ist so viel stärker, so viel menschlicher. Eine der Fragen lautete fast wörtlich: Allem Anschein nach gab es in der alten Kirche Diakoninnen. Wieso bilden wir nicht eine Studienkommission, um herauszufinden, was diese Frauen taten und ob sie geweiht waren oder nicht? Ich habe geantwortet: Ja, warum nicht? Das wäre eine gute Gelegenheit, das Thema zu erforschen. Sie stellten mir eine Bedingung: Ich soll mit Kardinal Müller (dem ehemaligen Bischof von Regensburg und heutigen Präfekten der Glaubenskongregation, *Anm. d. Red.*) reden. Ich habe die Oberin und Kardinal Müller angerufen und gesagt: Schicken Sie mir bitte eine Liste von rund zehn Personen, Männern und Frauen, die der Kommission angehören sollen. Dann habe ich eine Kommission aus möglichst offenen, kompetenten Leuten von beiden Listen zusammengestellt. Es ging darum, das Thema zu erforschen, und nicht, eine Tür zu öffnen.

Und was ist beim Forschen bislang herausgekommen?
Ein syrischer Professor erklärte: Die Frage ist nicht, ob es geweihte Frauen gab oder nicht, sondern was sie taten. Er nannte drei Dinge: Die Frauen halfen bei der Taufe, bei der Salbung kranker Frauen, und wenn eine Frau sich beim Bischof darüber beklagte, von ihrem Mann geschlagen zu werden, schickte der Bischof eine Diakonin, um die blauen Flecke zu untersuchen. Mal sehen, was die Kommission noch herausfindet. Im März kommt sie, soweit ich weiß, zum dritten Mal zusammen, und ich werde vorbeischauen und mich nach dem Stand der Dinge erkundigen.

Ihre Anwesenheit wird man als Ermutigung sehen!
Das ist die Aufgabe der Theologie: Sie muss forschen, um den Dingen auf den Grund zu gehen, immer. Das gilt auch für das Studium der Heiligen Schrift. Die historisch-kritische Methode: Was hat dies in jener Zeit bedeutet? Was heißt es heute? Wahrheit ist, keine Angst zu haben. Das sagt uns die historische Wahrheit, die wissenschaftliche Wahrheit: Habt keine Angst! Das macht uns frei.

So ähnlich sagt es auch Freud, den Sie häufiger zitieren: Man müsse seinen Ängsten immer entgegengehen.
Ängste schließen Türen. Die Freiheit öffnet sie. Und wenn die Freiheit klein ist, öffnet sie immerhin ein Fensterchen. *(lacht)*

In der katholischen Kirche, zumindest in der, wie ich sie erlebe, gibt es sowohl unter den Geistlichen als auch unter den Gläubigen ein Thema, das fast immer ausgespart wird: die persönliche Glaubenskrise. Wer mit seinem Glauben hadert, wird alleingelassen. Darüber wird nicht geredet. Wie kann man Zweifelnden helfen?
Im März werde ich mich mit römischen Priestern treffen und dieses Thema ansprechen. Wie kann man als Priester sowohl in seinem Glauben als auch an seinen Krisen wachsen? Ohne Krisen kann man nicht wachsen. Das gilt für alle Menschen. Das biologische Wachsen selbst ist eine Krise. Die Krise des Kindes, das zum Erwachsenen wird. Im Glauben ist es nicht anders. Als Jesus hört, wie sicher sich Petrus ist – das erinnert mich an zahlreiche katholische Fundamentalisten –, sagt er:

Dreimal wirst du mich verleugnen. Aber ich werde für dich beten. Petrus hat Jesus verleugnet, er ist in eine schwere Krise geraten. Und dann haben sie ihn zum Papst gemacht. *(lacht)* Ich will nicht sagen, dass die Krise das tägliche Brot des Glaubens ist, doch ein Glaube, der nicht in die Krise gerät, um an ihr zu wachsen, bleibt infantil.

Sie meinen, die Krise ist ein Zeichen für einen erwachsenen Glauben?
Ja. Er wird durch die Krise erwachsen.

Sie haben einmal zugegeben, dass es in Bezug auf den Glauben nicht nur dunkle Momente in Ihrem Leben gab, sondern auch solche, in denen Sie auf Jesus sogar wütend geworden sind.
Es gibt durchaus dunkle Momente, in denen ich sage: »Herr, das begreife ich nicht!« Und das sind nicht nur Momente innerer Dunkelheit, sondern Bedrängnisse, die ich mir selbst eingebrockt habe, durch meine Schuld, denn ich bin ein Sünder, und dann werde ich wütend. Aber inzwischen habe ich mich daran gewöhnt. *(lacht)*

An die eigenen Sünden?
Nein, ich werde nur nicht mehr wütend. *(lacht)* Mein Herr ist ein Herr der Sünder, nicht der Gerechten – auch der Gerechten, aber die Sünder liebt er mehr. Die Krise hilft uns, im Glauben zu wachsen. Ohne Krise können wir nicht wachsen, denn das, was uns heute erfüllt, erfüllt uns morgen nicht mehr. Das Leben stellt einen auf die Probe.

Aber es ist ja nicht nur das große Unglück in der Welt, es sind die persönlichen Katastrophen, die einen am Glauben verzweifeln lassen. Es gibt Momente, in denen man sogar bezweifelt, ob es Gott, ob es Jesus überhaupt gibt. Kennen Sie das auch?
Ja. Ja ... *(Pause)* Momente der Leere ... *(Pause)* Ich habe von dunklen Momenten gesprochen und von leeren Momenten. Ich kenne auch die leeren Momente.

Wie findet man zum Glauben zurück?
Der Glaube ist ein Geschenk. Er wird einem gegeben.

Er kommt von selbst wieder?
Ich bitte darum, und er antwortet mir. Früher oder später. Manchmal muss man in einer Krise verharren. Der Glaube ist nichts, was man sich erwirbt.

Was ist er? Ist er eine Kraft, eine Freude, ein Licht, das Sie in sich spüren?
Ja, auch.

Ist er auch Überzeugung?
Ja, sowohl das eine als auch das andere. Er ist Licht, er ist Überzeugung, er ist die hermeneutische Fähigkeit ...

... also die Fähigkeit, Texte zu interpretieren ...
... ja, um das Leben zu deuten. Der Glaube ist ein Geschenk.

Das muss ein riesiges Geschenk sein, denn wer glaubt, findet Trost und Erklärungen!
Was sagt Jesus zu jenen, die klein im Glauben sind? Alles ist möglich für den, der glaubt! Was sagt der Mann, der ihm seinen Sohn zur Heilung bringt? Hilf meinem Unglauben! Das ist der Weg des Glaubens. Der Glaube kann verloren gehen. Er ist ein Geschenk, um das man jeden Tag aufs Neue bitten muss. Wie oft in meinem Leben habe ich mich versündigt, weil ich entgegen meinem Glauben wie ein Ungläubiger gehandelt habe! Das sind Momente der Leere. Man muss den Herrn demütig um den Glauben bitten.

Glauben Sie, der Mensch ist von Natur aus gut – oder gut und böse zugleich?
Der Mensch ist das Abbild Gottes. Der Mensch ist gut. Aber er war auch schwach, er wurde in Versuchung geführt und wurde verwundet. Die Güte des Menschen ist eine verwundete Güte.

Macht das die Menschen schlecht?
Schlechtigkeit ist etwas anderes, viel Schlimmeres. In der mythischen Erzählung der Erschaffung der Welt im 1. Buch Mose wird der Sünden-

fall beschrieben. Doch Adam ist nicht böse, er ist schwach, der Teufel hat ihn in Versuchung geführt. Die erste böse Tat wird von seinem Sohn Kain begangen. Kain handelt nicht aus Schwäche, sondern aus Eifersucht, Neid und Herrschsucht. Das ist die Schlechtigkeit des Krieges, der wir bei all denen begegnen, die töten, morden oder Waffen herstellen. Hier ist der Geist des Bösen am Werk.

In dem Punkt sind Sie sehr konkret. Im Gegensatz zu anderen – auch deutschen – Theologen, die den Teufel als eine Metapher sehen, sind Sie überzeugt, dass der Teufel existiert.
Das ist richtig.

Wie stellen Sie sich diesen Teufel vor?
Ich weiß es nicht, aber er macht mir das Leben bisweilen trotzdem schwer. Dem Glauben nach ist der Teufel ein Engel. Ein gefallener Engel. Und daran glaube ich.

Das glauben Sie wirklich?
Ja, das ist mein Glaube. Viele Versuchungen, mit denen ich zu kämpfen habe, sind nicht dem Teufel, sondern meinen persönlichen Schwächen geschuldet. Aber bei vielen anderen hat er sehr wohl die Finger im Spiel.

Können Sie mir ein Beispiel geben?
Da müssen Sie meinen Beichtvater fragen! *(lacht)*

Was ist Ihrer Meinung nach Teufels Werk?
Eifersucht, Neid, Kriege.

Ausbeutung?
Auch Ausbeutung. Die Auflehnung gegen das Werk Gottes, gegen den Menschen als Abbild Gottes – das ist das Werk des Teufels. Ich rede nicht mit ihm, wissen Sie?

Versucht er denn, mit Ihnen zu reden?

Man darf nicht mit ihm reden. Jesus hat niemals mit dem Teufel gesprochen. Er hat einen anderen Weg gefunden: Das erste Mal, als er ihm nach dem Fasten in der Wüste begegnet, antwortet er nicht mit eigenen Worten, sondern mit Worten aus der Bibel. Man redet nicht mit ihm, denn er gewinnt immer. In der Schöpfungsgeschichte hat er gewonnen. Das zweite Mal sagte Jesus: »Weg mit dir, Satan!« Er hat ihn fortgejagt. In der Jesusgeschichte gibt es keinen einzigen Dialog mit dem Teufel. Jesus warnt seine Jünger vor dem weltlichen Geist, vor der Weltlichkeit, die für ihn der Teufel ist, der Beherrscher der Welt.

Und soll man mit einem Menschen reden, der mordet und vernichtet, oder spricht man da bereits zum Teufel?

Der Mensch kann sich als Teufel verkleiden, er kann sich sogar für den Teufel halten und ihm seine Seele verkaufen, doch er ist immer noch das Abbild Gottes. Also darf man ihn nicht ignorieren.

Glauben Sie, Gott könnte am Ende auch Massenmördern wie Hitler oder Stalin verzeihen?

Ich weiß es nicht, schon möglich ... ich weiß es nicht. Aber ich kann Ihnen etwas schildern, das mich zutiefst berührt hat. Im burgundischen Ort Vézelay – wo der Jakobsweg beginnt – steht die Basilika Sainte-Marie-Madeleine. Dort gibt es ein Kapitell, auf dessen einer Seite der erhängte Judas zu sehen ist und auf der anderen der gute Hirte, der ihn auf seinen Schultern fortträgt. Das war die Theologie des Mittelalters, wie die Mönche sie lehrten. Der Herr vergibt bis zuletzt.

Aber man muss ihn um Vergebung bitten?

Zumindest muss man die Last seiner Sünde spüren. Ich behaupte nicht, dass Judas im Himmel und gerettet ist. Aber ich behaupte auch nicht das Gegenteil. Ich sage nur: Seht euch dieses Kapitell an und was die Mönche des Mittelalters gedacht haben, die die Menschen mit ihren Skulpturen den Katechismus lehrten. Und seht euch die Bibel an, in der es heißt: Als Judas sich seiner Tat bewusst wird, geht er reuig zu den Hohepriestern. Die Bibel gebraucht das Wort Reue. Vielleicht hat er nicht um Vergebung gebeten, aber es hat ihn gereut.

Hoffen wir, dass es so war!
Je mehr des Herrn sind, desto besser.

Finden Sie es legitim, für seinen eigenen Vorteil zu beten?
Wie meinen Sie das?

Im Sinne von: Hilf mir, das Fußballspiel zu gewinnen, mach, dass ich genug Geld habe, um mir das Auto zu kaufen. Sie sagten, es sei legitim, für seinen Glauben zu beten.
Ja, für den Glauben zu beten, das ist legitim.

Wo sind für Sie die Grenzen des Gebets?
Man darf um Gutes bitten, zum Beispiel: Hilf mir, das nötige Geld zusammenzubekommen, damit ich meine Familie durch diesen Monat bringen kann. Das ist legitim. Aber zu beten: Mach, dass ich viel Geld oder viel Einfluss bekomme, ist es nicht. Denn dann bittet man um etwas, das einen in die Gewalt des Weltlichen führt. Fragen kann man zwar alles, aber ... Beim letzten Abendmahl redet Jesus mit seinen Jüngern und sagt, dass er für sie gebetet habe. Und wofür hat er gebetet? Dass sein Vater sie nicht von der Welt nehmen, sondern sie vor dem Geist des Weltlichen schützen möge. Wir dürfen nicht um den Geist des Weltlichen bitten, der Hochmut und Unterdrückung ist, sondern um Dinge, die die Welt gestalten, uns zu Brüdern machen, Frieden und Gutes schenken. Zu beten: Hilf mir, meine Frau umzubringen, ist wohl weit davon entfernt.

Mafiosi bekreuzigen sich manchmal, ehe sie jemanden umbringen.
Das ist eine Krankheit. Es ist eine Krankheit, die Religion zu benutzen wie beispielsweise manche Mafiosi in Südamerika. Sie nennen sich Christen und heuern einen Killer an, um ein Problem aus dem Weg zu räumen. Danach gehen sie in die Kirche.

Sie sagten zwar vorhin, Sie würden nicht mehr so schnell wütend, aber: Empören Sie solche Dinge nicht?
Ein bisschen. Aber noch wütender macht es mich, wenn die Heilige Mutter Kirche, meine Mutter, meine Braut, sich nicht so verhält, wie es das Evangelium vorgibt.

Man hat überhaupt das Gefühl, dass christliche Werte heute nicht hoch im Kurs stehen. Die westliche Welt ist geteilt und driftet weiter auseinander. Der Populismus, vor allem von rechts, ist auf dem Vormarsch, und neue politische Bewegungen greifen auch direkt die parlamentarische Demokratie an. Wie soll sich ein Christ dazu verhalten?

Für mich war der Begriff Populismus immer missverständlich, da er in Südamerika eine andere Bedeutung hat. Anfangs wusste ich nicht, was ich damit anfangen sollte, weil ich ihn nicht richtig verstand. Populismus bedeutet, das Volk zu benutzen, richtig? Denken Sie an das Jahr 1933, nach dem Scheitern der Weimarer Republik. Deutschland war verzweifelt, von der Wirtschaftskrise 1929 geschwächt, und dann kam dieser Mann daher und sagte: Ich kann, ich kann, ich kann! Er hieß Adolf. So ist es dann gelaufen. Er hat das Volk davon überzeugt, dass er konnte. Populismus braucht immer einen Messias. Und auch eine Rechtfertigung: Wir bewahren die Identität des Volkes!

Vielleicht, weil man sich sonst zu nichts wirklich bekennen kann?
Vielleicht.

Weil es auch kaum noch politische Vorbilder gibt?
Als die großen Politiker der Nachkriegszeit wie Schuman oder Adenauer von der Einheit Europas träumten, schwebte ihnen nichts Populistisches vor, sondern die Verbrüderung Europas, vom Atlantik bis zum Ural. Diese Männer besaßen die Gabe, ihrem Land zu dienen, ohne sich ins Zentrum zu stellen, und das machte sie zu großen Anführern. Sie mussten kein Messias sein. Populismus ist böse und endet schlecht, wie das vergangene Jahrhundert gezeigt hat.

Finden Sie wirklich, dass die heutige Lage mit 1933 vergleichbar ist? Sie sagen sogar, wir befänden uns im Dritten Weltkrieg.
Das mit dem Weltkrieg habe ich häufiger gesagt, ja.

Was meinen Sie damit?
Die ganze Welt befindet sich im Krieg. Denken Sie nur an Afrika.

Aber das sind kleinere Konflikte.
Deshalb spreche ich auch von einem Dritten Weltkrieg, der sich stückchenweise ausbreitet. Denken Sie an die Ukraine, an Asien, an das Drama von Sindschar im Irak, an diese armen Menschen, die vertrieben wurden. Wieso spreche ich von Krieg? Weil er mit modernen Waffen geführt wird. Ein ganzes Netzwerk von Waffenfabrikanten hält ihn am Laufen. Aber um das klarzustellen: Ich sage nicht, dass wir uns heute in der gleichen Situation befinden wie 1933. Ganz und gar nicht. Das war nur ein Beispiel, um den Populismus zu veranschaulichen.

Auch wenn er nicht mit 1933 zu vergleichen ist: Macht Ihnen dieser Populismus Sorgen?
Der europäische ja, ein wenig. Das, was ich über Europa denke, habe ich in meinen drei europäischen Reden gesagt. Zwei habe ich in Straßburg gehalten und die dritte, als ich den Karlspreis erhielt. Ich bekomme nicht gern Ehrungen, das ist der einzige Preis, den ich angenommen habe, und auch nur, weil sie mich so sehr drängten und sagten, es sei wichtig, dass ich mich an Europa wende. Das habe ich dann getan, doch meine vier Vorredner – Jean-Claude Juncker, Martin Schulz und Donald Tusk sowie der Aachener Oberbürgermeister – waren sehr viel bissiger als ich. Heftiger, energischer.

Der damalige EU-Parlamentspräsident Martin Schulz sprach über die Flüchtlingskrise und nannte sie sinngemäß eine epochale Herausforderung, Europas Werte gerieten ins Wanken, darum sei es Zeit, für Europa zu kämpfen.
Ja, die waren viel mutiger als ich.

Die Sehnsucht der Menschen nach großen Vorbildern, wie Sie es sind, scheint heute stärker denn je zu sein. Fühlen Sie sich manchmal von den Erwartungen erdrückt?
Ich sehe mich nicht als etwas Besonderes. Ich finde eher, dieses Bild wird mir nicht gerecht, es ist übertrieben. Ich bin – ich will nicht sagen: »ein armer Teufel«, aber ich bin ein ganz normaler Mensch, der tut, was er kann. So fühle ich mich. Und wenn dann jemand wer weiß was über mich sagt, dann tut mir das nicht gut.

Sagen Sie das auch auf die Gefahr hin, viele in der Kurie zu enttäuschen, die sich nach einem unfehlbaren Vater sehnen?
Es gibt nicht den Vater, sondern nur den Menschen. Alle Eltern sind Sünder in der Gnade Gottes, denn nur das gibt uns den Mut, weiterzumachen und dieser verwaisten, vaterlosen Zeit Leben zu schenken. Ich bin Sünder und bin fehlbar, und wir dürfen nicht vergessen, dass die Idealisierung eines Menschen stets auch eine unterschwellige Art der Aggression ist. Wenn ich idealisiert werde, fühle ich mich angegriffen.

Liegt die Aggression darin, dass ein Vorbild keine Fehler machen darf?
Ja, auch das. Man gesteht mir nicht zu, ein fehlbarer Sünder zu sein.

Fühlen Sie sich von den Angriffen aus dem Vatikan gegen Sie getroffen?
Nein. Ich will ehrlich sein: Seit ich zum Papst gewählt wurde, habe ich meinen Frieden nicht verloren. Ich kann verstehen, wenn meine Art, die Dinge anzugehen, manchen nicht gefällt, das ist völlig in Ordnung. Jeder darf seine Meinung haben. Das ist legitim und menschlich und bereichernd.

Sind die Plakate, die in Rom aufgetaucht sind und Ihnen vorwerfen, unbarmherzig zu sein und Ihre Kardinäle nicht anzuhören, oder der gefälschte »Osservatore Romano«, in dem Sie auf jede der Ihnen gestellten Fragen mit »Ja und nein« antworten, bereichernd?
Der gefälschte »Osservatore Romano« nicht, aber der römische Dialekt der Plakate war großartig. Den hat nicht irgendeiner von der Straße geschrieben, sondern ein kluger Kopf.

Jemand aus dem Vatikan?
Nein, ich sagte doch: ein kluger Kopf. *(lacht)* Wie auch immer, das war großartig!

Es ist großartig, dass Sie darüber lachen können!
Aber ja doch. Es gibt dieses Gebet, das Thomas Morus zugeschrieben wird, das bete ich jeden Tag: »Herr, schenke mir Sinn für Humor!«

Der Herr bewahrt mir meinen Frieden und schenkt mir viel Sinn für Humor. Allerdings bin ich noch nicht so weit wie der wunderbare Pater Kolvenbach, der 25 Jahre lang Generaloberer der Jesuiten war und im vergangenen Jahr gestorben ist. Er konnte über sich und andere herzlich lachen, sogar sich selbst auf den Arm nehmen, doch stets auf konstruktive und positive Art.

Aber gibt es nicht eine Art von Kritik, bei der Sie als Papst sagen müssen: »Basta, jetzt reicht's!«?
Ich habe schon so viele Male »Basta!« gesagt!

Und, ist das angekommen?
Das ist angekommen. (...)

Ist Ihr Charisma ein Geschenk Gottes, oder haben Sie es den schweren und den schönen Phasen Ihres Lebens zu verdanken?
Schon möglich, dass es auch mit dem Leben zusammenhängt, es lässt einen wachsen. Die Frage ist: Ist es einem selbst zu verdanken, wenn man 40, 50 Jahre alt wird, oder ist es ein Geschenk Gottes? Es ist beides. Und wie gesagt: Ich habe nie meinen Frieden verloren, und ich bitte um den Sinn für Humor, der ist ein Gottesgeschenk – denn das Leben ist schön!

Das Leben ist schön!: **Haben Sie den Film von Roberto Benigni gesehen?**
Ja, nur dass es in den Lagern so ordentlich und sauber war, hat mir daran nicht gefallen. In den wirklichen Lagern ging es ganz anders zu. Aber es ist ja nur ein Film. Die Botschaft hat jedenfalls gestimmt.

Die katholische Kirche Deutschlands, die evangelische Kirche Deutschlands und der scheidende Bundespräsident haben Sie eingeladen, unser Land im Lutherjahr 2017 zu besuchen. Werden Sie kommen?
Ich weiß es noch nicht, noch ist nichts dergleichen geplant.

Das werden viele in Deutschland mit Bedauern hören. Sie hätten den Ratsvorsitzenden der Evangelischen Kirche in Deutschland, Heinrich Bedford-Strohm, sehen sollen, nachdem Sie sich getroffen haben: Er schien ganz beseelt zu sein!

Er ist ein guter Mann. Er hat *(wechselt ins Deutsche)* Feuer im Herzen.

Damit haben Sie ihm ein großes Kompliment gemacht: Als besonders feurig ist er bei uns noch nicht aufgefallen.

Bei unserem persönlichen Gespräch hat er deutsch gesprochen, und ich habe gesagt: *(wechselt ins Deutsche)* »Langsam, bitte langsam!«

Aber Sie verstehen Deutsch gut?

Wenn Sie langsam sprechen, schon, aber *(wechselt ins Deutsche)* ohne Übung habe ich es verlernt.

Ich habe Ihnen etwas auf Deutsch mitgebracht – die Übersetzung eines Gebetes des heiligen Franz von Assisi, Ihres Namensgebers: *Friede.* Darf ich es Ihnen zeigen?

Der Papst nimmt es in die Hände und liest. Bei einer Zeile hält er inne und zeigt mit dem Finger darauf: »Herr, lass mich trachten, (…) nicht, dass ich geliebt werde, sondern dass ich liebe.«

Das berührt mich. Das ist mir wichtig. Darf ich das mitnehmen?

Der Papst steckt das Gebet ein.

Ich danke Ihnen für dieses Gespräch!

Ich danke Ihnen, und bitte verzeihen Sie, wenn ich Ihre Erwartungen nicht erfüllen konnte.

Das denke ich ganz und gar nicht.

Beten Sie für mich!

DIE ZEIT, 09.03.2017

»Sie sollten erst einmal nachschlagen, was das ist, ein Diktator!«

Recep Tayyip Erdoğan

Nie zuvor und nie danach habe ich ein Gespräch in so feindseliger Atmosphäre geführt. Es fand 2017 auf dem Höhepunkt der diplomatischen Krise zwischen der Bundesrepublik und der Türkei aus Anlass der Festnahme von Deniz Yücel statt. Der »Welt«-Journalist war unter dem absurden Vorwurf, er habe Propaganda für Terroristen betrieben, vier Monate vorher verhaftet worden und wartete in einem Gefängnis in Silivri auf seinen Prozess. Wir waren an einem Montag verabredet, vier Tage später sollte der G-20-Gipfel in Hamburg beginnen. Recep Tayyip Erdoğan sah in mir nicht den Journalisten einer parteipolitisch unabhängigen Zeitung, sondern den quasi amtlichen Vertreter der Bundesrepublik Deutschland, dem er mit einer Mischung aus Verachtung und Wut begegnete. Termine mit Autokraten haben eigene Regeln. Man weiß nicht genau, wann, wie und wo man den Gesprächspartner treffen wird; man weiß nur, dass es die grundsätzliche Bereitschaft gibt. Im Fall Erdoğans war unklar, ob wir uns in Istanbul oder im Präsidentschaftspalast in Ankara begegnen sollten. Von genauen Uhrzeiten war nie die Rede. Schließlich fiel die Wahl des Präsidenten auf den Istanbuler Amtssitz, der im europäischen Teil der Stadt liegt. Es war eine ungleiche Partie. Erdoğan marschierte mit einem Bataillon von Leibwächtern, Kameraleuten, Beratern und Zuträgern ein, der Fotograf Dominik Butzmann und ich wirkten in dieser großen Halle ziemlich verloren, wir fühlten uns auch so. Als das Gespräch dann losging und der Ton immer gereizter wurde, rechnete ich minütlich mit dem Abbruch. Aus den Augenwinkeln beobachtete ich auch, wie zwei

Leibwächter Dominik bedrängten, weil er versuchte hatte, eine besonders spannende Szene festzuhalten: Ein Presseberater hielt dem türkischen Präsidenten Schilder hin, auf denen Stichwörter für Antworten auf meine Fragen standen. Als wir fertig waren – das Gespräch dauerte länger als protokollarisch vorgesehen –, brachten wir schnell unsere Dateien in Sicherheit und eilten zum Flughafen. Wir wollten nur noch weg.

Herr Präsident, Sie haben schon lange keiner ausländischen Zeitung mehr ein Interview gegeben. Ist das jetzt ein bewusstes Zeichen, dass Sie mit einem deutschen Medium reden – zu einer Zeit, in der die Beziehungen zwischen Ihrem Land und Deutschland auf dem Tiefpunkt sind?
Vor fast sechs Jahren gab es ein Gespräch mit der »Bild«-Zeitung, vor sieben Jahren mit der ZEIT, also mit Ihnen. Wenn wir uns nun fragen, warum unsere Bindungen besonders mit Deutschland Risse bekommen haben, sage ich ganz klar: Die deutschen Medien betreiben eine Kampagne der Anschwärzung gegen uns. Teil dieser Kampagne waren Gespräche mit Terroristen.

Worin würde denn der Sinn liegen, dass die Medien, die in Deutschland unabhängig sind, Propaganda gegen die Türkei betreiben? Was für ein Interesse sollten sie daran haben?
Ich glaube nicht daran, dass es irgendwo in der Welt unabhängige Medien gibt. Irgendwo sind sie alle, ob Print- oder visuelle Medien, abhängig, entweder ideologisch – oder sie verfolgen eigene Interessen. Wenn es so etwas wie unabhängige Medien gäbe, hätten wir all diese Probleme nicht. Wir sehen das alles ganz klar: Sie bewegen sich dahin, wo der Wind weht. Die deutschen Medien sind auch so. Niemand soll sagen, das sei nicht so, wir wissen sehr genau, dass es so ist.

Jede Zeitung hat weltanschauliche Bindungen, es gibt Zeitungen, die sind etwas liberaler, andere, die sind konservativer, einige sind

mehr links orientiert. Aber in aller Regel ist es in Deutschland so, dass kein Verleger und schon gar kein Politiker den Zeitungsredakteuren oder den Chefredakteuren sagt, was sie zu schreiben haben. Das meinte ich mit unabhängig.
(lächelt) Soll ich das glauben?

Ich bin seit 13 Jahren Chefredakteur der ZEIT, ich habe noch nie eine Intervention erfahren, weder von einem Politiker noch von meinen Verlegern. Und sollte das stattfinden, würde ich sofort meinen Dienst quittieren, weil ich dann nicht mehr unabhängig wäre.
Nun, ich habe das bis heute nicht so erlebt. Ich habe sehr viele Medien-Chefs kennengelernt, viel Zeit mit ihnen verbracht und mit ihnen gesprochen. Und es kam vor, dass ich ihnen ihre eigenen Zeitungen zeigen musste. Ich habe gesagt: Ihr sprecht von ethischen Regeln, aber das hier ist eure Zeitung. Was soll daran ethisch sein? Das ging bis zur Verleumdung meiner Familie. Ihr habt von »finanziellen Beziehungen« gesprochen, von »Beziehungen mit dem IS«, habt meinen Kindern irgendwelche Verbindungen angedichtet. Habt ihr Beweise? Nein. Aber ihr habt immer diffamiert. Und weil ich sehr klare Worte spreche, sind wir mit vielen dieser Journalisten auf eine ungute Weise auseinandergegangen. Warum? Ich spreche alles offen an. Zum Beispiel haben viele deutsche Zeitungen geschrieben, dass Tayyip Erdoğan ein Diktator sei. Nun, da frage ich: Wie definiert dieses Medium einen Diktator?

Sie fragen, warum Sie in der deutschen Öffentlichkeit wie ein Diktator angesehen werden? Weil in keinem anderen Land der Welt so viele Journalisten inhaftiert sind wie in der Türkei, mehr als 150. Weil deutsche Journalisten wie Deniz Yücel oder Meşale Tolu in Haft sind, ohne dass man die Gründe kennt. Yücel sitzt sogar in Einzelhaft. Weil Zehntausende Menschen ihre Arbeit verloren haben, nachdem sie unter Putschverdacht gerieten. Weil Ihr Geheimdienst Parlamentarier in Deutschland bespitzelt hat. Das sind einige der Gründe, warum Sie diesen Ruf genießen.
Die Auskünfte, die Sie erhalten, sind falsch. Und aufgrund dieser falschen Informationen entwickeln Sie falsche Annahmen. *(Er nimmt einige dicht beschriebene Karteikarten zur Hand.)* (...) Von den in den

Gefängnissen einsitzenden Personen haben 177 als Beruf Journalist angegeben. Von diesen wurden 176 wegen Terrorvergehen festgenommen, einer wegen anderer Vergehen. Von den festgenommenen Personen werden 152 beschuldigt FETÖ-Putschisten zu sein ...

... also Mitglieder der Gülen-Bewegung, die in der Türkei als Terrororganisation eingestuft wird und die hinter dem Putsch stecken soll ...

... es sind drei, die als FETÖ-Anhänger beschuldigt werden, 18 wegen PKK-Anhängerschaft, drei wegen DHKP-C-Anhängerschaft (Anhänger der Revolutionären Volksbefreiungspartei-Front, *Anm. d. Red.*), einer ist wegen Mordversuchs inhaftiert. Das sollten wir erst einmal alles wissen, damit wir nichts Falsches veröffentlichen. Dann gibt es, und mit ihm hat sich Bundeskanzlerin Merkel intensiv beschäftigt, Deniz Yücel. Am 27. Februar 2017 wurde er vonseiten des 9. Istanbuler Strafgerichts beschuldigt, die Bevölkerung offen zu Hass und Feindschaft aufgestachelt und Propaganda für eine Terrororganisation gemacht zu haben, und festgenommen. Am 8., 9. und 22. März, am 3., 12. und 17. April und am 9. Mai 2017 wurde er ärztlich untersucht. Die Istanbuler Staatsanwaltschaft hat ermittelt, dass Deniz Yücel in den Kandil-Bergen mit einem der PKK-Anführer gesprochen hat, dass er an von der PKK organisierten Treffen teilgenommen und Propaganda für die separatistische Terrororganisation gemacht hat. In unseren Gefängnissen befinden sich derzeit 29 deutsche Staatsbürger, deren Fälle diesem ähneln. Sie sprechen davon, dass sich Tausende Menschen in den Gefängnissen befinden, dass sie ihre Arbeit verloren hätten. Ich will Ihnen mal etwas sagen: Als sich Ost- und Westdeutschland wiedervereinigt haben, wissen Sie, wie viele Menschen da ihre Arbeit verloren haben? Mehr als 500 000!

Ich kann die Zahlen im Moment nicht überprüfen, aber es gab für alles Gesetze und rechtsstaatliche Verfahren.
Warum sprechen Sie das nicht an, dass so viele Menschen von ihren Aufgaben entbunden wurden? Das werden Sie ja jetzt wohl veröffentlichen und nicht löschen?

Ganz bestimmt nicht. Aber zurück zu Deniz Yücel. Es gibt bis heute keine Anklage, er sitzt jetzt seit 140 Tagen in Haft, in Isolation, es hat lange gedauert, bis er konsularischen Beistand bekam, auf den er Anspruch hat. Und für keinen der Verdachtsmomente – das Interview mit einem Kurdenführer, den Witz über Kurden und Türken – würde ein Journalist in Deutschland auch nur einen Tag im Gefängnis sitzen.

Nun, dies hier ist nicht Deutschland. Die Türkei hat eigene Gebote und Regeln. Und es geht hier um unabhängige Justiz. Eine unparteiische Justiz. Und die macht, was die Verfassung der Türkischen Republik, ihre Gesetze ihr gebieten.

Auch ich habe in meiner Laufbahn rechtsextreme und linksextreme Terroristen interviewt oder solche, die als Terroristen verdächtigt wurden. Wer dies als Journalist tut, ist der in Ihren Augen schon selbst Terrorist oder Unterstützer?

Meines Erachtens ist er einer, der den Terroristen unterstützt, weil er weiß, dass diese Person ein Terrorist ist. Worüber sollten Sie schon ein Interview mit einem Terroristen führen? Und wo sollten Sie das veröffentlichen? Wenn Sie die Gedanken eines Terroristen in Ihrer Publikation abdrucken, was ist das dann? Das ist die Veröffentlichung des Terrorismus selbst. Sie leisten damit Beihilfe zur Propaganda der Terroristen. Das wird auch von den Anklageorganen überall auf der Welt so bewertet, weil sie sagen: Das ist Beihilfe für die Gedanken der Terroristen, und das ist ein Verbrechen.

Glauben Sie denn, dass die türkischen Gerichte unabhängig sind?

Wir haben in Deutschland mehr als drei Millionen Mitbürger. Warum verhindern deutsche Behörden, dass ich als türkischer Staatspräsident mich mit ihnen treffe, zu ihnen spreche? Warum erlauben sie es nicht? Wie erklären Sie das? Wo ist denn die Meinungsfreiheit? Die Gedankenfreiheit? Während Sie dem Staatsoberhaupt eines Landes nicht das Recht zugestehen zu sprechen, können PKK-Mitglieder dort ganz bequem sprechen, demonstrieren, und wir können nicht einmal per Videoschalte sprechen, was vom Verfassungsgericht verboten wurde. Aber Verbindungen zu PKK-Führern nach Kandil können ganz bequem her-

111

gestellt werden. Was ist daran gerecht? Obwohl die PKK in der EU als Terrororganisation gelistet ist, können diese Leute in Deutschland frei demonstrieren, Treffen veranstalten, ebenso Geld eintreiben. Wie kann das sein?

Ich bin nicht der Sprecher der Bundesregierung, ich bin Journalist. Moment mal, *(wechselt plötzlich zum Du)* vorhin sprachst du von Parteilosigkeit, mein Chef kann mir nichts vorschreiben, nun sagst du: »Ich bin nicht der Regierungssprecher« und so weiter. Ich bin ein Politiker. Und ich bin der Staatspräsident dieses Landes. Ich habe dich empfangen. Wenn du ein unabhängiges Interview führen willst, dann will ich auch offen über die Dinge mit dir sprechen, die mir in Deutschland begegnen. Und du musst das alles offen und klar veröffentlichen. Erst wenn du das veröffentlichst, bist du ein aufrichtiger Journalist.

Keine Sorge, es wird alles veröffentlicht. Wenn Sie mich fragen, warum Sie nicht auftreten dürfen, kann ich nicht für die Bundesregierung antworten, ich kann ihre Haltung nur deuten: Es ist ein Zeichen dafür, dass das Verhältnis zur türkischen Regierung im Moment so schlecht ist. Und ich glaube, dass ohne die Freilassung von Deniz Yücel und der anderen deutschen Journalistin, Meşale Tolu, die mit ihrem zweijährigen Kind inhaftiert ist, dieses Verhältnis schlecht bleiben wird.
Wenn solche Dinge in Deutschland passieren, sagen die Behörden, dass die Justiz unabhängig sei. Auf die gleiche Weise ist bei uns die Justiz unabhängig. Derzeit wird die Anklage vorbereitet. Wenn sie fertig ist und sich herausstellt, dass sie unschuldig sind, wird die Justiz sie freisprechen. Aber wenn sie schuldig sind, wird die Justiz dementsprechend entscheiden. Wenn die deutschen Behörden nun bei ihren Entscheidungen als Begründung auf die türkischen Behörden zeigen, dann werden wir schlimmere Zeiten erleben, viel schlimmere. Deshalb, wenn wir über negative Ereignisse agieren, ist das für die Zukunft nicht gut. Wir sind zusammen in der Nato, es gibt mehr als drei Millionen Bürger aus der Türkei in Deutschland ...

... Deutschland ist Ihr wichtigster Handelspartner ...
... das Handelsvolumen zwischen uns beträgt mehr als 35,5 Milliarden Dollar. Wenn die deutsche Regierung unsere Beziehung einer Terrororganisation opfern will, wäre das ein großer Fehler. Schauen Sie, die deutschen Abgeordneten haben sich im Vorfeld des Referendums (über die Verfassungsänderung zur Einführung eines Präsidialsystems, *Anm. d. Red.*) vollständig für die Nein-Kampagne eingesetzt. Sie haben sie persönlich unterstützt. Dazu haben sie mich persönlich beleidigt. Leider haben unsere Freunde in der obersten Staatsführung hierzu geschwiegen. Wir wollten unsere guten Beziehungen zu Deutschland bis heute immer bewahren, das wollen wir heute noch. Wir brauchen einander. Wir müssen das bewahren. Drei Millionen Türken dort, das ist keine gewöhnliche Sache.

Wie kann man das denn bewahren?
Wir haben in Deutschland derzeit 80 000 türkische Firmen, die 480 000 Menschen beschäftigen. Das können Sie nicht ignorieren. Deshalb müssen wir zusammenhalten. Nun kommen wir zum G-20-Gipfel in Hamburg. Und wir sagen, dass wir uns mit unseren Mitbürgern dort treffen wollen, und die deutschen Behörden erteilen überall die Anweisung, dass Erdoğan nicht sprechen soll. Was ist das bitte schön für eine Geisteshaltung? Das ist sehr hässlich. Mir ist so etwas noch nie begegnet. Deutschland begeht Selbstmord. Das ist ein politischer Selbstmord.

Warum Selbstmord? Was passiert, wenn Deutschland Selbstmord begeht?
Deutschland muss diesen Fehler korrigieren.

Dass Sie nicht auftreten können?
Natürlich, diesen Fehler muss es korrigieren. Ich meine, es gibt da doch ein Problem, wenn ich meine Gedanken nicht mit meinen Bürgern teilen kann. Ja gut, wenn nicht, dann sprechen wir eben nicht, wir werden an den Versammlungen der G-20 teilnehmen und das, was wir zu sagen haben, dort sagen, und wieder zurückfahren. Aber man kann mich doch nicht mundtot machen! Ich spreche ja im türkischen Fernsehen,

und die strahlen ja auch in Deutschland aus. Dann sollen sie auch diese Sendungen in Deutschland verbieten!

Es ist für Deutschland völlig unannehmbar und auch für uns als Journalisten, dass Kollegen inhaftiert sind, die nachweislich keine Terroristen unterstützt haben, wie Deniz Yücel. Wenn Sie ein entsprechendes Zeichen setzen würden ...
... bitte, verteidigen Sie nicht jene, die des Terrors verdächtig sind und die Terroristen unterstützen ...

... dann hätten Sie es wahrscheinlich auch leichter aufzutreten!
Setzen Sie sich für aufrichtige Menschen ein! Auf der einen Seite heißt es, die PKK ist eine Terrororganisation ...

... die in Deutschland verboten ist ...
... in ganz Europa. Und auf den Straßen Deutschlands können sie ganz bequem ihre Demonstrationen abhalten, mit den Postern der Terroranführer. Ich gehe noch weiter: In einem deutschen Polizeiwagen können sie mit dem Poster des Terroristenführers demonstrieren. In einem deutschen Polizeiwagen, wir haben Aufnahmen!

Ich kenne diese Aufnahmen nicht.
In einem offiziellen Fahrzeug des Staates ist da ein Terrorist, in seiner Hand hält er das Poster des Terroristenführers, er schwenkt es auf der einen Seite, durch die andere Tür schwenken sie deren Lumpen (gemeint sind Fahnen, *Anm. d. Red.*), und wo machen sie das? In Berlin! Wie kann man das erlauben?

Der deutsche Innenminister Thomas de Maizière hat gerade angekündigt, dass man beim Gipfel in Hamburg auch gegen Symbole der PKK hart vorgehen wird. Denn die PKK ist, wie Sie ja selbst sagten, in Deutschland verboten.
Nun, wir werden das ja sehen. Ich hoffe, dass diese Maßnahmen ergriffen werden.

Würden Sie gern ein Signal der Versöhnung gegenüber der Kanzlerin aussenden?
Ich habe kein Problem mit der Kanzlerin. Beim Nato-Gipfel habe ich Frau Merkel getroffen und gesprochen. Nun werden wir auch ein Zweiertreffen haben. Wir werden vieles ansprechen. Ich werde das Problem des Terrors ansprechen, und auch, wie Europa sich diesem Problem stellen kann, was wir als Nato-Länder machen. Die Kanzlerin und ich haben uns nicht überworfen. Die Kanzlerin gibt dazu keine Erklärungen ab, aber leider tut es ihr Koalitionspartner.

Sie meinen die SPD. Wir haben die Kanzlerin, mit der wir in dieser Ausgabe auch ein Interview veröffentlichen, gefragt, ob sie eine Botschaft an die Türkei hat. Sie hat geantwortet, dass ihr das gute Zusammenleben mit türkischstämmigen Menschen in Deutschland sehr am Herzen liege. Und sie werde nicht darauf verzichten, die Freilassung von Deniz Yücel und anderen Journalisten zu fordern. Das belastet die Beziehungen enorm.
Glauben Sie etwa, dass wir unserer Justiz Anweisungen erteilen?

Wenn die türkische Justiz wirklich unabhängig ist ...
... antworten Sie zuerst: Glauben Sie, dass wir der Justiz Anweisungen geben?

Wenn die türkische Justiz so unabhängig ist, warum haben Sie dann gesagt, dass Deniz Yücel nicht ausgeliefert wird, solange Sie im Amt sind?
Schauen Sie, wir können der Justiz keine Anweisungen erteilen. Die Türkei ist ein Rechtsstaat. Wenn er unschuldig ist, wird es einen Freispruch geben. Wenn er schuldig ist, wird in einem Rechtsstaat ein entsprechendes Urteil gefällt.

Unabhängig von Ihrem Willen?
Wir können uns da nicht einmischen. Denn immer wenn wir mit Kanzlerin Merkel sprechen oder mit anderen Ländern wie den USA, sagen sie uns: Die Justiz ist unabhängig. Der Anführer des Gülen-Terrornetzwerks sitzt in Amerika, wir haben alle Akten hingeschickt, 85 Kartons voll. Da-

bei gab es einen 15. Juli, 250 Märtyrer, 2193 Verletzte. Dass das alles auf das Konto der FETÖ-Anhänger geht, ist belegt. Trotzdem sehen wir, dass unsere Freunde sie verteidigen. Deutschland ist derzeit voll mit Mitgliedern der FETÖ-Organisation. Warum werden sie nicht ausgeliefert?

Weil die Gerichte darüber unabhängig entscheiden.
Ich habe sie von Frau Merkel gefordert, warum werden sie uns nicht zurückgegeben? Und leider werden einige von ihnen wie Flüchtlinge behandelt. Warum liefern sie sie nicht an uns aus?

Das entscheiden Gerichte.
Dann sei erlaubt, dass auch hier die Gerichte entscheiden.

Waren Sie in den letzten Monaten einmal versucht, den Austritt aus der Nato zu erwägen?
Warum sollte ich so etwas überlegen?

Aus Verärgerung über den Westen?
Es ist das eine, vom Westen enttäuscht zu sein, das andere, aus der Nato auszutreten. Wir haben so etwas nicht auf der Tagesordnung. Wenn es um Enttäuschungen geht, in erster Linie gibt es eine Enttäuschung über den EU-Prozess. Die Nato war immer ehrlicher zu uns als die EU. Die EU hält uns seit 1963 hin. Sie lassen uns immer noch an der Tür warten. Aber wir gedulden uns, mal sehen, was passiert. Wir sind nicht irgendein Land. Wir haben eine tief verwurzelte Staatstradition, die verhindert, dass wir emotional reagieren. Bevor wir einen Schritt tun, überlegen wir, wägen wir ab.

Sehnen Sie sich manchmal nach den Zeiten von Gerhard Schröder zurück, als die Beziehungen zu Ihnen sehr viel freundlicher waren?
Es ist genau, wie Sie sagen: Ja, ich vermisse diese Zeit. Denn die Beziehungen zu Schröder waren wirklich sehr anders. Sie waren sehr gut. Ich hoffe, dass wir wieder dahin kommen. Ich denke auch, dass die SPD sich nicht hätte so verhalten dürfen wie im Moment.

Sie meinen die Verurteilung der Festnahmen von Journalisten in der Türkei durch Martin Schulz und andere?
Die Herangehensweise von Herrn Schulz ist ideologisch. Es ist nicht klar, wann er was macht. Sie wollen innenpolitisch punkten, indem sie unsere Beziehung instrumentalisieren, aber sie verlieren. Das ist keine gute Entwicklung. Und ich glaube, sie verlieren dadurch auch die Türken in Deutschland.

Aber in diesem Spannungsfeld wird auch das Leben für die Türken in Deutschland belastet. Es wird schwieriger sein, die doppelte Staatsbürgerschaft aufrechtzuerhalten, es gibt Rückschritte in der Beurteilung der Frage, ob eine Frau mit Kopftuch in einer Behörde arbeiten kann – auch viele Türken in Deutschland sehen die Entwicklung mit großer Sorge und wünschen sich von Ihnen eine Geste der Versöhnung und des Entgegenkommens.
Nun, wo ist die Glaubensfreiheit? Was gibt es Natürlicheres als eine Frau, die aufgrund ihres Glaubens ihren Kopf verhüllt? So sehr wie Sie sich für die Freiheit von Deniz Yücel einsetzen, so wenig setzen Sie sich für die Freiheit dieser Frauen ein. Sie gehen schlafen, Sie wachen auf und sagen: Deniz.

Ich habe nur die Schwierigkeiten beschrieben, die es im Moment gibt.
Die doppelte Staatsbürgerschaft, es gibt bereits mehr als eine Million, die sie haben. Wollen Sie jetzt sagen, dass Sie ihnen dieses Recht wieder wegnehmen werden?

Ich nehme ihnen gar nichts weg. Ich habe nur die Gefahr beschrieben, die nun besteht.
Das könnten Sie niemandem erklären. Es gibt ja Grundrechte, die man nicht zum Gegenstand einer Erpressung machen kann. Sie gehören zu den universellen Rechten. Das ist keine gewöhnliche Sache. Wir sind zusammen in der Nato, wollen gute Beziehungen haben, und dann Erpressung. Wozu? Um einen Terrorverdächtigen zu retten. Dass Frau Merkel überhaupt die Rettung eines Terrorverdächtigen auf die Tagesordnung bringt, war für mich auch sehr, sehr sonderbar.

Noch mal: Deniz Yücel hat mit dem Terror nichts zu tun!
Warum setzt man sich so sehr für eine Person ein? Das ist nicht zu verstehen.

2008 haben Sie in Köln gesagt, dass Assimilation ein Verbrechen gegen die Menschlichkeit sei. Würden Sie dieses Wort heute zurücknehmen oder abschwächen?
Nein, ich würde das Gleiche wiederholen. Integration ist etwas anderes. Ich habe Ja zur Integration, Nein zur Assimilation gesagt.

Was verstehen Sie unter Assimilation?
Dass die Identität der Menschen ausgetauscht wird. Dass sie ablassen von ihrer Religion, ihrer Sprache. Es bedeutet, dass die Identität und Persönlichkeit eines Menschen ausgetauscht wird. Dazu können wir nicht Ja sagen. Aber auch wir sind für Integration. Das bedeutet, dass die Türken sich in die deutsche Gesellschaft integrieren. Dass sie die deutsche Sprache so gut wie möglich lernen, sich anpassen können an die Traditionen. Aber wenn sie all das tun, sollen sie die eigene Sprache, Tradition, Religion nicht vergessen. Und unsere Landsleute in Deutschland machen das auch so.

Die eigene Identität wird am stärksten durch das geprägt, was man seit Jahrzehnten kennt. Kann man nicht jedem Menschen selbst überlassen, wie weit er sich assimilieren möchte?
So wie Deutschland versucht, seine Werte zu bewahren, so versucht es auch die Türkei. Das sollte niemanden stören. Wenn wir das dann mit der deutschen Seite besprochen haben, hieß es immer: Sie haben recht, dagegen kann man nichts sagen. Grundrechte können einem nicht mit Zwang genommen werden. Wir haben ein Sprichwort: Sie können keinen Hund zur Jagd zwingen.

Verurteilen Sie türkischstämmige Menschen, die ihren türkischen Pass abgeben und nur noch den deutschen behalten? So wie unsere Redakteurin Özlem Topçu, die ich heute sehr gern mitgenommen hätte zu diesem Interview, was leider nicht gestattet wurde?
Das ist deren eigene Wahl. Wir sind eine konservativ-demokratische

118

Partei und sagen das, was unseren Prinzipien entspricht. Ein Sozialdemokrat denkt da vielleicht anders, das interessiert mich nicht. Und weil wir als konservative Demokraten so denken, wie wir es tun, haben wir in der Türkei 52 Prozent der Stimmen.

Beim Referendum haben Sie von den Türken im Ausland sogar mehr Stimmen bekommen als in der Türkei, auch in Deutschland.
Das bedeutet, es gibt da ein Einverständnis. Das bedeutet aber nicht, dass man sich nicht dennoch in dem Land integrieren muss, wo man lebt. Meine Landsleute müssen mit Deutschen zusammenleben können. Ihr Nachbar und Freund werden, keine Probleme darstellen.

Und auch nicht die Konflikte der Türkei nach Deutschland exportieren: Das ist ja die Angst der Bundesregierung.
Was für Konflikte meinen Sie?

Die innenpolitischen Konflikte der Türkei in Deutschland auszutragen, also Feinde von Erdoğan gegen Anhänger von Erdoğan, Kurden gegen Türken, all diese Spannungen.
Okay, aber dann will ich Ihnen sagen: Wenn Sie die Terrororganisation in der Türkei in Deutschland unterstützen und das in die Türkei tragen, ist das für uns ein Problem. Diese Leute können mitten in Berlin ein Zelt aufschlagen, Poster vom Terroranführer aufhängen. Sie bedrohen türkische Geschäftsleute und treiben Geld ein, das sie in die Türkei schaffen ...

... ich sagte Ihnen bereits: Die PKK ist auch in Deutschland verboten ...
... dann, während des Referendums, sehen Sie Leute, die mit den Lumpen der Terroristen posieren und Fotos machen. Sogar die Vorsitzenden einer Partei machen da mit. Wie soll man das erklären? Und diese Menschen nennen mich einen Diktator. Sie sollten erst einmal nachschlagen, was das ist, ein Diktator!

Lassen Sie uns über andere starke Männer reden. Zu wem spüren Sie im Moment größeres Vertrauen: zu Putins Russland oder zu den Amerikanern unter Trump?
Stellen Sie uns doch nicht vor so eine Wahl, dazu haben Sie kein Recht! Wir sind die Türkei, wir entwickeln unsere Beziehungen zu Amerika auf die beste Weise, ebenso wie mit Russland. Es dauert zehn Stunden von hier bis nach Amerika, zweieinhalb Stunden nach Russland. Wir haben eine gemeinsame Seegrenze mit den Russen im Schwarzen Meer, die Russen belegen Platz zwei im Tourismus, nach den Deutschen. Vielleicht steigen sie auf Platz eins. Das Außenhandelsvolumen soll auf 100 Milliarden Dollar steigen, das ist das Ziel. Das Handelsvolumen mit den USA ist stark gefallen. Jedes Land auf der Welt verfolgt seine Interessen. Wir natürlich auch. Unser Hauptenergielieferant ist Russland. Wir realisieren zusammen das Gaspipeline-Projekt »Turkish Stream«, bauen gemeinsam am Atomkraftwerk Akkuyu, wir hoffen, dass es 2023 fertiggestellt werden kann. Das alles verstärkt unsere Beziehungen. (...)

Ich weiß, dass unsere Zeit längst abgelaufen ist. Vielleicht interessiert es Sie noch, zu erfahren, wie die Bundesregierung die Lage vor einem Jahr beim Putsch einschätzt?
Wenn Sie etwas wissen, natürlich. Dann erfahren wir ja auch, wer die wirklichen Täter des 15. Juli sind. *(lächelt)*

Die Bundesregierung geht davon aus, dass es eine Verschwörung von Teilen der Gülen-Bewegung gab, sie aber nicht zentral von der Gülen-Bewegung gesteuert wurde. Es war ein Putsch von Gülen-Mitgliedern, Kemalisten und Opportunisten. Daran waren nicht mehr als 8000 Soldaten beteiligt. Das ist der Erkenntnisstand der deutschen Dienste.
Deutschland sollte nicht das Land sein, dass die hochrangigen Täter schützt. Die im deutschen Nato-Hauptquartier befindlichen Soldaten sind in die Rolle von Asylbewerbern geschlüpft, und Deutschland hat das akzeptiert. Vertreter der Justiz sind nach Deutschland geflohen.

Jeder kann in Deutschland um Asyl ersuchen.
Sie müssen diese Anträge nicht genehmigen.

Die Verfahren sind individuell.
Da muss man erst fragen: Wer bist du? Du bist ein Terrorist! Warum bist du geflohen? Du bist Staatsanwalt in der Türkei und fliehst! Du bist Angehöriger der Armee, in der Nato, dein Dienst endet, du bleibst in Deutschland, warum? Geh doch in dein Land. Wenn du nicht schuldig bist, gibt es doch kein Problem. Wenn du schuldig bist, musst du in deinem Land vor Gericht.

Jeder Fall wird individuell behandelt. Die deutsche Seite sagte, gebt uns die Beweise.
Ich habe 4500 Akten übergeben. Alle Beweise sind darin enthalten.

Dann kann ein deutsches Gericht Putschisten auch verurteilen. Es muss sie aber nicht ausliefern, wenn das Gericht annimmt, dass denjenigen in der Türkei unmenschliche Haftbedingungen drohen oder gar Folter.
Es gibt keine Todesstrafe in der Türkei. Erfindet keine Ausreden! 4500 Akten habe ich Frau Merkel gegeben. Sie müssen diese Terroristen an die Türkei ausliefern. Solange Sie das nicht tun, wird die Türkei Deutschland als Land ansehen, das Terroristen schützt. Das solltet ihr wissen!

DIE ZEIT, 06.07.2017

»Es muss nicht jeder, der grün wählt, gleich mit mir in den Urlaub fahren wollen«

Robert Habeck

Es heißt ja, einem jeden Anfang wohne ein Zauber inne. Der Satz ist nicht nur ein bisschen abgenutzt, er ist auch keinesfalls von allgemeiner Gültigkeit. Schon allein deswegen, weil es zwischen Zauber und Selbsttäuschung einen feinen Unterschied gibt. Der Start von Robert Habeck als Bundesvorsitzender der Grünen war aber tatsächlich verheißungsvoll. Das zeigte sich nicht in seinem Alltag Anfang 2018, denn er durchpflügte in dieser Zeit die Parteibasis, von Flensburg bis Freising. Manchmal traf ich ihn in einem ICE, mit Augenringen und Handy am Ohr, und hörte ihn müde ins Telefon fragen: »Kannst du mich noch verstehen?« Habeck war gerade dabei, sein Amt als Landwirtschafts- und Umweltminister in Schleswig-Holstein aufzugeben. Er hatte sein gutes Gehalt gegen eine Art erhöhte Aufwandsentschädigung eingetauscht und war auf volles Risiko gegangen – denn er hatte für seine Partei, die bis dahin immer in Lager geteilt und für kaum mehr als zehn Prozent der Bevölkerung wählbar war, eine bahnbrechende Vision: Die Grünen sollten nicht mehr die Avantgarde der Linken darstellen, sondern eine Bewegung werden, mit der sich möglichst viele Menschen anhand konkreter Pläne und Projekte identifizieren könnten. Dazu regte er an, dass die Grünen auch die ihnen bis dahin eher fernliegenden Ressorts anstreben sollten, zum Beispiel das Innenministerium.

Der Plan ist, wie wir heute wissen, einigermaßen aufgegangen. Bei den letzten Bundestagswahlen kamen die Grünen über 14 Prozent, sie traten nach 19 Jahren wieder in eine Bundesregierung ein; Habeck selbst ist Vizekanzler, und zwar nicht Innenminister, aber, unerhört!, erster grüner Wirtschaftsminister geworden. Nun ist er aber in den Monaten, in denen ich an diesem Buch arbeite, auch der meistange-feindete Politiker der Bundesregierung; in der Boulevardpresse wird er fast täglich brutal attackiert. Und die Umfragewerte gehen steil nach unten. Aber die Idee, die er damals in meinem Büro programmatisch dargelegt hat, klingt heute noch ganz zauberhaft.

Ihre Partei ist nach der Bundestagswahl als kleinste Fraktion ins Par-lament eingezogen. Heute stehen Sie zumindest in den Umfragen als stärkste Oppositionspartei nach der AfD da. Trauen Sie sich auch zu, führende Kraft im eher linksgerichteten politischen Lager zu werden?
Ich verstehe uns nicht als links im Sinne der Linkspartei. Ich würde links immer mit liberal kombinieren. Und nach zwölf Jahren Merkel-Regierungen brauchen wir neue Antworten, das ist unser Anspruch. Prozentzahlen kommen und gehen, da denken wir hoffentlich gar nicht drüber nach.

Sie haben nicht den Ehrgeiz, Ihre Partei prozentual nach vorne zu bringen? Sie wären der erste Politiker, der das sagte!
Umfragenhörigkeit bringt nur relativen politischen Erfolg. Die Große Koalition hat ihre ganze Politik ausgerichtet auf die Angst vor der AfD. Alles ist abgeleitet von der Frage: Wie halten wir rechtspopulistische Kräfte im Zaum? Das ist ein ganz miserables Vorzeichen für eine eigen-ständige Politik.

Aber muss das nicht auch Ihr Anliegen sein als Linksliberaler, wie Sie sich gerade bezeichnet haben: eine populistische Bewegung im Zaum zu halten?
Klar. Nur dürfen wir uns darüber nicht definieren. Wir wollen Zu-kunftsoptimismus ausstrahlen. Sie haben gerade gefragt, wie viele Pro-zentpunkte wir uns zutrauen. Meine Frage war aber immer: Warum wählen 90 Prozent nicht die Grünen? Das zielt nicht auf schnelle pro-zentuale Gewinne ab, sondern auf die gesellschaftliche Mitte.

Und was ist die Antwort?

Eine Antwort ist, dass die Sprache der Parteien eine einladende sein sollte. Wenn wir im Kampfmodus argumentieren – hier ist unsere Meinung, die halten wir gegen die der anderen! –, wenn wir also als angeblich qualifizierte Minderheit die Mehrheitsgesellschaft herausfordern, erzeugt das Widerstand. Wenn man aber bereit ist, sich irritieren zu lassen, und annimmt, dass auch der andere recht haben kann, macht man die Tür auf. Diese Lust, die Tür aufzureißen, die spüre ich überall.

Sie kritisieren das alte linke Konzept der gesellschaftlichen Avantgarde?

Es reicht so nicht mehr aus. Wir wollen mehr in die Breite der Gesellschaft wirken. Wir wollen mehr sein als eine qualifizierte Minderheit. Zu der zählen im Zweifelsfall nur die, die ein Parteibuch haben oder schon mal die Grünen gewählt haben. Alle anderen werden nicht angesprochen und sagen folglich: Na gut, dann redet halt untereinander, wenn ihr nicht mit uns reden wollt! Zweitens haben wir ... *(es wird Kaffee serviert)*

Sie können auch Dosenbier bekommen ...

Ha, das haben Sie sich gemerkt!

Sie haben mal gesagt, dass Sie auch Dosenbier trinken – für einen Grünen ein gewagtes Bekenntnis.

Man kann nicht immer allen alles recht machen *(lacht)*. Ein zweiter, inhaltlicher Punkt ist: Wir werden die Verknüpfung zwischen Ökologie und Sozialem stark machen. Viele Menschen treibt zum Beispiel um, wie wir Tiere halten. Aber im Alltag vergisst man es und kauft bei Discountern ein. Wenn man dann sagt: »Alle, die da einkaufen, sind per se schuldig!«, ist man sehr schnell mit sich alleine. Wenn man aber eine Politik formuliert, die erklärt: »Wir verstehen, dass Menschen im Alltag gehetzt sind, dass im Supermarkt der Geiz angesprochen wird und dass es auch ganz schwer ist, sich dem zu entziehen – und trotzdem versuchen wir gemeinsam, was anderes zu entwickeln« – dann, glaube ich, wird man mehrheitsfähig.

Für wie groß halten Sie denn das Potenzial unter den 90 Prozent, die noch nicht Grün wählen?
Jetzt locken Sie mich in eine Falle und wollen schon wieder eine Prozentzahl hören.

Warum ist das eine Falle? Ich frage nur: Was glauben Sie, wie groß die Grünen werden könnten, wenn die Botschaften so rüberkommen, wie Sie sich das wünschen?
Natürlich werden auch wir am Ende an gewonnenen Wahlen und an Prozenten gemessen. Aber jetzt will ich keine Schere im Kopf. Wir sehen, dass es in der Gesellschaft eine Sehnsucht nach einer positiven Ansprache gibt – also Bürgerpathos im besten Sinne: Wir gestalten, wir tragen unseren Staat! Und wenn dieses Pathos sich konkret materialisiert, kann der Zuspruch riesig sein. Ob dann alle die Grünen wählen, weiß ich nicht, interessiert mich auch im Zweifelsfall gar nicht so sehr. Das politische System in Deutschland ist so porös geworden. Ich wünschte mir eigentlich eine starke Sozialdemokratie, die SPD hat immer wieder so viel Verantwortung übernommen.

Aber die Volkspartei SPD erodiert nun mal: Fühlen Sie sich in die Pflicht genommen, die neue führende Kraft im linksliberalen Spektrum zu werden?
Ja, so eine Pflicht spüre ich. Wenn die SPD eine Lücke klaffen lässt, dann müssen andere sie schließen. Wir. Ich sage das in aller Demut. Mein Leben wäre bequemer, und das von Annalena Baerbock auch, wenn wir sagen könnten: Wir sprechen weiter nur die Leute an, die uns sowieso gut finden. Aber wir müssen und wollen ausgreifen. Es ist ja nicht irgendeine Prozentlücke, die entstanden ist, sondern eine gesellschaftliche.

Ein inzwischen geflügeltes Wort von Ihnen lautet ja: »Radikaler ist das neue Realistischer.« Was wären die konkreten Punkte, bei denen die Grünen radikale Ziele formulieren und trotzdem mehr Stimmen gewinnen könnten?
Wissen Sie, in unserem Grundsatzprogramm von 2002 heißt es: Im Mittelpunkt unserer Politik steht der Mensch in seiner Würde und

Freiheit. Darin steckt etwas sehr Radikales, gerade für unsere Partei. Uns haftet ja der Ruf an, wir machten eine Politik abgewandt von den Leuten und nur für abstrakte Güter. Aber es ist genau andersrum. Nehmen wir nur den Ausbau der erneuerbaren Energien, das ist alles andere als ein Selbstzweck. Denn das Eindämmen der Klimakrise – auch durch die Energiewende –, der Schutz von Ressourcen, ist zentral für politische Stabilität. Die Große Koalition will ja, dass der Anteil der Erneuerbaren am Stromverbrauch bis 2030 auf 65 Prozent steigt. Das ist nach grober Schätzung ein Zubau von fünf bis sieben Gigawatt pro Jahr an Windenergie an Land …

Das heißt: noch viel mehr Windräder, als wir jetzt haben!
Ja, eine Verdopplung, Verdreifachung des bisherigen Zubaus. Diese Windräder müssen wir erst mal bauen!

Über die Windräder regen sich jetzt schon so viele Menschen auf, weil sie die Landschaft verunstalten, von den Anwohnern ganz zu schweigen …
Es regen sich auch Menschen auf, weil ihre Dörfer für Kohlehalden abgebaggert werden. Aber ja, der Ausbau der Erneuerbaren ist ein krasser Eingriff in Landschaften. Das ist eine neue industrielle Revolution. Und wir werden die Probleme, die dadurch ohne Frage entstehen, lösen.

Mit welchen radikalen Ideen wollen Sie die Leute denn noch mitnehmen?
Wir müssen die Erosionsangst des Mittelstandes eindämmen. Das ist für meine Partei eine neue Aufgabe. Wir kennen uns gut damit aus, Politik für die Ärmsten zu machen, und sind gut darin, Steuern von den Reichen zu fordern, nun wollen wir auch eine klar konturierte Politik für den Mittelstand entwerfen. Auch dafür brauchen wir eine Reform der sozialen Sicherungssysteme, denn es ist ja die Mittelschicht, die schmilzt, und die Angst, durch Brüche im Leben ins Bodenlose zu rutschen, zermürbt. Schließlich: Deutschland profitiert von einem starken Europa wie kein anderes Land. Europa ist unser höchstes Interesse. Und wir mit unserem großen Exportüberschuss

müssen auch bereit sein, uns finanziell an der europäischen Solidarität zu beteiligen.

All das bedeutet: mehr Staat, noch mehr Geld für die Europäische Union und mehr Umverteilung.
Es bedeutet mehr Nachhaltigkeit und zukünftige Wertschöpfung, mehr Fairness, mehr europäischen Einfluss. Wenn wir materielle Verschiebungen vornehmen, gewinnen wir am Ende ein größeres gemeinsames Gut. Gemeinsame Güter sind nicht nur Klima, Luft, Boden und Wasser, sondern auch Frieden, Zusammenhalt und Sicherheit.

Ihre Vorgängerin Simone Peter hat auf dem Parteitag in Hannover Ende Januar drei für die Grünen identitätsstiftende Punkte genannt. Einer davon war, wie bei Ihnen, die Klimapolitik. Die anderen beiden haben Sie jetzt nicht genannt: Gender-Mainstreaming und Political Correctness.
Nein, habe ich nicht. Es gibt diesen Spruch, dass wir die Menschen erreichen müssen, die grün denken – 30 Prozent oder so. Aber diese Vorstellung, dass man erst grün denken muss, um die Grünen wählen zu können, widerstrebt mir. Ehrlich gesagt ist es mir im Grunde egal, was die Menschen denken. Hauptsache, wir einigen uns auf politische Projekte, die uns verbinden und mit denen wir die Zukunft in die Hand nehmen. Die Gedanken dürfen gern frei bleiben.

Sie wollen eine Einigung auf Ziele statt einer Einigkeit der Gesinnung?
Genau. Dahinter steckt der Gedanke von den Grünen als Bündnisplattform. Wir haben ja diesen Namen Bündnis 90/Die Grünen ...

... weil vor ziemlich genau 25 Jahren die westdeutschen Grünen mit dem ostdeutschen Bündnis 90 zusammengingen.
»90« ist ein bisschen retro, aber der Gedanke, sich trotz unterschiedlicher Ansichten auf gemeinsame Ziele zu einigen, der scheint mir zeitgemäß und kraftvoll zu sein. Es muss nicht jeder, der grün wählt, gleich mit mir in den Urlaub fahren wollen. Die Wähler können ein anderes Lebensmodell haben, die können mit ihren Kindern anders reden, sie

können in ehelichen oder nicht ehelichen Formen leben, die können sich kleiden, wie sie wollen, die müssen nicht in die gleichen Cafés wie ich gehen – das ist mir alles ganz egal. Aber Bündnisfähigkeit, die müssen wir hinbekommen.

Sie müssen auch nicht wie Sie Vegetarier sein?
Nein, aber sie sollten dafür sein, den Bauern mehr Geld zu geben, damit sie für ihre Tiere mehr Platz schaffen können.

Stimmt es noch, dass Sie zur Not ein Stück Fleisch mitessen, wenn Sie einen Gastgeber nicht vor den Kopf stoßen wollen?
Das stimmt zunehmend weniger. Ich esse seit etwa fünf Jahren kein Fleisch, es schmeckt mir inzwischen nicht mehr. Aber ich war einmal zu Gast auf einer Hallig, da leben die Leute wirklich einsam. Die haben zur Feier des Tages, weil der Minister kommt, ein Lamm geschlachtet. Da gab's nur das Lamm. Hätte ich abgelehnt, wäre das respektlos meinen Gastgebern gegenüber gewesen, also habe ich halt am Lamm rumgenascht.

Sie haben es überlebt!
Ich hab's überlebt, das Lamm nicht. Es hat mir damals auch gut geschmeckt. Das ist nicht der Punkt. Ich bin Vegetarier geworden, weil ich eines Tages keine gute Antwort mehr hatte auf die Frage meines Sohnes, warum wir Tiere essen.

Sie haben ja Philosophie studiert. Wie löst man den Widerspruch auf, dass eine Mehrheit der Menschen will, dass Tiere besser behandelt werden, aber nur eine Minderheit bereit ist, mehr dafür zu bezahlen?
In diesem konkreten Fall geht es eben nicht darum, Menschen umzuerziehen, sondern eine bessere Politik zu machen. Europa pumpt Milliardenbeträge in die Landwirtschaft, ohne für dieses öffentliche Geld öffentliche Leistungen zu fordern. Der Appell an den Einzelnen hat in den vergangenen Jahren immer wieder politische Maßnahmen ersetzt: Man kann doch nicht den Verbrauchern vorwerfen, dass sie Facebook nutzen. Selbst den Reichen nicht, dass sie versuchen, Steuern zu spa-

ren, und legale Schlupflöcher nutzen. Sondern es ist Job der Politik, die Löcher zu schließen. In den letzten Jahren wurden die Debatten aber entpolitisiert und ins Private verschoben. Wir müssen die Prozesse in die Politik zurückholen, statt darauf zu vertrauen, dass sich alle engelhaft verhalten. Wir leben in einem demokratischen Staat. Und der Sinn davon ist, dass er uns entlastet von privatem vorbildhaftem Verhalten. Wir müssen keine moralischen Streber sein, dafür haben wir die Politik. Aber die muss dann natürlich auch liefern.

Aber ganz konkret: Würde unter einer Regierung der Grünen das Fleisch teuer werden?
Die Bauern müssen faire Preise für das Fleisch kriegen. Ramschangebote, bei denen Fleisch unter dem Einstandspreis verkauft wird und die Landwirte faktisch noch draufzahlen, sind ethisch unanständig. Die Preise würden aber nicht ins Exorbitante steigen: Es würde eine Haltungskennzeichnung kommen, die für alle Landwirte verbindlich ist. Und klar, Fleisch aus einer Haltung, in der Tiere mehr Platz haben, wäre eben teurer.

Ihr Fraktionsvorsitzender Anton Hofreiter hat die Grünen in Hannover als Partei des Humanitären beschrieben, bis hin zu der Zuspitzung: »**Und wenn wir die Einzigen sind, die aufseiten der Humanität stehen, dann stehen wir trotzdem aufseiten der Humanität!**«
Ich kenne den Satz, und es steckt verdammt viel Leidenschaft und Brennen für eine humane Politik drin. Letztlich gibt es natürlich immer auch die Gefahr, dass ein Wahrheitsanspruch zu einem quasireligiösen Verständnis wird. Dann ist jeder Kompromiss Verrat an der hehren Idee. Das macht Politik letztlich gestaltungsunfähig. Mir ist das beim »Veggie-Day« klar geworden, im Bundestagswahlkampf 2013 ...

... als die Grünen unter großem Getöse einen vegetarischen Tag in Kantinen forderten.
Das hat bei mir was verändert und ja auch in der Partei etwas kaputt gemacht. Wir sind völlig in die Defensive geraten und haben zunächst mit der Haltung reagiert: Die anderen haben es nur nicht verstanden!

Aber dann hat ein breites Nachdenken eingesetzt. Wir haben erkannt, dass es darum geht, wieder stärker Politik im besten Sinne zu machen: erklären, zuhören, um Mehrheiten kämpfen, statt im eigenen Milieu zufrieden zu sein. Und darum, politische Leitplanken zu setzen, statt Menschen umzuerziehen. Lektion gelernt, würde ich sagen.

Was sind denn für Ihre Basis heute die heikelsten Neuerungen, die Sie im Auge haben?
Die heikelsten? Alles, was die Medizinforschung heute macht, Stammzellversuche und Genetic Engineering, die Forschung am Erbgut von Pflanzen und Lebewesen, wirft Fragen auf, die nicht nur unsere Basis, sondern die gesamte Gesellschaft an neue moralische Grenzen heranführen.

Treten Sie selbst für eine Lockerung des grünen Neins zur Gentechnik ein? In Ihrem Wahlprogramm vom vergangenen Jahr steht noch: »Genfood (…) braucht kein Mensch.«
Die alte Gentechnik hat Monsanto und Co. zur Megamacht gemacht, Bauern in aller Welt in Abhängigkeit getrieben und einen krassen Strukturwandel verursacht. Aber es entstehen neue, andere Techniken. Wir schreiben ein Grundsatzprogramm für die nächsten 20 oder 25 Jahre. Bis 2040 wird die Erderwärmung an die zwei Grad erreicht haben. Es gibt Prognosen, die von bis zu 400 Millionen Klimaflüchtlingen ausgehen. Welche Antworten haben wir dafür? Nehmen wir die Menschen bei uns auf? Wenn ja, wie viele? Und was passiert dann mit der liberalen Demokratie, wie wir sie kennen? Wir müssen Antworten für die Lebens- und Ernährungsgrundlagen finden.

Sie wollen eine Öffnung der Grünen über ihr Milieu hinaus.
Unser Ziel ist, keine reine Milieupartei zu sein. Wir starten jetzt eine neue Phase.

Warum geht Ihnen das Wort Volkspartei nicht über die Lippen?
In dem Begriff Volkspartei schwingt diese Vorstellung mit, verschiedene Positionen so lange abzuschleifen, bis die Protestanten und die Katholiken, die Süddeutschen und die Norddeutschen, Arbeiter und

Angestellte, alle auf einen kleinsten gemeinsamen Nenner geschrumpft sind. Das scheint mir für unsere heutige Gesellschaft zu wenig individuell zu sein.

Sie haben allerdings das Wort »Bewegung« häufiger benutzt, das in Europa sehr in Mode gekommen ist.
Und weil es auf einmal so in Mode kam, habe ich das wieder ein bisschen eingestellt. Sowohl bei Emmanuel Macron in Frankreich als auch bei den Konservativen in Polen, in Ungarn oder auch in Österreich sind das sehr stark auf die Person zugeschnittene Bewegungen. Man verwandelt die Parteiendemokratie in ein Personenkult-System. Das finde ich schwierig: Wenn der große Vorsitzende auf einmal keine Lust mehr hat oder plötzlich einen Herzinfarkt kriegt, bricht alles zusammen. Das hat auch was ziemlich Monarchisches …

Nun erleben wir ja gerade nicht nur in Deutschland, sondern in vielen anderen Ländern einen Rechtsruck. Inwiefern sind die Liberalen, die Linken, die Grünen für diese Entwicklung mitverantwortlich? Haben Sie die Leute überfordert?
Sie meinen kulturell, sprachlich, habituell? Vermutlich ja.

Ich meinte auch durch moralische Überhöhung.
Die Kritik, dass es eine Mitverantwortung gibt, teile ich weitestgehend. Den Schluss, dass man jetzt das Projekt der Aufklärung beerdigen sollte, teile ich nicht.

Da holen Sie jetzt aber die ganz große Keule raus: Geht es nicht auch ein bisschen kleiner? In welche Kategorie würden Sie denn einen Bürger einordnen, der sagt, er habe nichts gegen Ausländer, aber etwas gegen zu viele Flüchtlinge, und er habe Angst vor Einbrüchen?
Das sind erst mal Ängste, mit denen man umgehen muss. Wenn beispielsweise beim Schlangestehen vor der Tafel in Essen geschubst wird, kann man den Ärger und das Unwohlsein verstehen. Wenn wir als Partei über Einzelthemen hinauswollen, müssen wir auch Sicherheitsbelange artikulieren und Schutz organisieren. Konzepte und Pläne dazu haben wir. Dummerweise gibt es aber keinen grünen Innenminister.

Fänden Sie das erstrebenswert?
Sehr. Hätten wir 2012 in Schleswig-Holstein ein paar Prozentpunkte mehr bekommen, hätte ich mich vielleicht um den Posten beworben und wäre jetzt nicht Parteivorsitzender. So könnten wir beweisen, dass wir das auch können.

Ihre Kritiker würden einwenden: Erst schaffen die Grünen die innenpolitischen Probleme, dann fordern sie mehr Polizisten ...
Wir schaffen die Probleme? Die Grünen waren seit zwölf Jahren nicht an der Bundesregierung beteiligt! Und wir fordern übrigens nicht nur mehr Polizisten, sondern haben in diversen Landesregierungen auch den Weg dafür geebnet und Geld freigeschaufelt. Es stimmt, dass wir eher mehr als weniger Menschen helfen wollen, die in Not und Elend leben. Dafür werde ich mich aber nicht entschuldigen. Dieses Sich-Brüsten mit den Zahlen der Abschiebungen nach Kabul finde ich äußerst unangenehm. Keiner, Söder nicht, Seehofer nicht, Spahn nicht, würde freiwillig einen Tag in Kabul leben wollen. Die wären die Ersten, die auf der Flucht wären!

Sich-Brüsten ist immer unangenehm, aber müsste es nicht auch ein Grünen-Politiker, der sich vorstellen kann, Innenminister zu werden, begrüßen, wenn kriminelle Ausländer konsequenter abgeschoben würden?
Begrüßen ist mir ein zu starkes Wort. Weil auch die Jungs, die mit Drogen dealen oder ein archaisches Frauenbild haben, verlorene Kinder ihrer Generation sind. Es ist richtig, dass wir Straftaten nicht dulden können. Das ist in einem Rechtsstaat übrigens selbstverständlich. Und dass diejenigen, die kein Bleiberecht haben, gehen müssen, ist geltendes Recht. Aber wir schicken diese Menschen auch in Not und Elend zurück. Das ist nichts, worauf man stolz sein sollte.

Sie glauben nicht an eine Bringschuld derjenigen, die ein Gastrecht genießen?
Ich glaube nicht an eine genetische Disposition für Straftaten.

Daran glaubt auch die AfD nicht. Ich frage Sie, ob jemand, der in Deutschland um Asyl bittet, bemüht sein sollte, sich anständig zu verhalten.

Ja, natürlich, so sollte es sein, so steht es im Lehrbuch für bürgerliche Tugenden. Aber da sitzen lauter junge Männer, zwischen 18 und 22 Jahren, jahrelang arbeitslos, ohne Aufgabe und ohne Perspektive in irgendeinem Heim. Dass das ein Hort für Frust, Wut und Probleme ist, ist nicht verwunderlich. Die Antwort muss doch aber sein: Wer eine Perspektive hat zu bleiben, muss rein in Ausbildung und Arbeit, da müssen wir uns um bestmögliche Integration kümmern. Wer gehen muss, muss gehen – und dazu braucht es zum Beispiel für die Maghreb-Staaten funktionierende Rückführungsabkommen. Die hat die Bundesregierung bislang nicht hinbekommen. Der Rechtsanspruch auf Asyl ist Teil der DNA der Bundesrepublik. Eine Herausforderung ist aber der Antisemitismus ...

... unter Migranten?
Im deutschnationalen Milieu und unter arabischen Migranten. Der grassierende Antisemitismus, der hoffähig wird in den Schulen, macht mir wirklich Sorge. Neulich las ich von der simulierten Erschießung eines jüdischen Mitschülers – da stockt einem das Blut in den Adern. Ja, viele Menschen aus dem arabischen Raum wurden mit Antisemitismus sozialisiert. Da ist ja Staatsdoktrin, dass Israel und damit die Juden Feinde sind. Dieser Herausforderung müssen wir uns bewusst werden.

Braucht es hier nicht strengere Sanktionen?
Es braucht konsequente Bildung und Beratung, auch in den Integrationskursen, es braucht eine bessere Erfassung antisemitischer Straftaten. Und es braucht – wie in jedem anderen Fall auch – die konsequente Anwendung von Gesetzen. Das betrifft auch das Aufenthaltsrecht, wenn geistige Brandstifter hier zu antisemitischem Hass aufrufen.

Immer wieder haben Sie zuletzt angemahnt, dass die Grünen den Diskurs über Heimat und Identität nicht den Rechten überlassen dürften. Wie sieht ein Heimatbegriff aus, über den man sich in Ihrem Milieu nicht lustig machte?

Niemand macht sich lustig. Wir leben in einer Zeit des Wandels. Es ist wichtig, dass wir definieren, was wir brauchen, um Halt zu haben, dass wir aussprechen, was uns umtreibt.

Was heißt das denn? Was bedeutet Heimat für Sie persönlich?
Heimat ist da, habe ich mal gelesen, wo man doof sein kann. Das klingt zunächst so lächerlich, aber es meint etwas sehr Ernstes: nicht immer jedes Wort auf die Goldwaage legen zu müssen, sich nicht immer recht-fertigen zu müssen. Das gelingt am ehesten im Kreise von vertrauten Menschen. Ich liebe meine Söhne ja auch, wenn sie dumme Sachen er-zählen. An Weihnachten macht nicht der Tannenbaum Heimat aus, sondern die Gespräche, wenn die Familie zusammen ist, die Bindung – und auch von dem Anspruch abzulassen, sich immer korrekt artikulie-ren und rechtfertigen zu müssen, wie jetzt im Interview.

Mehr nicht? Heimat hat für Sie nichts mit Orten, Kultur oder Tradi-tionen zu tun? Sie haben sich mal aufgeregt über das Matthiae-Mahl hier im Hamburger Rathaus. Sie waren dabei, als der kanadische Premier Justin Trudeau Ehrengast war.
Ach, aufgeregt ...

Seit Jahrhunderten kommen da die Honoratioren der Stadt zusam-men, um ihre Weltläufigkeit zu demonstrieren, und viele Hambur-ger finden das gut. Sie aber haben kommentiert: »Es ist genau die Art Veranstaltung, die ich hasse und vor der ich mich drücke, so gut ich kann.«
Die zeigen da den Silberschatz der Stadt Hamburg ...

Die Tische werden mit dem alten Tafelsilber geschmückt. Na und?
Sah eher aus wie bei Ludwig XIV. Ich fordere doch nicht, dass die Stadt Hamburg ihren Silberschatz einschmelzen soll. Ich muss es aber nicht gut finden. Das ist der Rest Punker-Attitüde, den ich noch habe. Dem Senat den Silberschatz, mir das Dosenbier, okay?

Hatten Sie an dem Abend mit Trudeau eine Krawatte an?
Eine Fliege! Die haben mir gesagt, wenn du mit Trudeau reden willst,
ist Smoking Pflicht. Bei meiner ersten Bundespräsidentenwahl, das
muss Christian Wulff gewesen sein, habe ich mir auch eine Krawatte
umgebunden ...

Ist das nach wie vor ein Verrat an dem Punker in Ihnen?
Es entspricht grad gar nicht meinem Lebensgefühl. Ich gebe mit dem
Ministeramt alles auf, was mir in den letzten Jahren politisch etwas bedeutet hat. Dafür breche ich erneut auf und gewinne neue Unabhängigkeit. Geradezu eine Abenteuerlust. Das Letzte, wonach ich Sehnsucht habe, sind Krawatten.

Na dann, viel Glück in Berlin!

DIE ZEIT, 03.05.2018

»Die Kunst ist, nicht zu sterben«

Reinhold Messner

Irgendwer, vielleicht eine Gottheit aus einem jener Länder, die er später bereiste, um deren höchste Gipfel zu erobern, muss Reinhold Messner einen Auftrag mitgegeben haben: Nichts darf sich in deinem Leben an normale Maßstäbe halten! Er bestieg nicht einen 8000er, sondern gleich alle 14 – und zwar als erster Mensch der Welt. Dorthin gelangte er nicht, wie bis dahin üblich, mithilfe eines Sauerstoffgeräts, nein, die eigenen Lungen mussten mit der lebensgefährlichen Höhenluft zurechtkommen. Und bei seinen Zwischenstopps in der Heimat, sozusagen auf dem flachen Land, also in den Südtiroler Dolomiten, da bewohnt er seit Jahrzehnten nicht etwa ein schönes altes Bauernhaus, sondern das verwunschene Schloss Juval – eigentlich eine Burg – aus dem 13. Jahrhundert, eingerichtet mit antiken Möbeln und Teppichen, die er zum Teil aus fernen Ländern mitgebracht hat.

In seiner Gaststätte in der Nähe der Burg, in der Messner-Pilger aus aller Welt einkehren, kredenzt er seinen eigenen Riesling, den der Weinführer »Gambero Rosso« unter die besten Italiens zählt.

Angesichts so vieler Superlative wäre es doch erstaunlich, wenn auf der Lichtung am Fuße des Schlosses, auf der wir uns nach dem Gespräch ins Gras setzten, nicht einst auch berühmte Steinzeitmenschen campiert hätten. Messner ist davon jedenfalls überzeugt: »Ötzi hatte auf der Wiese unter meinem Schloss seinen Winterplatz, seinen Kultplatz.« Dort trafen wir aber nur seine älteste Tochter Magdalena, die heute seine sechs Museen leitet. Für sie hat er am Rande der Lichtung, in den Felsen hinein, ein Haus bauen lassen – ein Traum aus Glas und Naturstein, von außen nicht einsehbar.

Muss das für sie nicht furchtbar gewesen sein, vormodern sowieso, dass der Vater immer wieder aufbrach und dass Mutter und Kinder manchmal monatelang keine Nachricht hatten und auch nicht wussten, ob er die Expeditionen überleben würde? »Wir kannten es ja nicht anders«, sagt sie. Aber wenn er zurückkam, habe er nicht irgendwelche Märchen vorgelesen, sondern von den spannendsten Abenteuern erzählt, die man sich nur vorstellen kann.

Lieber Herr Messner, kann man von Ihnen sagen, dass es wohl niemanden auf der Welt gibt, der so oft von oben auf die Erde geschaut hat wie Sie – Piloten und Astronauten einmal ausgenommen?
Das kann schon sein.

Wie schauen Sie auf diese Welt?
Ehrlich gesagt, ich bin für unseren Lebensraum pessimistisch. Wir sind zu viele Menschen, und wir verbrauchen zu viel. Die globale Erwärmung hat Folgen: Der Hagel, der hier vor ein paar Tagen runterkam, hat in Bozen allen Wein kaputt gemacht. Das hat's früher alle hundert Jahre gegeben, jetzt passiert das jeden Sommer.

Was sehen Sie in den Bergen, die Sie seit Ihrer Jugend kennen?
Ich sehe Trümmer, die runterkommen, so groß wie Häuserzeilen, hundert Meter breit, hundert Meter tief und fünfhundert Meter hoch, die kippen einfach aus den Wänden! Der Klimawandel könnte uns Menschen am Ende auf Lebensbedingungen zurückwerfen, wie es sie in der Steinzeit oder Eiszeit gab. Die allermeisten von uns wären dann nicht in der Lage, zu überleben. Wenn in den Städten nur für eine Woche der Strom ausbliebe, wären die allermeisten aufgeschmissen.

Halten Sie die Gattung Mensch nicht für intelligent genug, das eigene Überleben zu organisieren?
Ich halte den Einzelnen und kleine Gesellschaften, also Clans und Stämme, Dorfgemeinschaften, für überlebensfähig. Aber wenn die Gruppen größer werden, Nationalstaaten zum Beispiel, funktioniert das nicht mehr. Ich war gerade in Pakistan, ich habe eine kleine Stif-

tung, mit der wir vier Schulen und mehrere Häuser gebaut haben, aus Dankbarkeit für die Rettung nach dem Unglück am Nanga Parbat im Jahr 1970. Die Häuser, die wir gebaut haben, sind die besten Häuser im Umkreis von hundert Kilometern. Alle sauber, alle bemühen sich darum. Aber die Schulen sind nicht im besten Zustand. Nur weil sie der Allgemeinheit gehören. Niemand fühlt sich richtig verantwortlich. Der Mensch ist kein Kommunist. Wir sind Egoisten mit Empathie für eine begrenzte Zahl von Zeitgenossen.

An dieser Stelle könnten wir auch das Interview abbrechen und sagen, das war's, es geht alles bergab. Ende.
Das Ende der Menschheit ist so und so gewiss, da gibt's keinen Zweifel.

Warum?
Weil alle Gattungen früher oder später aussterben. Die Menschheitsgeschichte ist ja eine vergleichsweise kurze, die Erdgeschichte umspannt Milliarden Jahre. Die Dolomiten zum Beispiel haben vor 60 Millionen Jahren angefangen zu wachsen. 60 Millionen Jahre! Wahnsinn! Wenn ich durch ihre Wände klettere, finde ich versteinerte Fische im Gestein. Sie waren ja Korallenriffe, im Meer gewachsen, bis zu tausend Meter hoch. Die Große-Zinne-Nordwand ist voller kleiner Ammoniten. Mit jedem Griff habe ich irgendein Fossil in der Hand. Vielleicht haben sich Menschen schon vor 10 000 Jahren gefragt, woher diese kommen. Heute wissen wir es natürlich.

Der Mensch lernt also dazu und findet vielleicht doch Lösungen?
Bisher ist es ihm immer gelungen. Wir stehen am Anfang einer Klimakatastrophe, alles verändert sich sehr schnell. Ich bin hundertprozentig sicher, dass es in zwanzig Jahren wärmer sein wird als heute. Wenn der Klimawandel weitergaloppiert, sehe ich kaum Korrekturmöglichkeiten, die noch greifen würden.

Auch nicht, wenn wir alle die Klimaziele des Pariser Übereinkommens und die ökologische Wende hinbekämen?
Nein. Eine Korrektur wird Jahrhunderte brauchen, man kann es nicht in Jahrzehnten regeln. Es ist möglich, dass Technologen und Wissen-

schaftler etwas finden, das unser Problem löst. Hier sind wir noch nicht am Ende der Fahnenstange. Nur wenn alle Staaten der Welt zusammenstehen, könnte ganz langsam etwas erreicht werden. Stattdessen sind wir weltpolitisch in der schlimmsten Situation seit dem Fall der Mauer. Es herrscht Chaos, Egoismus, der Populismus wächst – »America first«, »Turkey first«, Brexit – und die anderen sind uns wurscht.

Ist dieser Pessimismus auch eine Alterserscheinung?
Persönlich bin ich kein Pessimist, ich schaue lieber nach vorne. Ich habe früh festgestellt, dass es wenig bringt, auf das zurückzublicken, was hinter uns liegt, was im Leben gelungen ist. Zurückzuschauen gibt wenig Lebensfreude, keine neue Lebensenergie. Ich brauche das Hier und Jetzt. Gegenwart und Zukunft. Wenn ich monatelang, vielleicht sogar jahrelang mit einer Idee schwanger gegangen bin und diese dann umsetze, ist das für mich gelingendes Leben. Darauf sind wir angelegt. In diesem Moment ist die Frage, wie lange es die Menschheit noch machen kann, irrelevant. Die Leute sagen, man muss auch einen Baum pflanzen, wenn die Welt untergeht, und das ist auch richtig so.

Glück zu empfinden ist also auch im Weltuntergang möglich?
Solange jemand die Suche nach dem Glück forciert, kann er es nicht finden. Diese vielen Glücksbücher sind Humbug. Glück passiert erst, wenn ich in einer Person, einem Tun, einer Sache aufgehe. Hinterher spüre ich, dass ich glücklich war. Das Glück wäre für alle Menschen zu haben, wenn sie sich einschränken würden. Weniger Konsum, weniger Wachstum, dafür Verzicht als Lebensqualität.

Sie haben gut reden, Sie haben auf Ihrem Schloss Juval die Schönheit im Überfluss. Sie sind vermögend und dank vieler Tiere und schöner Weinberge auch noch Selbstversorger. Mit welcher Autorität wollen Sie andere vom Verzicht überzeugen?
Also bitte. Ich habe den Verzichtsalpinismus mitgeprägt. Ich war ja nie der wohlhabende *figlio di papà* (italienische Redewendung für Berufssohn), der luftig durch die Welt schaukeln konnte, sondern ich musste mir alles erarbeiten. Mit dem Verzicht auf die vielen Sherpas, Sauerstoffflaschen und Bohrhaken bin ich gewachsen. Meine Expeditionen

kosteten einen Bruchteil dessen, was die anderen ausgegeben haben. Am Berg habe ich gelernt, wie Verzicht funktioniert. Wenn ich einen Berg raufsteige, bin ich der sauberste Mensch, weil ich nur atme.

Können Sie so auch mit Ihren Kindern argumentieren?
Meine Anna, die Kleine, die auch schon 17 Jahre alt ist, geht zu den »Fridays for Future«-Demonstrationen. Am Anfang war sie skeptisch, jetzt ist sie leidenschaftlich geworden. Ich muss aufpassen, wenn ich mit ihr streite.

Was wirft sie Ihnen vor?
Dass ich immer noch fliege, Fleisch ess ...

... einen dicken Wagen fahre ...
... aber sie hat recht: Die globale Erwärmung ist auch von Menschen gemacht, nicht nur, da sind auch andere Gründe. Sie ist dabei hart im Angriff. Ich finde das gut, weniger gut, was Greta macht. Wenn sie sagt, die Temperatur geht weiter nach oben, die Stürme nehmen zu, dann stimmt das zwar. Aber es bringt nichts, der Menschheit permanent Angst einzujagen, man kann nur fordern, dass alle Staaten und Regierungschef sich bemühen und zusammenstehen.

Aber Ihre Tochter hat doch recht, wenn sie mit Ihnen schimpft. Wenn wir darauf setzen, dass die Großen sich verständigen, können wir ewig warten.
Nein, das ist falsch. Wenn die Großen sich nicht verständigen, wird alles andere wenig helfen.

Sagen Sie Ihrer Tochter wirklich, dass der Verzicht des Einzelnen nichts nützt?
In diesem Zusammenhang nützt er wenig.

Ist Anna diejenige, die Ihnen mal einen Vertrag vorgesetzt hat, bevor sie das erste Mal mit Ihnen wandern gegangen ist?
Ja. Da stand drin, dass ich nie weit vorausgehen darf, wie viele Rastpausen eingelegt werden und dass ich Geld dabeihaben muss, um in

irgendeinem Berggasthaus einzukehren. Da war sie fünf oder sechs Jahre alt.

Die ist offenbar sehr nach Ihnen gekommen.
Ja, sie ist mir am ähnlichsten. *(lacht)*

Als wir über gelingendes Leben sprachen, haben Sie von Ideen und Projekten gesprochen, in denen man ganz und gar aufgeht. Nicht aber von Liebe und nicht von Kindern.
Aber die Liebe ist ja ein Moment des Aufgehens im anderen, also gelingendes Leben.

Und Kinder?
Ja, schon. Aber ich muss auch sagen, ich habe die Kinder nicht bekommen, und ich bin ein Mensch, der mit Kindern erst etwas anfangen kann, wenn sie neugierig werden. Ich lebe mit ihnen, aber sie werden nicht von mir erzogen, das machen anfangs die Mütter. Für mich dürfen Kinder tun, was sie für richtig halten.

Und haben sie Ihnen das nie vorgeworfen, dass Sie erst später etwas mit ihnen anfangen konnten?
Nein. Ich glaube, die Kinder spüren meine Liebe und möchten ein selbstbestimmtes Leben führen. Leider wird das für sie schwieriger, als es für mich war.

Warum?
Weil heute alles überreglementiert ist, allerorts bürokratische Hürden sind, weil es schwieriger geworden ist, in dieser Welt unabhängig und selbstbestimmt zu sein. Dazu kommen die Kosten zur Sanierung der Welt, die wir der Generation jetzt aufbürden.

Aber Sie hatten in Ihrer Jugend doch auch Ihr Kreuz zu tragen, Ihr Vater muss sehr streng gewesen sein.
Das ist wahr, ich bin auf viele Widerstände gestoßen. Wir waren neun Kinder. Und mein Vater hat alles getan, um uns zu brechen.

Warum wollte er seine eigenen Kinder brechen?
Er hat angefangen, mit uns zu klettern. Vielleicht weil ich mich dabei geschickt anstellte, durfte ich schon mit 12, 13 Jahren bei schwierigen Passagen vorausklettern und ihn sichern: für einen Buben natürlich das Größte. Wenn ich runtergeflogen wäre, wäre ich heute nicht da. Als ich dann 15, 16 wurde und mit meinem jüngeren Bruder Günther wirklich extreme Touren machte, die mein Vater nie hätte klettern können, hat er alles getan, um uns auszubremsen. Für ihn war Bergsteigen kein Lebensweg, kein Beruf, kein bürgerliches Leben.

War er vielleicht auch neidisch auf Sie?
Nein, das glaube ich nicht. Er hatte später Angst, dass wir mit unserer Kletterleidenschaft uns und ihn lächerlich machen würden. Uns klein zu halten, war seine Art, damit umzugehen.

Was hat er gemacht?
Er hat mir als Jugendlichem beispielsweise mein Taschengeld gestrichen. Ich habe ja damals kein Geld verdient, ich brauchte Taschengeld, um irgendwo hinzufahren zum Klettern. Oder als ich durchs Abitur gefallen bin, kam er zu mir und hat gesagt: Nicht dass du glaubst, dass du je noch eine Lire kriegst, um weiterzulernen, dein Studium ist jetzt verloren. Später, als ich diese Burg hier kaufte, er hat es in der Zeitung gelesen, hat er gesagt, er werde die Burg nie besuchen, denn sie sei nicht bergsteigeradäquat, zum Berg passe keine Burg. Außerdem sei sie der Anfang meines wirtschaftlichen Endes, sie werde mich auffressen.

Haben Sie ihn trotzdem gemocht?
Ich habe ihn verstanden. Nach dem Krieg war er ein gebrochener Mann, seine Lebensträume waren weg, es kam ein Kind nach dem anderen, die Verantwortung war groß.

Wenn man in einer Zeit aufgewachsen ist wie Sie, mit acht Geschwistern, hat man von den Eltern je Umarmungen, Küsse, ja Liebe bekommen?
Nein, das gab's nicht. Wir waren ja auch zu viele, haben uns gegenseitig, im Dorf untereinander, aufgezogen, in großen Pulks gespielt.

Da wurde sich gemessen, sich verglichen. Ich habe aber nichts vermisst.

Wie viel Zuneigung zeigen Sie Ihren eigenen Kindern?
Ich bin kein Mensch, der irgendeine Show daraus macht, dass ich
die Kinder liebe. Das spüren sie, ich muss sie nicht ständig umarmen.
Meine Kinder sind viel umarmungsfreudiger, als ich es bin.

Ist Ihnen das unangenehm?
Nein, nicht unangenehm, aber ich muss das nicht ständig haben. Ich
weiß, wie sehr meine Kinder mich lieben. Man kann es nicht messen,
es gibt keinen Maßstab dafür. Ich glaube generell, dass alle Eltern ihre
Kinder lieben. Ob ein Vater in der Lage ist, sein Neugeborenes so intensiv zu lieben wie eine Mutter, bezweifle ich.

Wie bitte?
Ja, ist es nicht über Hunderttausende von Jahren so gewesen? Jemand
musste sich um die Nahrungsmittel kümmern, wenn ein Neugeborenes
da war. Ich glaube sehr wohl, dass beide Eltern ihre Kinder vom ersten
Tag an lieben, aber dass der Mann nicht unbedingt darauf angelegt ist,
sein Leben lang bei einer Frau zu bleiben.

Ist das Ihr Ernst?
Ja! In der Steinzeit war es so, dass die Frau, die ein Kind hatte, sich
nicht gleichzeitig um die Nahrungsmittel kümmern konnte. Der Mann
musste es machen. Weil das hunderttausend Jahre so war, ist dieses
Verhalten in unseren Genen gespeichert. Nur ganz langsam hat sich
menschliches Verhalten geändert. Was also in den letzten 50 Jahren
war, ist noch nicht genetisch einprogrammiert.

**Aber die sozialen Lebensbedingungen haben sich doch geändert:
Der Mann muss sich nicht mehr um die Lebensmittel kümmern –
das machen die Frauen schon selbst. Und junge Leute machen alles gemeinsam, gehen beide in Elternzeit. Ist Ihnen das unheimlich?**
Nein. Die Rollenverteilung ist heut eine andere, aber sie entspricht
nicht der menschlichen Natur. So ist es in unseren Bergtälern in Südti-

rol gewesen: Der Bauer war Bauer, und die Frau hat sich um das Haus gekümmert. Auch ich habe dieses Leben gelebt.

Und Ihre Frau fand das in Ordnung?
Nein. Meiner ersten Frau ist das oft ungerecht verteilt vorgekommen. Meine zweite Frau hat mich wohl deshalb erst vor Kurzem mehr oder weniger entsorgt.

Normalsterbliche wären dann erst mal am Ende, zumindest aber sehr einsam.
Es machte auch mich traurig, aber ich war weniger einsam als vorher, als wir oft nur noch nebeneinanderher gelebt hatten. Ich bin inzwischen kein Single mehr, aber ich hatte mich zunächst als Single-Mann zurückgezogen und mir eine kleine Wohnung ausgebaut. Mit Sabine bin ich immer noch auf dem Papier verheiratet, mit den Kindern viel zusammen. Ich akzeptiere die Trennung inzwischen.

Sie wollten – auch Ihrer Frau zuliebe – nicht kürzertreten?
Ich bin immer noch aktiv, jung, unterwegs. Das ist wohl der Hauptgrund, warum meine Frau mich verschickt hat. Doch ich finde: Warum soll ich mit 75 Jahren mit einer Flasche Bier vor dem Fernseher sitzen? Ich bin voller Ideen! Ich bin nicht bereit, mein kreatives Leben aufzugeben, weil jemand sich wünscht, dass ich Händchen haltend in Rente gehe.

Ich kenne keine Frau, die Händchen haltend 24 Stunden vor dem Fernseher sitzen möchte, auch nicht mit viel Bier. Und die meisten Ehemänner sind auch nicht so wie Reinhold Messner. Aber Sie glauben, dass es etwas mit typisch männlichen und weiblichen Eigenschaften zu tun hat?
Natürlich können Frauen alles, was Männer auch machen. Ich habe auch kein Problem damit, dass Frauen gleich viel oder mehr verdienen, weil sie zum Teil besser sind als Männer. Aber das Zusammenspiel in der Familie, wenn Kinder da sind, ist von der Natur ziemlich klar angelegt, weil es über Jahrtausende, nein, Jahrhunderttausende funktionieren musste.

Haben Sie keine Angst, dass Ihre Ansichten nicht mehr ganz in die heutige Zeit passen?
Was politisch korrekt ist oder nicht, ist mir völlig wurscht. Wenn ich etwas denke, dann spreche ich es auch aus. Das politisch Korrekte ist im Grunde angepasst. Ich bin beispielsweise der Meinung, dass Salvini faschistoid ist, und sage das auch. Wenn jemand dann meint, das sei nicht politisch korrekt, ist es nicht mein Problem.

Warum sind die Italiener, Ihre Landsleute, diesem Mann so verfallen?
Italien hatte den ersten Faschismus mit Mussolini und den ersten Ministerpräsidenten, der eigentlich ein Medien-Tycoon war, Berlusconi. Das Land war immer ein Role-Model. Und nun ist Italien das erste Land, in dem ein Grobian versucht hat, wieder Avantgarde zu sein. Er wollte allein regieren, um dann zu tun, was er will. Und die Mehrzahl der Italiener war bereit, ihm auf der Piazza zu applaudieren.

Sie waren selbst Politiker, saßen fünf Jahre für die Grünen im Europaparlament. Was haben Sie aus dieser Zeit mitgenommen?
Dass es auch großartige Politiker gibt, die was können und bereit sind, Überzeugungsarbeit zu leisten und sich auf Kompromisse einzulassen. Das ist die Kunst der Politik.

Dann gibt es doch noch Hoffnung, dass die Menschen sich zusammentun und das Ende der Menschheit hinauszögern?
Meine Generation wird das alles durchstehen, da habe ich keine Angst. Aber für unsere Kinder wird es schwierig werden in dieser Welt – trotz aller technisch-sozialen Errungenschaften. Und trotz der Tatsache, dass das Thema Klima, das die Grünen schon lange verfolgen, allmählich auf die große Agenda rückt.

Haben Sie eine Erklärung dafür, dass in keinem Land der Welt die Grünen so erfolgreich sind wie in Deutschland?
Die Bewegung kam 1968 aus den USA nach Deutschland. Am Anfang ist sie belächelt worden. Dann kam Idealismus dazu, er ist etwas typisch Deutsches, hilfreich und gefährlich zugleich. Ohne diesen Idealismus der Deutschen wäre Hitler nicht möglich gewesen.

Diskreditieren Sie mit dieser Keule nicht jeden Idealismus?
Nein, Idealismus kann gefährlich werden. Auch Terroristen sehen das, was sie machen, vielfach als idealistische Mission und opfern sich für eine Idee, von der sie glauben, dass sie die Menschheit beglücken müsse.

Und haben Sie auch eine Erklärung dafür, warum die Grünen in kaum einem westlichen Land so schwach sind wie in Italien?
In Italien waren die Grünen immer fundamentalistisch und nicht pragmatisch. Und damit sind sie nicht regierungsfähig, zuletzt unbrauchbar.

Aber wenn man das, was Sie bisher über den Zustand der Welt gesagt haben, ernst nimmt, dann müssten Sie doch der Erste sein, der meint, dass jetzt fundamentale Änderungen hermüssen. Robert Habeck postuliert: Radikal ist das neue realistisch.
Habeck kommt gut an, weil er ein Praktiker ist, hintergründig informiert, weil er zeigt, dass er Lösungen hat. Was nutzen mir Fundamentalismus oder die Radikalität, wenn ich nichts umsetzen kann? Ich bin lieber weniger radikal, nicht fundamentalistisch und setze um, was möglich ist. Ich bin absolut antifundamentalistisch.

Man könnte auch sagen, angesichts der drohenden Apokalypse sei jeder Kompromiss die pure Zeitverschwendung. Ist das denn so falsch?
Ja, das ist falsch. Weil es zur gesellschaftlichen Spaltung, am Ende zum Bürgerkrieg führt. So werden die Salvinis gestärkt, demokratische Systeme abgebaut.

Ihre fundamentalistischen Parteifreunde in Italien würden vielleicht sagen: Lass uns jetzt die ganz harten Maßnahmen treffen, damit es kurz vor dem Exitus nicht zu einer Öko-Diktatur kommen muss.
Nein, erst kommt das Chaos, zuletzt gibt's keine Öko-Diktatur mehr. Bevor die Menschen untergehen, verhungern, verdursten oder sterben, weil die Luft vergiftet und das Klima unerträglich ist, gibt's Völkerwanderung und Bürgerkrieg.

Da ist er wieder, Ihr grenzenloser Optimismus.
(lacht) Aber deshalb sage ich doch: Am Versuch, vernünftige Kompromisse zu schließen, führt kein Weg vorbei. Auch wenn es zu spät sein sollte. Alles andere ist schlimmer.

Es heißt, Sie wollten vor Kurzem noch in eine Höhle ziehen. War das der Wunsch nach Weltenflucht?
Ein Gerücht. Ich habe Höhlen gesucht, aber noch keine gefunden, die mich überzeugt hätten. Ich wollte daneben beispielsweise – als Dusche – einen Wasserfall. Ich habe mir vorgestellt, dass ich später, statt auf Expedition zu gehen, irgendwo zurückgezogen lebe und nur noch lese und schreibe. Also ganz reduziert.

Wie fänden denn das Ihre Kinder?
Sie lachen nur darüber und sagen, ich sei dafür viel zu verwöhnt.

Mit 60 sind Sie zu einer letzten, ganz großen Expedition aufgebrochen, von der Sie mal gesagt haben, sie sei zu Ihrer Auseinandersetzung mit dem Älterwerden geworden ...
Am Anfang war sie es nicht. Die Wüste Gobi wollte ich seit 1985 schon durchqueren. Es fiel dann zusammen mit meinem 60. Geburtstag, 2004. Beim Durchqueren kam mir mehr oder weniger die Erkenntnis, dass ich so etwas in Zukunft doch lieber lassen sollte. Weil ich zu langsam war und unter dem schweren Rucksack und dieser langen Durststrecke litt. Am Ende musste ich über rund fünftausend Meter hohe Berge zurück in die Zivilisation, nach Hause, über das Altai-Gebirge. Ich bin nur noch mit Mühe drübergekrochen. Zu Hause stand der Entschluss fest: Das machst du nicht noch mal.

Nun ja, die meisten Dreißigjährigen hätten das nicht durchgestanden.
Ich hatte für meine Expeditionen nie die idealen körperlichen Voraussetzungen, auch mit 30 nicht. Meine Lunge, meine Hirn- und meine Herztätigkeit, alles wurde untersucht, sind nicht herausragend. Ich bin ein totaler Durchschnittsmensch.

Nicht Ihr Ernst!

Ich war auch nie der beste Kletterer, aber ich habe sehr früh die Gabe entwickelt, meine Sache zu wagen. Das hat natürlich bei denen, die besser waren als ich, Neid ausgelöst.

Das kam vielleicht auch dadurch, dass Sie eine so große Präsenz in den Medien hatten und dass Sie schnell den Ruf hatten, der größte Bergsteiger der Welt zu sein ...

Das kam später dazu. Aber die anderen haben zu oft gezögert oder den letzten Schritt nicht gewagt. Ich war zwar immer gut vorbereitet, aber mir war immer auch bewusst: Wenn ich allein in die Wildnis ziehe, kann ich dabei umkommen. Ich bin ja kein Trottel. Und meine Frauen wussten jedes Mal, dass ich vielleicht nicht mehr heimkomme.

Man möchte nicht so genau wissen, wie sie sich von Ihnen verabschiedet haben ...

Sie haben mich heldenhaft ziehen lassen, trotz ihrer Angst. Heute erst kann ich ein bisschen nachvollziehen, wie sich das anfühlt und wie ungerecht ich damit war. Ich habe das umgekehrt gerade mit meinem Sohn erlebt.

Sie hatten Angst um Ihr eigenes Kind?

Im Juni war ich mit Simon im Himalaja. Wir wollten einen Sechstausender erstbesteigen. Unter einer gefrorenen Schicht lag ein Meter Sulzschnee, was sehr gefährlich ist, denn der kann leicht abgehen. Ich wollte abbrechen, es war mir zu gefährlich.

War das eine neue Erfahrung für Sie? Aufzugeben?

Nein, allein bei den Achttausendern habe ich 13-mal aufgegeben. Ein Drittel meiner geplanten Besteigungen habe ich abgebrochen, die meisten allerdings noch mal versucht – und zuletzt sind sie mir alle gelungen. Im Juni jedoch, auf diesem Sechstausender, mit meinem Sohn, wollte ich es definitiv lassen. Simon aber sagte, er gehe trotzdem.

Konnten Sie ihn nicht aufhalten – oder wollten Sie es gar nicht?
Ich konnte es ihm nicht verbieten, er ist 28 Jahre alt. Ich habe im Basislager ausgeharrt. Die Einheimischen haben ihn gefeiert, weil sie froh waren, dass dieser Berg endlich bezwungen war. Aber jetzt kommt es erst: Simon hat sich anschließend einen noch schwierigeren Berg vorgenommen, wollte auch ihn erstbesteigen. Plötzlich rief jemand an und sagte, Simon sei vermisst. Einen ganzen Tag lang gab es keinerlei Meldung, keine Gewissheit.

Und dann?
Man hat mich um Rat gebeten. Was ist zu tun? Ich habe schnell verstanden, dass man dort nichts tun kann. Nebel, Schnee, Sturm, da konnte kein Hubschrauber fliegen.

Und hatten Sie eine Wahnsinnsangst?
Ich saß damit plötzlich auf der anderen Seite, auf der meine Eltern ein Leben lang gesessen hatten. Aber Angst ist der falsche Ausdruck, es ist eher eine ganz konkrete Sorge, dass er wirklich umkommen kann. Ich überlegte ganz rational, was kann man tun? Ich hätte nichts machen können. Für diese schwierige Tour war ich zu alt, nicht fit genug. Ich weiß: Bei jeder Tour dieser Dimension kann man sterben. Das ist immer klar.

Das ist ein harter Satz!
Aber das ist die Realität am großen Berg. Zwei Tage später dann die Nachricht, dass Simon sich gemeldet hat. Es ist gut gegangen.

Für Ihre Eltern ist es zweimal nicht gut gegangen. Ihr Bruder Siegfried ist 1985 in den Südtiroler Dolomiten in einem Seil hängend vom Blitz getroffen worden ...
Ja. Ich war damals in Tibet. Ich habe erst einen Monat, nachdem er beerdigt war, davon erfahren. Damals gab es ja noch keine Handys.

Als Ihr anderer Bruder, Günther, starb, waren Sie ganz in seiner Nähe. Sie haben es selbst als das größte Unglück Ihres Lebens be-

zeichnet. Er stand Ihnen besonders nahe. Und es gab Expeditions-kameraden, die Ihnen eine Mitschuld gegeben haben.

Ja. Mein eigener Vater hat das auch gedacht.

Sie haben gegen diesen Vorwurf prozessiert. Sie haben sich tausend-mal dazu erklärt ...

Ja ...

Ich könnte also verstehen, wenn Sie darüber nicht mehr reden wol-len. Aber wenn Sie es können, dann bekenne ich, dass es da etwas gibt, auf das ich mir immer noch keinen Reim machen kann, obwohl ich so viel über dieses Unglück gelesen habe. Ich bin ja nur ein Laie.

Sagen Sie es.

Sie haben damals bei der Erstbesteigung des Nanga Parbat, nachdem Sie den Gipfel erreicht hatten, irgendwann gemerkt, dass es Ihrem Bruder furchtbar dreckig ging. Er war höhenkrank. Er hatte keine Kraft mehr. Er torkelte nur noch. Warum sind Sie nicht bei ihm ge-blieben, sondern teilweise viele Hundert Meter vorangeschritten?

An dieser Stelle steht Reinhold Messner auf. Er sagt, er müsse ein Buch holen. Und dann kommt er zurück mit einem Bildband vom Nanga Par-bat. Er bleibt stehen. In den nächsten Minuten wird er immer wieder auf Nahaufnahmen des Berges zeigen.

Bei einem Abstieg wie unserem ist das nicht anders möglich. Wenn ich von oben komme, ist alles nur Abgrund. Ich sehe von einem möglichen Weg gar nichts, sehe nur, dass es steil runtergeht. Man muss sich den Weg immerzu suchen, manchmal hin- und wieder zurückgehen. Wenn ich das zusammen mit meinem Bruder gemacht hätte, wäre er wie ich zum Teil doppelte und dreifache Strecken gelaufen, unmöglich. Er hätte es nie nach ganz unten geschafft. Jeder Mensch, der in diese Lage kommt, muss es so machen, so wie ich, sonst sind am Ende beide tot.

Sie waren also der Scout?

Ja, ich war der Scout. Ich war der Wegsucher, bin vorgegangen. Dann sind wir immer wieder ein Stück zusammen geklettert, bis ich die Stre-cke unter uns abgegangen bin. *(Er zeigt auf einen schneebedeckten, gar nicht mal so steilen Hang)* Als ich wieder eine Route für uns beide gesucht und gefunden hatte, habe ich ihn zurückblickend nicht gesehen, habe lange nach ihm gerufen. Doch er kam nicht. Ich bin zurückgegangen. Aber ich habe ihn nicht mehr gefunden. Da, wo ich ihn vermutete, sah ich eine frisch abgegangene Eislawine.

Und Sie glauben, dass diese Lawine ihn umgebracht hat.
Ja, begraben.

War die ganze Expedition nicht viel zu gefährlich?
Beim Aufstieg nicht, und unten, nachdem ich meinen Bruder aus den Augen verloren hatte, wurde das Gelände sogar leicht. Da lagen die Hauptschwierigkeiten schon hinter uns. Den Fehler habe ich beim Aufstieg gemacht: Als ich gemerkt habe, dass Günther mir nachgestiegen kam, was ja nicht geplant war. Da hätte ich sagen müssen: Nix wie runter, das Leben ist wertvoller als diese Rupalwand!

Warum haben Sie das nicht getan?
Wir waren jung, ehrgeizig und sind weitergegangen. Keiner hat gesagt, du, das ist Blödsinn.

Aber hätten Sie abgebrochen, dann wäre es keine Erstbesteigung gewesen? Hätten Sie sich als Gescheiterter gefühlt?
Ja. Aber wir haben das nicht einmal diskutiert. Es war klar, dass wir uns – angekommen am Südgipfel – diesen Erfolg nicht mehr nehmen lassen. Es war von dort ja nur ein Katzensprung bis zum Gipfel.

Anders als Ihr Bruder haben Sie ins Basislager und ins Leben zurückgefunden. So erschöpft, dass Sie, so haben Sie es beschrieben, halluzinierten. Sieben Ihrer Zehen waren abgefroren. Und doch haben Sie auch nach diesem Unglück einfach weitergemacht.
Ja, und das hat bei anderen Hass und Unverständnis ausgelöst. Alle haben erwartet, dass ich das Bergsteigen lasse, natürlich auch meine Mutter, der Vater hat sowieso gedrängt, meine Brüder, meine Freunde, alle haben gesagt: Lass die Zehen amputieren, und mach was Vernünftiges! Trotzdem habe ich mich nach einem halben Jahr Trauer entschieden,

die großen Berge zu meiner Aufgabe zu machen. Damit erst bin ich Profi geworden, Freelancer. Vorher war ich an Wochenenden unterwegs, ab 1971 das ganze Jahr über. Das selbstbestimmte Leben war mir heilig. Ich ließ mir auch nach der Tragödie am Nanga Parbat nicht sagen, wie ich zu leben habe.

Und trotzdem fragt man sich, wozu ist dieses Extremklettern gut?
Wenn ich zurückkomme, ist es wie eine Wiedergeburt.

Für Sie individuell, aber für die Allgemeinheit völlig nutzlos ...
... völlig nutzlos! Ja! Es muss auch nicht nützlich sein, ich mache es mir sinnvoll.

Was ist es für Sie?
Ich habe mir mein Leben immer wieder selbst geschenkt, habe mit jeder Tour das Leben zurückerobert. Die Kunst des Alpinismus ist, in die schwierigsten, exponiertesten, gefährlichsten Situationen hineinzusteigen – und dabei nicht umzukommen. Die Kunst ist, nicht zu sterben.

Und sollten Sie – wider Erwarten – doch mal sterben, glauben Sie dann an Wiedergeburt?
Im weitesten Sinne des Wortes, ja. Ich habe vor 20 Jahren in Tibet ein Himmelsbegräbnis beobachtet, es gibt diese Bestattungsform heute noch. Der Tote wurde auf einem Kultplatz ausgestreckt. Ein Mönch hat mit einem Messer jeden Körperteil einzeln aufgeschlitzt. Dann hat er den Toten für die Geier freigegeben, die die ganze Zeit über dem Platz kreisten, hundert von ihnen haben sich auf ihn gestürzt. Innerhalb von einer Minute waren nur noch die blanken Knochen übrig. Diese hat der Mönch dann zerstampft und sie wieder den Geiern überlassen. Am Ende hat er den Schädel zerschlagen, Knochen mit der Hirnmasse vermischt, und die Geier wieder zugelassen. Der Platz war wie gebohnert, und die Geier sind aufgestiegen. Ihr Kot fällt später runter, eine Pflanze wächst, die Pflanze wird von einem Tier gefressen, das Menschen jagen und verzehren ...

Diese Bestattung hat Ihnen gefallen?
Ja, es ist die Bestattung, die ich für mich möchte. Irgendwo hier in den Bergen. Sehr wahrscheinlich wird die EU das nicht erlauben.

Es gibt auch keine Geier hier in Südtirol.
Man müsste diese Geier aus Tibet einführen. Ich habe schon mit meinen Yaks, die ich in Sulden halte, Probleme genug.

Als Toter wären Sie hier jedenfalls in guter Gesellschaft. Sie glauben ja sogar, dass Ötzi hier in der Nähe vor Tausenden von Jahren gelebt hat – und gestorben ist.
Nicht nur gelebt hat er in der Nähe, Ötzi hatte auf der Wiese unter meinem Schloss seinen Winterplatz, seinen Kultplatz. Angeblich hat man anhand von Einlagerungen in seinen Knochen herausgefunden, dass er in dieser Gegend seine letzten zehn Jahre verbracht hat. Von hier aus ist er von Weidefläche zu Weidefläche gezogen, bis über die Waldgrenze. Das machen unsere Bergbauern heute noch so, weil dort die besten Pflänzchen, Gräschen und Blättchen sind, voller Vitamine, Mineralien. Davon wusste Ötzi nichts, aber er hat gesehen, dass die Tiere von Almen kräftiger und gesünder zurückkommen. Am Ende hat man ihn hingestreckt – er wurde von hinten mit einem Pfeil erschossen.

Stimmt es eigentlich, dass Ihnen die schlimmste Verletzung Ihres Lebens nicht beim Klettern passierte, sondern als Sie versucht haben, die Mauer Ihres eigenen Schlosses zu überwinden, weil Sie an diesem Abend im Sommer 1995 keinen Schlüssel hatten?
Ja, so war es. Der Mensch zeigt gerade dann, wenn er etwas tut, was er für völlig ungefährlich hält, die größte Nachlässigkeit. Wenn ich schwierig abklettere, bin ich vorsichtig. Wenn ich etwas Banales mache, passe ich nicht auf. Meine Familie und ich kamen nach einem Abendessen mit Günther Jauch und seiner Frau nach Hause. Ja, wir hatten miteinander eine Flasche Wein getrunken. Oder auch zwei.

Also waren Sie nicht total nüchtern?
Ich fühlte mich ganz normal. Aber es war regnerisch, kalt, stockdunkel. Ich kannte eine Stelle, über die ich schon öfter beim Umbau in

den Innenhof eingestiegen war. Ich kletterte also eine Mauer rauf, so etwa sechs Meter, und innen wieder runter. Alles war nass, ich rutschte, fiel zwei Meter Richtung Boden, sprang – absolute Dunkelheit –, bedachte aber nicht, dass unten ungleiche Stufen sind. Es musste etwas brechen, es war dann mein rechtes Fersenbein.

Wussten Sie gleich, dass es eine längere Geschichte werden würde?
Nicht sofort. Ich habe stark geblutet, man hat mich in die Klinik gebracht, die Ärzte haben den Fuß erst mal stillgelegt. Keiner in Bozen hatte den Mut, den Bruch anzutasten. In der Nacht noch ist mein Bruder Hubert gekommen, der selbst Arzt ist, und sagte mir, dass ich unter Umständen nie wieder richtig gehen könne.

Das Schlimmste also, was man Ihnen antun könnte …
Ja, ich habe am nächsten Morgen gleich meine Frau angerufen und sie gebeten, mir aus dem Schreibtisch die Unterlagen für ein Buch mitzubringen. Ich sagte mir: Gut, wenn ich endgültig invalid bleiben sollte, dann schreibe ich mein nächstes Buch.

Aber wie kommt es, dass Sie heute doch wieder gehen können?
Ich lag eine Woche in der Klinik, und nichts passierte. Irgendwann habe ich die Ärzte gefragt, wer den Mut habe, mich zu operieren. Da hat sich der jüngste der Spezialisten gemeldet. Er hat im Computer meinen Fuß zerlegt, hat ein Stück Knochen aus der Hüfte rausgeschnitten, hat es zugeschnitzt, hat alles zusammengehängt und mich so geflickt. Heute kann ich wieder gehen – hundertprozentig –, ich hinke nur ein bisschen.

Und was ist aus dem Buch geworden?
Ich habe es im Krankenhaus fertig geschrieben. Als ich gehunfähig dalag, dachte ich, stehe zu dem, was passiert, aber jammere nicht, selbst schuld. Ich war nun Invalide, konnte es ja nicht ändern.

So viel also zu der Frage, was zu tun ist, wenn der Untergang droht.
Ja.

DIE ZEIT, 12.09.2019

»Worum du mich bittest, Angela, ist Selbstmord«

Viktor Orbán

Viktor Orbán fällt in die Kategorie jener Gesprächspartner, denen man besonders angespannt gegenübertritt. Wird sich diese Reizfigur der europäischen Politik an irgendeiner Stelle so geben, dass man hinterher schlauer ist – und das Fundament der Überzeugungen versteht, auf dem seine Politik fußt? Das Interview fand an einem kalten Wintertag mitten im europäischen Lockdown im Burgpalast in Budapest statt. Meine vielen Eindrücke sind allerdings von einem Ereignis getrübt, das heute noch nachwirkt: Kaum war ich wieder in Hamburg angekommen, erfuhr ich, dass ein mir sehr nahestehender Mensch einsam an Corona gestorben war. Daran ist natürlich Orbán völlig unschuldig, aber die Erinnerungen bleiben durch den Nebel der Trauer verknüpft.

Was mir besonders stark auffiel: Viktor Orbán kann in seinem Auftreten durchaus einnehmend sein. Direkt, jovial, auch humorvoll. Das ist eine Beobachtung, die auf einige zutrifft, deren medial vermitteltes Bild besonders negativ ausfällt. Am Tag, an dem ich diesen Text schreibe, ist Silvio Berlusconi gestorben. Ich habe ihn mehrmals treffen und interviewen können und war immer wieder verstört, wie gewinnend er sein konnte. Was aber bei genauerem Nachdenken ganz logisch ist: Wahrscheinlich sind gerade Populisten auch in der persönlichen Begegnung große Menschenfänger. Ich erinnere mich auch, wie sehr Freunde von mir durch Donald Trump irritiert waren. Für die ganze Familie gab es keinen schlimmeren Politiker. Doch als die Tochter meiner Freunde beim G-20-Gipfel in Hamburg arbeitete und dabei direkten Kontakt zum damaligen US-Präsidenten und seiner Frau Melania hatte, erzählte sie, die beiden seien zu ihr von ausgesuchter Höflichkeit und Zugewandtheit gewesen.

Für Orbán, Berlusconi oder Trump gilt aber auch gleichermaßen: Die große Verbindlichkeit kann von einer Sekunde zur anderen in schroffe Ablehnung, Schärfe und Einschüchterung umschlagen – oder umgekehrt. Als ich mit einem Kollegen vor langer Zeit einmal Berlusconi in seiner Residenz von Arcore interviewte, setzte er sich plötzlich ans Klavier, um für uns einen der Songs anzustimmen, die er in seiner Jugend als Animateur auf einem Kreuzfahrtschiff vorgetragen hatte. Eine halbe Stunde zuvor hatte er noch mit dem Abbruch des Gesprächs gedroht, weil ihm unsere Fragen nicht passten. Auch Viktor Orbán strahlt die Liebenswürdigkeit eines dösenden Löwen aus. Wehe, man reizt ihn. Zum Interview im November 2020 brachte er ein Schreiben mit amtlichem Siegel mit. Adressiert war es an »Her Excellency Madam Angela Merkel«. In zwei knappen Sätzen hieß es darin, dass die ungarische Regierung dem größten Finanzpaket der EU-Geschichte nicht zustimmen werde. Mitten in der Pandemie blockierte Orbán damit die Auszahlung von Milliarden, die als Corona-Hilfen gedacht waren – weil er schärfere Kontrollen der Rechtsstaatlichkeit Ungarns fürchtete.

Haben Sie das gerade abgeschickt?
Ja, vor zwei Stunden.

War die Kanzlerin vorgewarnt?
Es gab vor wenigen Tagen eine Videoschalte zu diesem Thema. Ich will nicht verraten, was Angela Merkel gesagt hat, das wäre unfair. Aber ich kann Ihnen erzählen, was ich ihr gesagt habe: »Worum du mich bittest, Angela, ist Selbstmord.«

Mit diesem Schreiben, mit dieser Drohung, ist die maximale Stufe der Eskalation erreicht. Jetzt rasen zwei Züge aufeinander zu. Kann man sie noch aufhalten?
Es rasen keine zwei Züge aufeinander zu. Unser Zug steht, denn wir beschützen einen Status quo, und ihr konntet uns bislang nicht davon

überzeugen, weshalb etwas geändert werden müsste. Das ungarische Bild ist also, dass wir stehen und der Zug der Deutschen auf uns zurast und uns vom Gleis schieben will.

Warum sprechen Sie vom Zug der Deutschen? Deutschland hat zwar seit Juli turnusgemäß für ein halbes Jahr die Ratspräsidentschaft – aber es ist dennoch ein Zug fast aller europäischen Staaten.
Ja, aber Deutschland hat nun mal den Vorsitz. *(lacht)* So ist es, wenn man den Vorsitz hat, das ist eine sehr undankbare Aufgabe.

Die Positionen sind so: Auf der einen Seite steht die Mehrheit der europäischen Staaten, die den sogenannten Rechtsstaatsmechanismus einführen wollen. Verstöße gegen gemeinsame Grundwerte innerhalb der EU sollen durch Kürzung von Subventionen aus Brüssel sanktioniert werden. Auf der anderen Seite steht Ungarns Ministerpräsident Orbán gemeinsam mit dem polnischen Regierungschef und sagt: Wenn der Rechtsstaatsmechanismus kommt, dann geben wir nicht die Zustimmung für den europäischen 7-Jahres-Haushalt und vor allem nicht zum Corona-Rettungspaket. Das sind politische Atombomben, die Sie abwerfen.
Wenn die Deutschen so etwas tun, dann sind das Atombomben, wenn wir sie abwerfen, dann sind es nur Handgranaten. Denn worum geht es? Es ist nur eine Frage des politischen Willens, dass wir den Ländern, in denen die Staatsverschuldung bei über hundert Prozent des Bruttoinlandsprodukts liegt, wie zum Beispiel Italien oder Spanien, das Geld geben, das sie benötigen. Bei uns liegt sie übrigens weit unter hundert Prozent. Wer Schwierigkeiten hat, dem helfen wir so schnell wie möglich. Und die Rechtsstaatlichkeitsdiskussion können wir unabhängig davon fortsetzen, das muss nicht jetzt sofort geschehen (...)

Immer wieder sind es für Sie die Deutschen. Dabei ist der Ton gegenüber Ungarn und Polen, zum Beispiel in der EU-Kommission unter Frau von der Leyen, doch schon sehr viel sanfter geworden.
Zweifelsohne. Aber ich bin überrascht, dass ich beim deutschen Standpunkt eine Art intellektuelle Gleichgültigkeit spüre – dass die Deut-

schen stark sind, klug und taktisch, das ist allgemein bekannt. Aber hier in Ungarn denken wir, dass die Deutschen auch ein Gespür haben müssten, das über die Tagesaktualität hinausgeht.

Was meinen Sie damit?
In der europäischen Politik ist es völlig normal geworden, dass politische Entscheidungen im Hinblick auf Beliebtheitswerte und Umfrageergebnisse getroffen werden ...

... ausgenommen in Ungarn ...
... das ist ein Problem unserer Branche *(lacht)*. Dennoch wissen wir, dass es außer den tagesaktuellen Beliebtheitswerten auch eine historische Dimension gibt: Welche Wirkung zeigt das, was wir machen, in einem Jahr, in zwei Jahren, in fünf Jahren? Die Deutschen hatten ein Gespür für diese historische Ebene, und jetzt haben sie das in meinen Augen verloren. Sie wollen uns eine Regel aufzwingen, bei der es um die Rechtsstaatlichkeit geht, ohne dass es objektive Kriterien gibt, nur subjektive. Deshalb sage ich, wenn wir diese Regel akzeptieren, dann haben wir aus der Europäischen Union eine Sowjetunion gemacht. Die Deutschen müssten das verstehen, aber sie kümmern sich nicht darum. Ein Rechtsstaat unterscheidet sich von einem Unrechtsstaat doch gerade darin, dass objektive, wissensbasierte Kriterien der Maßstab sind und Urteile nur aufgrund von Beweisen gefällt werden können. Die Ungarn haben vor 31 Jahren historisch enorm viel dafür getan, dass auch östlich des ehemaligen Eisernen Vorhangs die Rechtsstaatlichkeitsprinzipien eingehalten werden, aber eben anhand objektiver Kriterien.

Der Vergleich mit der Sowjetunion ist Polemik, und das wissen Sie auch.
Ja, aber in einer Diskussion muss der Standpunkt verständlich gemacht werden. In der ungarischen Streitkultur wird das zu höflich, aber undeutlich Formulierte eher als respektlos betrachtet, und die klaren, kantigen Formulierungen sind ein Zeichen des Respekts.

Wenn es hart auf hart kommt: Sitzen die Ungarn nicht am Ende doch am kürzeren Hebel?
Ich weiß, dass in Deutschland die Ansicht verbreitet ist, die Deutschen würden den Ungarn Geld geben. Und dass die Ungarn von der Union Geld bekommen und somit abhängig sind.

Darf ich es ausführen? Ungarn hat allein im vergangenen Jahr aus dem EU-Topf 5,1 Milliarden Euro mehr bekommen, als es selbst eingezahlt hat.
Das ist eine Seite der Medaille, laut unserer Statistik sind es 4,1 Milliarden Euro. Aber die Unternehmen der EU-Länder nehmen aus Ungarn jedes Jahr sechs Milliarden Euro als Profit und Ausschüttung mit. Es gibt keine Wettbewerbsgleichheit, denn wir kommen aus dem Kommunismus und der Diktatur, Länder wie Deutschland kommen aus dem Kapitalismus, der Freiheit. Wir erhalten keine Zuwendungen von der Union, sondern wir sehen das als eine Kompensation für den Profit, den die anderen EU-Länder bei uns erwirtschaften. Deshalb berührt es uns nicht, wenn wir mit Geld erpresst werden.

Wollen Sie damit sagen, dass Ungarn die EU wirtschaftlich gar nicht braucht?
Nein, ich will sagen, dass weder Deutsche noch Brüsseler die EU-Gelder, die nach Ungarn fließen, als ein Geschenk betrachten können. Das ist eine partielle Linderung ihres im unfairen Wettbewerb erlangten Vorteils.

Sie waren Anfang des Jahres bei einer Konferenz in Italien, bei der auch das Edelste aufgetreten ist, was die europäische Rechte aufbieten kann: die Le-Pen-Nichte Marion Maréchal aus Frankreich, Giorgia Meloni aus Italien, Beatrix von Storch von der AfD in Deutschland. Sie sagen immer, Sie seien ein Konservativer – warum zeigen Sie sich mit solchen Leuten?
(atmet tief durch) Die Menschen sind vielfältig, das ist die Ordnung der Welt, wir sind unterschiedlich. Frau Meloni ist eine gute Politikerin. Mit ihr ist es eher leichter, in wichtigen Punkten eine gemeinsame Position zu finden.

Mit der Chefin einer postfaschistischen Partei?
Mein Bild ist nuancierter, aber ich akzeptiere, dass die Organisatoren entscheiden, wen sie einladen.

Bei dieser Konferenz haben Sie nichts Geringeres ausgerufen als eine Konterrevolution.
Der Kampf innerhalb der EU verläuft zwischen zwei Standpunkten. Der eine Standpunkt sagt, die Grundeinheit der EU liegt in den Institutionen. Der andere, den auch ich vertrete, sieht als Grundeinheit der EU den Mitgliedsstaat. Ich denke, man kann nur von den Interessen beziehungsweise den individuellen kulturellen Gestaltungsfreiräumen der Mitgliedsstaaten ausgehen, deren Gesamtheit das europäische Interesse ergibt. Aber Europa muss von unten wachsen und von seinen Völkern mit ihren herrlich unterschiedlichen kulturellen und historischen Traditionen gebaut werden. Die Stärke der EU liegt in der Vielfalt. Das ist eigentlich der Gedanke von Udo Lindenberg, der 1988 in Budapest ein Konzert gegeben hat – die bunte Republik Deutschland. Wir sind alle unterschiedlich.

Udo Lindenberg in Ehren, aber liegt da nicht das Grundmissverständnis einiger osteuropäischer Länder? Die EU ist längst nicht mehr nur eine Wirtschaftsgemeinschaft, sondern auch eine institutionelle, in der die Nationalstaaten einen Teil ihrer Souveränität abgeben. Und jetzt kommen Sie und sagen, ich will von meiner Souveränität aber nichts abgeben. Wie geht das zusammen?
Ich beschütze den Status quo. Wir haben bislang auch einen Teil der Souveränität abgetreten. Ihre Kritik klingt, als wollte ich zurück vor einen bereits erreichten Zustand. Ich will keinen Rückschritt.

In einem Teil der EU gilt es als Fortschritt, dass wir von diesem Nationalstaatsbegriff weggekommen sind.
Das Ziel der EU ist vielmehr, für ihre Mitgliedsstaaten die Zukunft zu sichern und der Erhalt der Nationen in den Bereichen Sicherheit, florierende Wirtschaft, politische Gestaltung.

Weil sie ohne EU nicht überlebensfähig wären, wirtschaftlich?
Im Bereich der Sicherheit, Wirtschaft und Vertretung gemeinsamer politischer Interessen in der Welt geht es nicht ohne die EU, dafür ist sie erschaffen worden. Aber wir Ungarn wollen die anderen EU-Länder nicht verändern, denn der europäische Wert besteht gerade in dem Respekt vor der Andersartigkeit und den Unterschieden, das ist unsere Stärke. Kulturelle Vielfalt macht die reizvolle Farbigkeit Europas aus.

Und Sie möchten in Ihrem Land machen, was Sie wollen, ohne jede Einmischung. Sie wirken so europakritisch, dass man sich manchmal fragt, warum Sie überhaupt noch in der EU sind? Haben Sie mal überlegt, auszusteigen?
Nein, nie. Vor dreißig Jahren gab's hier eine Diktatur, und Ungarn gehörte zum Interessenbereich der Sowjetunion. Meine Weggefährten und ich haben Jahre unseres Lebens dafür geopfert, das zu ändern. Wir haben die Kommunisten zu Fall gebracht. *Rule of man*, was der Kommunismus ist, wurde durch uns durch *rule of law* ersetzt. Wir sind die Streetfighter, die Revolutionäre der Rechtsstaatlichkeit. Und wir dachten, wenn wir die Kommunisten gestürzt haben, dann gehen wir ein Bündnis ein mit den in der EU zusammengeschlossenen westlichen Ländern. Das ist kein politisches Programm, das ist unser Leben. Wie könnte ich aus meinem eigenen Leben austreten?

Als Sie ein Rebell waren, als Sie sich aufgelehnt haben gegen die sowjetische Herrschaft – schwebte Ihnen da eine liberale Demokratie nach westlichem Muster vor?
(stöhnt) Ja, damals wurde das so bezeichnet.

Auch von Ihnen so gewollt?
Natürlich. Mein politischer Mentor in der westeuropäischen Politik war Otto Graf Lambsdorff. Und dann wurde ich ein Kollege und Freund von Helmut Kohl. Die Demokratie habe ich von beiden gelernt. Politischen Wettbewerb, Marktwirtschaft.

Wann setzte die große Enttäuschung bei Ihnen ein?
Ich würde nicht von Enttäuschung sprechen. Bei Kohl oder Lambsdorff gab es zwischen der nationalen Souveränität, der eigenen Kultur und den vereinten europäischen Staaten ein Gleichgewicht. Das war nicht statisch, sondern eine dynamische Sache. Wir dachten damals, Westeuropa sei gut, und wir wären gar nicht auf die Idee gekommen, dass man das auch vermasseln kann. Und jetzt haben wir gelernt: Europa kann gut oder schlecht sein, es kann eine soziale Marktwirtschaft mit ökologischer Verantwortung sein, was wir Ungarn präferieren, oder ein unverschämter, gieriger Casino-Kapitalismus. Wann ist der Kampf in der EU so eskaliert? Das ist doch die Kernfrage.

Und was ist die Antwort?
2015.

Die Flüchtlingspolitik.
Die Migration. Wir haben auf einmal gesehen, dass jemand bestimmen möchte, wer sich in Ungarn aufhalten darf – und das waren nicht wir. Mehr noch, es ist so weit gekommen, dass gesagt wurde: Wer die Migranten reinlässt, ist ein Rechtsstaat, wer nicht, ist kein Rechtsstaat. So weit sind wir. 2015 wurde gesagt: Wer Migranten nicht reinlässt, sollte auch keine Gelder bekommen. Ist das die Gleichheitsidee?

Sie haben die Flüchtlinge immer wieder als Invasoren bezeichnet. Haben Sie wirklich Angst, dass die knapp zehn Millionen Ungarn überrannt werden könnten?
Wo Sie jetzt sitzen, war fünfhundert Jahre lang ein Kloster. Und dann gab es hier 130 Jahre lang eine Moschee. Und heute sitze ich hier. Da ist es für mich schwer, die Welt anders zu sehen. Im mediterranen Bereich mögen Araber, Muslime und die christliche Welt gut zusammenleben. Aber wir Ungarn gehören zum nördlichen Randbereich der Region, und für uns ist die schmerzvolle geschichtliche Erfahrung der osmanischen Besatzungszeit im kollektiven Gedächtnis noch sehr verhaftet. Unserer Auffassung nach geschieht heute in Westeuropa, was früher nicht gelungen ist, nämlich dass die Muslime zum bestimmenden Faktor werden.

Aber es gibt heute keinen imperialistischen arabischen Herrscher, der seine Untertanen losschickt. Sie glauben wirklich, dass es eine Invasion von Muslimen gibt, die sich selbst legitimieren?
Ja, so ist es. Ich spreche über eine Geschichtsphilosophie, die zum Selbstverständnis der Ungarn gehört. Für uns Ungarn ist eine multikulturelle Gesellschaft eine Selbstaufgabe. Und der Schutz der christlich-jüdischen Kultur ist der Selbsterhalt.

Darf ich fragen, wo Sie im multikulturellen Deutschland Anzeichen für diese Selbstaufgabe sehen? Deutschland hat in fünfzig Jahren so viele Migranten aufgenommen, dass heute jede vierte Person einen Migrationshintergrund hat. Diese Menschen sind da, aber das Land hat sich keinesfalls aufgegeben, es ist ein florierendes, liberales, demokratisches, friedfertiges Land, mit einer AfD, die sehr viel kleiner ist als die meisten anderen rechten Parteien im Westen.
Die Deutschen werden schon wissen, was sie mit ihrem eigenen Land wollen. Ich bitte Sie nicht, meine Geschichtsbetrachtung zu teilen. Ich bitte Sie auch nicht, unseren Standpunkt zu übernehmen, dass Multikulturalismus eine gefährliche Sache ist. Ich bitte Sie nur darum, zu akzeptieren, dass ich das Recht habe, die Zukunft meines eigenen Landes so zu sehen, wie ich es sehe.

Ich kann noch verstehen, dass Ihre Geschichte Sie misstrauisch gemacht hat. Aber wenn für alle Ewigkeiten gilt, dass Muslime gefährlich sind – wo ist da die Trennlinie zum Rassismus?
Ungarn pflegt die besten Beziehungen zu den muslimischen Ländern. Ungarn gibt die größte Unterstützung an muslimische Staaten, die Not leiden. Wir haben nichts Muslimfeindliches. Wir haben nur eine Vorstellung von unserem eigenen Leben.

Aber Sie sagen: Wenn zu viele kommen, geben wir unsere christlich-ungarische Identität auf.
Ja, warum müssen die kommen? Die haben doch ihr eigenes Land.

Aus denselben Gründen, aus denen zum Beispiel Millionen von Ungarn während des Kommunismus ihr Land verlassen haben: Sie haben sich woanders ein besseres Leben vorgestellt, mit mehr Freiheit, Sicherheit und Wohlstand.
Das ist in Ordnung. Die Flucht vor dem Kommunismus hatte damals eigene Regeln. Heute ist es so: Jemand wie Sie ist Staatsbürger eines Unionslandes und kann gehen, wohin er will, auch zu uns, kein Problem. Eine andere Sache ist es aber, wen wir von außerhalb der Union reinlassen. Wir haben ausgezeichnete Beziehungen zu den Chinesen, doch es würde uns nicht freuen, wenn hier plötzlich fünf Millionen Chinesen auftauchen würden. Mein Standpunkt ist, wir müssen die Hilfe auch ins nördliche Afrika bringen und nicht das Problem hierherholen.

Sie haben mal Erdoğan und die Türkei erwähnt, Sie haben wiederholt die Leistung der Chinesen und Xi Jinpings herausgestellt, Sie bewundern den Erfolg von Putin in Russland. Sind diese drei Regenten Vorbilder für Sie?
Wir können niemanden als Vorbild bezeichnen. Denn für das chinesische System braucht es Chinesen, für das türkische System braucht es Türken und für das russische Russen. Aber wir sind Ungarn.

Doch es sind alles Staaten, die illiberal sind, um einen Ihrer berühmten Begriffe zu gebrauchen …
Wenn ich über Ungarn spreche, spreche ich nicht über illiberale Staaten, sondern über illiberale Demokratien.

Also sind Ungarn, die Türkei und Russland auch für Sie keine Demokratien?
Kultur ist stets die Grundlage jedes gesellschaftlichen Systems. Ungarn hat nicht die Demokratie, weil das eine gute Sache ist, sondern weil die Ungarn die Demokratie mögen, da fühlen sie sich wohl. Und wenn wir uns anschauen, wem die Ungarn am meisten ähneln, dann sind das sicherlich die anderen christlichen Staaten wie Deutschland, Polen, Österreich. Für mich sind Christen geborene Demokraten, weil das Christentum lehrt, dass jeder Mensch als Gottes Ebenbild erschaf-

fen wurde. Deshalb ist es unwichtig, ob einer reich, der andere arm ist, denn wenn wir entscheiden, hat jeder eine Stimme – ein Genie genauso wie ein Dummkopf.

Heißt das also, dass es Völker gibt, die für die Demokratie nicht geeignet sind?
Ich würde sagen, dass andere Völker ihr demokratisches, politisches System aus sich selbst heraus definieren müssen. Auch sie müssen herausfinden, wie ihre eigene Kultur mit der Demokratie verbunden werden kann. Sonst wird das nur ein primitiver amerikanischer Demokratie-Export.

Als Sie Anfang des Jahres in Berlin waren, haben Sie bei einer Veranstaltung gesagt, dass Angela Merkel durch die Flüchtlingspolitik ein politisches Vakuum geschaffen und somit den Aufstieg einer rechtspopulistischen Partei ermöglicht habe. Wenn das stimmt: Wie erklären Sie sich eigentlich, dass Sie als einer, der die Grenzen zugemacht hat, trotzdem eine rechtsradikale Partei haben, radikaler als die AfD und viel stärker?
Die Jobbik-Partei ist mittlerweile bedeutungslos. Sie hat in ihrer Verzweiflung eine Allianz mit den Linken geschlossen. Die sind heute für die Migration, die mögen sogar Gender. Wenn es eine entschlossene demokratische, christliche, wertschützende Volkspartei gibt, die das Profil wahrt, dann bleibt für die radikale Rechte kein Raum. Das ist mein Standpunkt, das hat sogar Strauß und später Stoiber gesagt. Und ich denke, sie haben recht.

Sie sehen sich in der Tradition der CSU?
Unsere christlich-nationale Regierung in Ungarn nimmt im Großen und Ganzen die geistige Position ein wie die CDU unter Helmut Kohl oder die CSU unter Edmund Stoiber. Aber Deutschland hat sich seitdem stark verändert, mit dem Ergebnis, dass die konservative Seite Deutschlands einen großen Kampf führen muss, um nicht die Macht zu verlieren. In Deutschland gibt es die Große Koalition. Angela Merkel muss kämpfen, um keine linke Mehrheit zu haben. Die CDU hat im Grunde kein Programm. Das einzige Programm der CDU ist, die

Linke irgendwie in Schach zu halten. Das ist ihre Strategie, eine der beiden Möglichkeiten. Sie sagen: Okay, wenn die Gesellschaft sich so entwickelt und wir nicht die Mehrheit verlieren möchten, müssen wir einen Kompromiss mit der Linken eingehen und ihre Themen übernehmen. Die Konsequenz ist offensichtlich: Die Konservativen werden immer mehr zum linken Mainstream, sie können ihre Charakteristik nicht beibehalten.

Und die zweite Möglichkeit?
Die zweite Möglichkeit ist – und das ist meine Strategie –, du sagst: Nein, Leute! Wahrscheinlich ist dies der Zeitgeist, aber wir denken, dass wir bestimmte konservative Werte verteidigen sollten. Das ist es, was ich hier mache: Ich muss die Leute daran erinnern, konsequent zu bleiben.

Sie sind zum vierten Mal Ministerpräsident. Sie regieren mit einer Zweidrittelmehrheit, das ist für andere Demokratien unvorstellbar viel. Warum müssen Sie aus einer solchen Position der Stärke heraus die Kleinen immer noch drangsalieren? Um nur ein paar aktuelle Beispiele zu nennen: An der unabhängigen Filmhochschule in Budapest haben Sie die Führung ausgewechselt, dem kritischen »Klubrádió« wurde die Lizenz nicht verlängert, homosexuelle Paare sollen keine Kinder adoptieren dürfen. Und eine Schulbuchreform soll sicherstellen, dass das ungarische Nationalgefühl gestärkt wird. Demokratie heißt doch aber immer auch, dass die Mehrheit Rücksicht nimmt auf die Minderheit.
Das nennt man Toleranz, dass man zur Kenntnis nehmen muss, dass es verschiedene Meinungen gibt, und die haben eine Daseinsberechtigung. Das wird auch nicht diskutiert. Ich bin kein Anführer der Nation, ich leite die Regierung.

Aber Sie machen doch die Spielräume für Opposition, für kritische Stimmen immer kleiner, obwohl Sie so stark sind.
Es gibt keine Einschränkungen in den ungarischen Medien, die sind völlig frei. Ich kann auch nicht entscheiden, wer eine Radiofrequenz haben soll und wer nicht. Wenn das Parlament mir diese Befugnis gibt,

dann werde ich es entscheiden, aber die denken nicht daran. Das ist Sache der Medienbehörde ...

... die inzwischen mit Leuten aus Ihrer Partei besetzt ist.
Das stimmt nicht. Die Mitglieder der Medienbehörde werden vom Parlament gewählt. Und die Qualität ihrer Entscheidungen wurde bislang von niemandem angezweifelt.

Aber Sie haben eine Zweidrittelmehrheit – das spiegelt sich auch in dem Gremium wider.
Ja, aber bislang wurden deren Entscheidungen nicht angezweifelt. Und dass es Demokratie gibt, zeigt auch der Umstand, dass auch offen oppositionelle Rundfunkanstalten seit zehn Jahren existieren. Soweit ich verstanden habe, ist die Frequenz abgelaufen, das wird neu ausgeschrieben. Sie werden sich sicherlich neu bewerben, und der Medienrat wird entscheiden, wer die Frequenz kriegt, da kann und will ich nicht reinreden. Aber ich sage Ihnen, weshalb die westliche Kritik an der Medienfreiheit in Ungarn nicht greift – darüber lachen hier alle, und zwar lauthals: Alle wissen, dass die Medien in Ungarn mir und der Regierung gegenüber sehr kritisch sind.

Das hat außerhalb in Deutschland noch nie jemand beobachtet. Das öffentlich-rechtliche Fernsehen ist komplett bei Ihnen.
Wer Ungarisch spricht, weiß, dass ich recht habe. Ich nenne ein Beispiel. Sie schalten abends den Fernseher ein, der Kanal mit der höchsten Einschaltquote, übrigens aus Deutschland ...

... jetzt kommen Sie bestimmt mit »RTL«.
Die sind völlig oppositionell!

Die machen sehr viel Unterhaltung und ganz wenig Nachrichten.
Das ist ihre Sache. Aber ihre Nachrichten gehören zu den meistgeschauten. Und es gibt hierzulande sehr beliebte Online-Portale für Nachrichten, die sind mehrheitlich alle gegen die Regierung.

Eines wurde verkauft und ist heute nicht mehr oppositionell, »Origo«. Und es gibt »Index.hu«, unabhängig und kritisch, aber in großen Schwierigkeiten.

Ja, aber die funktionieren alle, und die meistgelesenen politischen Wochenmagazine, »HVG«, »Magyar Narancs« oder das große Online-Portal »24.hu«, bekennen sich zur härtesten Opposition. Auch »Index.hu« funktioniert selbstverständlich.

Aber nicht so gut, weil sie zum Beispiel kaum Werbeeinnahmen bekommen. Weil große ungarische Unternehmen, die staatliche Aufträge haben, sich nicht trauen, da Werbung zu schalten.

Also, die meistgelesene Tageszeitung ist eine linke Zeitung, »Népszava«, die kriegen ständig staatliche Anzeigen, »RTL« ebenfalls. Wenn Sie heute Nachmittag noch Zeit haben, kommen Sie doch ins Parlament zur Fragestunde! Und Sie werden sehen, dass das, was dort gesagt wird, in Deutschland im Parlament undenkbar wäre. Sie werden überrascht sein.

Ich habe jedenfalls gehört, dass da durchaus auch Korruption angesprochen wurde. Auch die in Ihrer eigenen Familie ...

... da kommt alles. Diktatur und Korruption, alles, was Sie sich vorstellen können. Jeder sagt, was er will, und der Ministerpräsident muss dort stehen und einfach die Stirn bieten. Ich kenne die Hausordnung des Bundestags, das ist für den deutschen Regierungschef einfach das Paradies.

Sie meinen, weil jemand, der unflätig wird und sich nicht an die Regeln hält, rausgeworfen wird ...

Ja. Überhaupt, verbale Kneipenprügeleien gehören nicht in den Bundestag.

Bei Ihnen schon?

In Ungarn schon!

Aber das lässt sich alles einfach sagen, wenn man eine Zweidrittel-mehrheit hat. Da kann man mit Franz Josef Strauß sagen: Das biss-chen Opposition machen wir uns schon selber.
In Deutschland sind politische Diskussionen nie so heftig wie bei uns, bei Ihnen sind das wohlerzogene Teestunden am Nachmittag, aus un-garischer Sicht. Bei uns trägt man die Argumente wie ein scharfes Mes-ser vor.

Neben Ihrer Angst vor Muslimen haben Sie auch eine Obsession mit George Soros. Sie sagen, dass es kaum ein Land gebe, das so juden-freundlich sei wie Ungarn, niemand müsse Angst haben, dass er vor einer Synagoge oder einer jüdischen Schule belästigt, angegriffen oder gar erschossen werde. Warum haben Sie dann ein so brutales Wahlplakat gemacht wie vor zwei Jahren mit Kommissionspräsident Juncker und dem Finanzspekulanten Soros als Drahtzieher, die dem ungarischen Volk Böses wollen? Unter Bemühung aller antisemiti-schen Klischees, die es nur gibt?
Es stören sich nur Antisemiten daran, wenn ihnen Antisemitismus vor-geworfen wird. Ich nehme mir heraus, jeden wegen seiner politischen Meinung zu kritisieren – auch die, die jüdisch sind. Wen interessierte es, dass manche dann sagen, wir seien antisemitisch? Das sind wir nicht. Uns interessiert nicht, ob George Soros ein Jude ist oder nicht. George Soros will etwas, das schlecht für Ungarn ist. Er hat als Erster ausge-sprochen, dass die Länder, die Migranten nicht reinlassen wollen, be-straft gehören und man ihnen die Gelder wegnehmen muss. Das ist ein rein politischer Diskurs mit George Soros.

Jüdische Institutionen haben sich aber sehr wohl an Ihrem Plakat ge-stört, auch in Ungarn.
In Budapest können Sie beobachten, dass die zahlreichen jüdischen Institutionen und Synagogen nicht von der Polizei geschützt werden müssen. Die jüdische Kultur und ihre Unverletzlichkeit sind Teil un-serer ungarischen Identität, wir haben die schärfsten Gesetze gegen Antisemitismus in Europa. Die jüdische Gemeinschaft in Budapest ist eine authentische, denn sie hat es geschafft, hier den Zweiten Welt-krieg zu überleben. Sie tragen den gesamten Schmerz, die ganze Tra-

gödie in ihrem persönlichen Leben. Diese Gemeinschaft steht unter dem Schutz der ungarischen Regierung. Und das garantiere ich auch persönlich.

Würden Sie so ein Plakat wieder machen?
Natürlich! Und das wird auch noch kommen. George Soros ist ein Gegner Ungarns.

Und ein großer Förderer von Viktor Orbán.
(Orbán lacht.)

Am Anfang Ihrer Karriere haben Sie ein Stipendium bekommen. Sie waren mal Mitarbeiter der Soros-Stiftung, er hat am Anfang Ihrer Partei geholfen.
Soros hat große Verdienste in Ungarn hinsichtlich des Sturzes des Kommunismus. Er hat oppositionelle Gruppen in der zweiten Hälfte der Achtzigerjahre unterstützt, die Antikommunisten waren. Politische Meinungsunterschiede hatten wir zwar immer, doch dann gab es diesen einen Augenblick, in dem sich die Sache gedreht hat. Das war 2015, das ist wieder die Migration. Er wollte uns vorgeben, was gemacht werden müsse.

Sie machen nicht den Eindruck, kampfesmüde zu sein – obwohl Sie insgesamt mehr als 15 Jahre lang Ihr Land regieren und damit zusammen mit Angela Merkel zu den dienstältesten Regierungschefs in Europa gehören. Für Angela Merkel geht diese Zeit nun zu Ende. Glauben Sie, dass es für Sie leichter oder schwerer wird, wenn Merkel nicht mehr da ist?
Ich habe Angela Merkel einen ungebetenen Rat gegeben und ihr gesagt: Bleib, denn wenn du nicht bleibst, dann wird das ein großes Problem für Europa werden. Aber ich konnte sie nicht überzeugen. Sie ist entschlossen zu gehen.

Wie steht es mit Ihrer eigenen Lust, weiter dieses Land zu regieren?
Solange man mich zum Parlamentsabgeordneten wählt, werde ich Abgeordneter bleiben. Ich war 16 Jahre lang Abgeordneter in der Oppo-

sition, wenn ich diese Legislaturperiode zu Ende bringe, dann werde ich 16 Jahre an der Regierung gewesen sein. Das ist ein Unentschieden, und ich möchte dieses Spiel gewinnen. Ich werde also noch bei Wahlen antreten. Und wenn ich dann 80 bin und die Menschen mich weiterhin als Abgeordneten wollen, dann werde ich hübsch am Stock täglich ins Parlament kommen und mich an den Diskussionen beteiligen.

Das heißt, die Europäische Union wird auch ohne deutsche Präsidentschaft noch lange Freude an Ihnen haben?
Wenn es nach mir geht, mit Sicherheit.

DIE ZEIT, 26.11.2020

»Kann sein, dass ich kein guter Jude bin«

Daniel Cohn-Bendit

Dany Cohn-Bendit ist auch einer jener Menschen, die mit Talenten beschenkt worden sind. Er hat Charisma, und das nicht nur, weil er in Frankreich einst Revolutionsführer war. Er ist ein überragender Rhetoriker, egal in welcher Sprache er sich äußert. Er hat eine entwaffnende Direktheit, die ihn befähigt, sich politische Gegner verbal zur Brust zu nehmen, vor denen die meisten seiner grünen Parteifreunde schreiend davonlaufen würden. Es wäre aber ganz falsch, daraus zu schließen, dass er besonders nahbar sei oder gar von kumpeliger Herzlichkeit. Das ist er nicht. Er kann im Gegenteil so schroff sein, dass man erst mal längere Zeit die nächste Begegnung meidet. Seine eigene Gefühlswelt verbirgt er sorgsam, auch gegenüber Menschen, die ihn, wie ich, schon seit Jahrzehnten kennen. In seiner Frankfurter Wohnung bekochte er mich einmal mit Nudeln, als ich noch ein junger Journalist war. Umso berührender war es zu beobachten, wie sehr ihn vor drei Jahren die Auseinandersetzung mit seiner Familiengeschichte und seiner jüdischen Identität aufwühlte. Er hatte einen Dokumentarfilm gedreht, der ihn nach Israel geführt hatte. Der WDR, dem er den Film anbot, fand keinen Gefallen an dessen Konzept, wollte ihn weder mitfinanzieren noch senden. Da brach in Cohn-Bendit offenbar etwas auf – oder vielleicht auch in sich zusammen: möglicherweise seine bisherige Gewissheit, dass man ihm in Deutschland auch dann Raum und Gehör verschafft, wenn er diese empfindlichste Stelle seiner Biografie bloßlegen würde. Der Film lief am Ende doch noch in der ARD, aber erst ein Jahr nach unserem Interview. Noch viel persönlicher als die filmische Recherche verlief unser Gespräch: Das war ein Dany, wie ich ihn selbst noch nie erlebt hatte. Kurz nach der Veröffentlichung schrieb mir ein Freund:

»Gerade das Gespräch gelesen. Als wäret Ihr zwei Fremde, die nachts im Bahnhof auf den Morgenexpress warten, und der eine erzählt zum ersten Mal sein Leben.« Wenn das tatsächlich der atmosphärische Eindruck war – dann würde ich am liebsten jedes Gespräch nachts an einem leeren Bahnhof beginnen lassen.

Dieses Jahr sind Sie 75 geworden. Aber erst jetzt setzen Sie sich mit Ihrem Jüdischsein auseinander. Warum so spät?
Ich habe lange wie mein Bruder Gaby gedacht und gesagt: Leute, ich bin nur Jude, weil es Antisemiten gibt. Aber ansonsten setzt sich meine politische Identität aus vielen Dingen zusammen und hat nichts mit dem Judentum zu tun. Ich bin nicht in der Jüdischen Gemeinde, meine Freundinnen waren meistens keine Jüdinnen, und auch meine Frau ist keine Jüdin.

Was hat Sie zur Umkehr bewogen?
Meine Frau! Sie hat bei unseren politischen Gesprächen immer wieder gesagt: »Dany, du machst es dir zu einfach!« Sie hat gesehen, wie ich bei bestimmten Ereignissen reagiere, und immer vermutet, dass einige meiner Verhaltensweisen damit zu tun haben, dass ich mein Jüdischsein verdränge. Zum Beispiel kommen mir die Tränen, wenn ich einen Film über die Geschichte der Juden, über die Schoah oder über ethnische Vertreibung sehe. Und irgendwann habe ich mir gedacht, dass ich da ein bisschen tiefer einsteigen sollte.

Ihr autobiografischer Film beginnt damit, dass Sie Ihrer Mutter Herta sagen: »Dir habe ich den ganzen Schlamassel zu verdanken.« Dabei ist sie jetzt schon fast 60 Jahre tot. Dann sieht man Ihren Bruder Gaby, der neun Jahre älter ist als Sie. Mit ihm besuchen Sie das Dorf, in dem er sich im Zweiten Weltkrieg versteckt hatte. Ihr Bruder erklärt Ihnen ziemlich erregt, warum er sich nicht als Jude verstehe und dass er sich in letzter Zeit gegen dieses jüdische Identitäts-

gehabe wehre. Viele Juden würden sich wahrscheinlich fragen, ob da nicht ein bisschen Selbsthass dabei ist.

Nein, das ist es nicht. In den letzten Jahren ging ihm auf die Nerven, wenn man sein Handeln oder sein Denken von seiner Identität her begründet hat. Als Gegenreaktion hat sich das bei ihm verselbstständigt: Er bestimmt, was er ist! Er will nicht als Jude abgestempelt werden, er beharrt auf seiner multiplen Identität.

Bis vor Kurzem haben Sie auch noch so gedacht.

Genau.

Jetzt aber sagen Sie ihm: Man kann machen, was man will, man wird immer als Jude gesehen!

Ich habe gespürt, dass mein politisches Denken damit zusammenhängt, dass ich mich aus dieser jüdischen Geschichte nicht verabschieden kann und will. Sie prägt zwar nicht meinen Alltag, aber ich habe eine emotionale Bindung zu ihr. Denn sie hat mit dem Leben meiner Eltern zu tun.

Vom Film erwartet man viel Persönliches über Sie und Ihr Jüdischsein in Frankreich und Deutschland, den beiden Ländern, in denen Sie am längsten und intensivsten gelebt haben. Stattdessen sieht man Sie in Israel.

Im Film wollte ich auf die Frage eingehen, die Juden immer beantworten müssen: »Wie stehst du zu Israel?« Für mich ist die Antwort nicht einfach, weil ich eine emotionale Bindung zum Land habe und gleichzeitig eine Ablehnung spüre.

Ich hatte eher den Eindruck, Sie drücken sich davor, über sich selbst und Ihre Familie zu sprechen.

Ja, nein, also pfff, was heißt drücken? Es stimmt, ich hätte meine Familiengeschichte noch mehr verfolgen können. Was hat meinen Vater zum Beispiel dazu bewegt, 1950 aus Frankreich zurück nach Deutschland zu gehen? 1933 war er ja nach dem Reichstagsbrand mit meiner Mutter nach Paris geflohen. Ein hoher Funktionär der Nazis hatte ihn gewarnt: »Erich, du musst weg!«

Und wieso ist er zurück nach Deutschland gekommen?
Mein Vater ist in Frankreich nie glücklich geworden, denn er konnte nicht als Anwalt arbeiten. Dafür hätte er das französische Abitur nachholen und ein französisches Jurastudium machen müssen. Er war ein leidenschaftlicher linker Strafverteidiger. Deshalb ist er zurück nach Deutschland, als ich fünf Jahre alt war. Als er in Deutschland ankam, ist er ins Hotel Frankfurter Hof gegangen und hat gesagt: »Guten Tag, mein Name ist Cohn-Bendit. Dürfen Juden wieder bei Ihnen wohnen?«

Hat sich Ihr Vater als Anwalt auch um jüdische Überlebende gekümmert?
Ja. Er wurde zu einem der bekanntesten Wiedergutmachungsanwälte und erstritt zum Beispiel für die Jüdische Gemeinde Frankfurt den Wiederaufbau der Synagoge, hatte dabei aber immer wieder komische Gefühle. Erinnern Sie sich an Fassbinders Theaterstück *Der Müll, die Stadt und der Tod?*

Ja, ein sehr umstrittenes Stück! Mitglieder der Jüdischen Gemeinde haben in den Achtzigerjahren die Uraufführung in Frankfurt verhindert. Sie hatten die Bühne besetzt.
Ich war immer dafür, es aufzuführen. In diesem Stück gibt es eine Szene, in der eine ältere Frau von einem jüdischen Spekulanten aus ihrer Wohnung vertrieben werden soll. Sie fragt ihn, ob er sich gar nicht schäme, sie wohne immerhin seit über 30 Jahren hier, man könne sie doch nicht einfach so rausschmeißen. Der Jude fragt die Frau zurück, ob sie damals, als die Juden aus ihren Wohnungen vertrieben worden waren, Mitleid mit ihnen gehabt und sich geschämt habe.

Und wie kommt nun Ihr Vater ins Spiel?
Mein Vater fand es unmöglich, den Juden, die verfolgt worden waren, abzuverlangen, dass sie juristisch einwandfrei und überprüfbar beweisen, was ihnen gehört hatte, bevor sie deportiert wurden. Er sagte: »Weißt du, Dany, eigentlich hätten die Juden jedes Recht, den Nachfolgestaat des Nazi-Regimes zu bescheißen, vor allem bei der Wiedergutmachung.« Als Anwalt war er bekannt für seine Fähigkeit, das Beste

für seine Mandanten herauszuholen. Seine Haltung entsprach meinen damaligen Gefühlen: Ich wollte mich nicht mit den Deutschen versöhnen.

Eine Haltung, mit der er bestimmt auch angeeckt ist.
Mein Vater hatte nie Angst davor, seine Gefühle auszusprechen. Wir reden von den Anfängen der Fünfzigerjahre. Eine andere verrückte Geschichte: Als mein Bruder eine nicht jüdische Französin heiraten wollte, war meine Großmutter strikt dagegen. Sie ist zum Rabbiner in Frankfurt gegangen und hat gesagt, er solle mit meinem Vater sprechen. Das hat dann dieser Rabbiner auch getan und gesagt: »Erich, es geht nicht, dass dein Sohn eine Nichtjüdin heiratet.« Mein Vater antwortete: »Weißt du was, es ist sogar noch schlimmer: Sie ist Kommunistin!«

Ihren Widerspruchsgeist haben Sie also von Ihrem Vater geerbt?
Klar, und den Humor und die Lebensfreude von meiner Mutter!

Wie hat denn Ihre Mutter darauf reagiert, dass ihr Mann zurückgegangen ist?
Sie wollte nicht nach Deutschland und ist mit uns in Paris geblieben. Sagen wir es so, meine Eltern waren eigentlich getrennt, irgendwie ging es nicht mehr. Die Ehe ist im Krieg durch die Intensität und Nähe sehr beansprucht worden, vor meiner Geburt mussten sie sich bei Moissac im Wald verstecken. Nach dem Krieg war meine Mutter, die wegen der Flucht aus Deutschland ihr Jurastudium abbrechen musste, Wirtschaftsleiterin eines jüdischen Gymnasiums in Paris und gut integriert in die Jüdische Gemeinde. Diese Kreise haben meinen Vater überhaupt nicht interessiert.

Und doch sind Sie ihm später nach Deutschland gefolgt?
Das war 1958. Mein Vater war schwer krebskrank. Meine Eltern hatten beschlossen, dass meine Mutter mit mir, dem Jüngeren, nach Frankfurt kommt, um ihn am Ende seines Lebens zu begleiten. Es war klar, er würde nicht mehr lange leben. Ich weiß noch, ich war 13 und wollte nicht nach Deutschland. Als wir umgezogen sind, habe ich im Liegewagen von Paris nach Frankfurt die ganze Nacht geweint.

Waren Sie davor noch nie in Deutschland gewesen?
Selten, es gab nur sporadische Besuche. Wenn wir kamen, haben mein Bruder und ich immer ein Spiel gespielt: Wir sind auf die Straße gegangen und haben geraten, ob Leute Nazis gewesen sein könnten oder nicht. Und einmal, ich war acht oder neun Jahre alt, haben wir meinen Vater in einem Sanatorium irgendwo im Schwarzwald besucht. Wir saßen beim Abendessen in einem Restaurant, am Nebentisch eine deutsche Familie, die Kinder in Anzug und Kleidchen. Sie haben irgendjemanden begrüßt, der Junge hat dabei die Hacken zusammengeschlagen und das Mädchen einen Knicks gemacht. Mein Bruder und ich haben uns totgelacht, und ich habe gesagt: »Ey, wo sind wir denn hier gelandet?« Ich hatte am Anfang ein schwieriges Verhältnis zu Deutschland.

Wann hat sich das gewandelt?
Ich bin zum Glück auf die Odenwaldschule gekommen. Ich weiß, dass an dieser Schule Ungeheuerliches passiert ist und sie deshalb vor einiger Zeit schließen musste. Dennoch war sie meine Rettung. Denn damals war der pädagogische Leiter Ernest Jouhy, ein ehemaliger jüdischer Widerstandskämpfer. Seine Ehefrau Lydia und er waren Freunde meiner Eltern. Und deshalb konnte ich mir auch vorstellen, diese Schule zu besuchen, obwohl sie in Deutschland lag.

Die Schule ist ein paar Jahrzehnte später wegen schrecklicher Missbrauchsfälle bekannt geworden. Gab es die damals noch nicht, oder sind sie Ihnen nicht aufgefallen?
Zu meiner Zeit war die Schule noch koscher, jedenfalls habe ich nichts mitgekriegt. Ich fand, es war eine unheimlich herzliche Schule, die mich in meinem demokratischen Verhalten stark geprägt hat. Ich war der jüngste Präsident der Schülermitverwaltung, habe dort den Wahlkampf erfunden und Theater gespielt.

Haben Sie Ihren Vater in dieser Zeit noch häufig besucht? Konnten Sie sich wenigstens von ihm verabschieden?
Nicht richtig, denn meine Mutter hatte mir nicht gesagt, dass er bald sterben könnte. Im Sommer 1959 hat uns mein Bruder in Deutschland besucht. Eines Tages hatte ich mich mit ihm im Freibad in Heidelberg

verabredet. Aber er kam nicht. Da rief ich in seinem Hotel an. Die Frau am Telefon sagte, dass er schon unterwegs sei, und im Nachsatz noch: »Herzliches Beileid.« So habe ich vom Tod meines Vaters erfahren.

Da waren Sie gerade 14.
Ja, und vier Jahre später ist meine Mutter gestorben, als sie die Schwester meines Vaters in England besuchte. Ich war an der Schule, der Schulleiter rief mich zu sich und sagte: »Dany, deine Mutter hatte einen Herzinfarkt, flieg sofort nach London.« Das habe ich gemacht, vom Flughafen aus habe ich meine Tante angerufen und gefragt, in welchem Krankenhaus meine Mutter denn sei. Sie hat nur gesagt: »Komm nach Hause, die Herta ist gestorben.« Sie war da schon tot. Meine Tante hatte geglaubt, ich wäre noch zu jung, um diese Nachricht zu verkraften, und hatte mich erst spät über die Schule benachrichtigen lassen. Mein Bruder hat damals seinen Militärdienst in Frankreich gemacht und brauchte eine Sondergenehmigung, um aus Frankreich auszureisen. Es dauerte mehrere Tage, bis er nach London durfte. Dabei hatte sich meine Mutter zwischenzeitlich vom Herzinfarkt etwas erholt und immer wieder gefragt: »Wo sind meine Kinder?« Diese Aufregung hat sie nicht überlebt. Ich habe also zweimal vom Tod meiner Eltern am Telefon erfahren.

Das tut mir sehr leid! Das wusste ich nicht, und auch im Film erwähnen Sie das mit keinem Wort ...
Ich bin praktisch gezwungen worden, kurz vor meinem 18. Geburtstag erwachsen zu werden, und musste noch viel selbstständiger werden, auch wenn mein Bruder dann meine Bezugsperson gewesen ist.

Haben Sie denn, als Sie in Frankfurt angekommen sind, gut Deutsch gesprochen?
Nur wenig, viel schlechter als mein Bruder. Ich habe ja nur mit meiner Großmutter zu Hause Deutsch gesprochen, der Mutter meines Vaters.

Die Eltern Ihrer Mutter haben Sie nie kennengelernt?
Der Vater meiner Mutter ist Anfang der Dreißigerjahre gestorben. Die Mutter meiner Mutter ist in Deutschland geblieben, sie hatte einen

behinderten Sohn, den sie nicht weggeben wollte. Als die Nazis an die Macht kamen, ist sie deshalb nicht mit nach Frankreich geflohen, nur zur Geburt meines Bruders war sie 1936 kurz in Paris. Danach ging sie wieder nach Deutschland zurück, die Nazis haben sie 1939 deportiert. Wo sie genau gestorben ist, wissen wir nicht. Ihr Sohn, mein Onkel, ist wahrscheinlich im hessischen Hadamar umgekommen, dort gab es eine Tötungsanstalt für psychisch Kranke und behinderte Menschen.

Sie lassen im Film eine jüdische Sängerin zu Wort kommen, die Sie aus Ihrer Pariser Zeit kennen. Irgendwann sagt Sie einen bestürzenden Satz: Sie singe auf Jiddisch, um sich selbst zu verzeihen, dass sie lebt – wo doch alle anderen tot sind. Kennen Sie dieses Gefühl: sich schuldig zu fühlen, weil man lebt, und erst recht, weil man in Deutschland lebt?
Ich fühle mich nicht schuldig, weil ich in Deutschland lebe, aber wenn ich das Foto dieses Kindes sehe, das mit erhobenen Händen aus dem Warschauer Getto kommt, umringt von Soldaten, dann sage ich mir: »Das könnte ich sein!« Ich kenne dieses Gefühl, zu einer Gemeinschaft zu gehören, die ich zwar nicht genau beschreiben kann, aus der ich jedoch nicht rauskomme.

Warum waren Sie so lange staatenlos?
Ich bin in Frankreich geboren, deshalb hatte ich eigentlich ein Recht auf die französische Staatsangehörigkeit. Die Eltern müssen einen nur in den ersten sechs Wochen nach der Geburt bei den Behörden melden. Meine Eltern haben hin und her überlegt, sie wollten nach Israel oder in die Vereinigten Staaten auswandern. Daraus ist nichts geworden, nur die sechs Wochen waren dann vorbei. So wurde ich automatisch staatenlos. Bis zu meinem 13. Lebensjahr blieb das so.

Und dann?
Ich war mir sicher, dass ich nicht wie mein Bruder Militärdienst in Frankreich machen wollte. Ich wollte keine Uniform tragen. Mein Vater schlug mir vor, die deutsche Staatsbürgerschaft zu beantragen, denn es gab einen neuen Erlass von Franz Josef Strauß, dass Kinder von Juden vom deutschen Wehrdienst freigestellt werden können. Ich bin

wohl der einzige Mensch auf der Welt, der Deutscher geworden ist, um nicht zum Militär zu gehen.

Haben Sie inzwischen nicht auch die französische Nationalität?
Ja, sehr viel später bin ich auch Franzose geworden.

Nach dem Abitur an der Odenwaldschule sind Sie nach Paris zum Studium gegangen.
Ich habe mich für Mathematik eingeschrieben, nach 14 Tagen habe ich aber gemerkt, dass ich nichts verstehe, und bin zur Soziologie an die Uni Paris-Nanterre gewechselt. Dort hatte ich bereits Anarcho-Freunde. Dann kam das Jahr 1967 und die erste Streik-Bewegung, ich wurde bekannt in Nanterre, es gab den Mai 68, und dann war's auch schon zu Ende: Ich wurde ausgewiesen.

Ein kurzes Intermezzo ...
... dafür ein heftiges.

Sie sagen, dass Sie während dieser Zeit erstmals mit antisemitischen Klischees zu kämpfen hatten: Ausgerechnet in einem Leitartikel des späteren Kommunistenführers Georges Marchais. Er sprach von Pseudo-Revolutionären, die »vom deutschen Anarchisten Cohn-Bendit« angeführt würden. Was haben Sie an diesem Satz als anti-semitisch empfunden?
Man muss den Zusammenhang sehen: Am Tag davor hatte auch Jean-Marie Le Pen einen Leitartikel geschrieben ...

... mit der sehr hässlichen Formulierung: »Dieser Cohn-Bendit hält sich für einen jungen Karl Marx, nur weil er jüdisch und deutsch ist.«
Marchais hatte das Wort »jüdisch« nicht ausgesprochen, aber für alle schwang mit: Dieser deutsche Jude will auf Kosten der französischen Arbeiterklasse sein Süppchen kochen. Daraus ist der Slogan »Wir sind alle deutsche Juden« entstanden, den die Studenten dann auf den Demonstrationen gerufen haben. Man muss sich das mal vorstellen, da liefen Muslime, Juden, Christen, Schwarze und Weiße mit

und haben geschrien: »Wir sind alle deutsche Juden!« Wir hatten damals das Gefühl, dass wir alle eins sind, das war fantastisch. Heute unmöglich!

Haben Sie solch antisemitische Schmähungen je in Deutschland erlebt?
Nein, nie *face to face*. Nur in Hassbriefen.

In Frankreich blieb es nicht der einzige Vorfall?
Leider nein. Zum Ende des Mai 68 gab es eine große pro-gaullistische Demonstration auf der Avenue des Champs-Elysées, da haben Leute »Cohn-Bendit nach Dachau!« und »Frankreich den Franzosen!« geschrien. Diese Armen hatten Angst, dass ich ihnen ihr Frankreich wegnehme.

Zugleich waren Sie während der Mai-Unruhen ein Superstar. Die ZEIT hat damals ein großes Interview mit Ihnen nachgedruckt, das nicht irgendein Feuilleton-Redakteur geführt hat, sondern der französische Philosoph Jean-Paul Sartre.
Das war für mich, als ob man einem Katholiken sagt: »Der Papst möchte dich interviewen!«

Wie war es denn, ihm zu begegnen?
Ich kam in den Raum, und das Witzige war: Ich war nervös, aber Sartre war nervöser.

Warum?
Für Sartre war dies der Moment, von dem er immer geträumt hatte: Die Revolution kommt endlich nach Frankreich!

Und Sie waren der Anführer ...
... der Revolutionär. Sartre wollte wissen, wie wir die Macht übernehmen wollen. Ich antwortete, dass wir sie gar nicht wollen würden, denn die Zeit der Stürme auf ein Winterpalais seien vorbei. Stellen Sie sich vor, so ein 23-jähriger Student saß vor ihm und sagte: »Nein, nein, es kommt keine Revolution, das ist ein langwieriger Prozess.« Und Sar-

tre war überzeugt: »Doch.« Und ich sagte wieder: »Nein, nein!« Das war das Wahnsinnige an diesem Interview.

Haben Sie in dieser Zeit keinen Höhenrausch bekommen?
Doch, natürlich. Ich war völlig entwurzelt, für einen 23-Jährigen ist das Ganze nicht zu verarbeiten. Vorher war ich ein netter Typ, witzig. Die Leute, die mich kannten, fanden mich gut, auch die Frauen, na ja, wenigstens ein bisschen. Von dem Moment an, an dem du bekannt wirst, spielt sich was ab: Die Leute schauen anders auf dich und entdecken plötzlich Seiten an dir, die sie vorher nicht gesehen hatten. Deswegen hatte ich plötzlich einige Verhältnisse mit Frauen, die vorher nicht vorstellbar gewesen wären.

Vor vielen Jahren haben Sie mir mal über den Ruhm dieser Zeit erzählt, dass ein Blitzlichtgewitter geiler sein kann als ein Orgasmus.
Da habe ich übertrieben, die Orgasmus-Metapher ist typisch für die damalige Zeit. Ruhm ist natürlich aufregend, er kann einem aber auch Angst machen.

Was hat Ihnen Angst gemacht?
Ein Beispiel: Nachdem mich die französische Regierung am 21. Mai ausgewiesen hatte, kam ich eine Woche später noch mal illegal über die grüne Grenze zurück, die französische Schauspielerin Marie-France Pisier hatte mich in einem sportlichen Mercedes rübergefahren. Die Sorbonne war noch besetzt, und im Audimax haben permanent Diskussionen stattgefunden. Freunde haben mich dort reingelotst und den Leuten hinter der Bühne gesagt, ein spanischer Genosse würde gerne ein Grußwort sprechen. Da ich illegal eingereist war, hatte ich mir die Haare schwarz gefärbt und trug eine Sonnenbrille.

Wie man sich einen Südländer so vorstellt ...
... ja. *(lacht)* Aber das half zunächst nicht: Ein spanischer Genosse könne doch nicht einfach so bei einer solch wichtigen Debatte reden. Da sagten meine Freunde: »Passt mal auf, das ist der Dany!« Ich habe denen meinen Ausweis zeigen müssen – und alle sind erstarrt. Einer ging nach vorne auf die Bühne und hat dann tatsächlich den spanischen Genossen

angekündigt. Gemurmel im Saal, niemanden hat das interessiert. Ich trat dann auf die Bühne, habe nur meine Sonnenbrille abgesetzt. Und plötzlich sind Tausende Leute aufgestanden, Standing Ovations, alle waren aus dem Häuschen. Das hat mich gefreut, mir aber auch Angst gemacht. Ich hatte das Gefühl, ich bin in einer Rolle gefangen, die ich nicht mehr ausfüllen kann.

Und dann?
Ich bin noch einmal bei einer Demonstration mitgegangen: schnell rein, die Leute haben gejubelt, schnell wieder raus. Aber nach acht oder zehn Tagen hatte ich die Nase voll. Ich wollte mich nicht die ganze Zeit verstecken. Marie-France hat mich dann wieder mit dem Sportwagen über Luxemburg nach Deutschland gefahren. Mit ihr hatte ich dann eine kurze Affäre, wir sind direkt danach zusammen in ein schönes Hotel auf Sardinien ...

... in dem übrigens auch Willy Brandt Stammgast gewesen sein soll. Nun sind die meisten Menschen ein bisschen eitel, manche sogar ein bisschen sehr. Sind Sie nach diesem Ruhm, den Sie genossen haben, für den Rest des Lebens gesättigt gewesen, oder hatten Sie Momente, in denen Sie dieser Zeit nachgetrauert haben?
Ich habe dem Ganzen nie nachgetrauert, keine Nostalgie verspürt und die wiederkehrende unsinnige Frage von Journalisten, was ich gerne anders gemacht hätte im Leben, immer mit »Weiß ich nicht« beantwortet. Es war eine fantastische Zeit, mein Leben hat danach jedoch nicht aufgehört.

War die Ausweisung durch Charles de Gaulle denn nicht auch ein Schock für Sie?
Ja, das war es. Aber im Nachhinein bin ich Charles de Gaulle dankbar, dass er mich nicht mehr ins Land gelassen hat. Zuerst fand ich es natürlich furchtbar und traurig. Ich hatte gehofft, dass das Verbot nicht so lange anhält. Das Gute daran war jedoch, dass es mich gezwungen hat, in Frankfurt Wurzeln zu schlagen. Dort gab es ja auch eine Studentenbewegung, die Wohngemeinschaften, und ich habe mich verliebt. Das alles hat mir geholfen, neu Fuß zu fassen und mich auch zu erden.

Die Frage, die Sie blöd finden, möchte ich Ihnen jetzt nicht mehr stellen, aber vielleicht diese: Was war der größte Unsinn, den Sie je von sich gegeben haben?
Der größte Unsinn waren zwei Seiten im Buch *Der grosse Basar*.

Da haben Sie beschrieben, wie Kinder Ihren Hosenlatz geöffnet haben und angefangen haben, Sie zu streicheln – angeblich eine Fantasie.
Ja, das war es, eine Fantasie und gleichzeitig die größte und dümmste Provokation meines Lebens!

Und politisch?
Ich glaube, der Slogan, mit dem die CRS mit der SS gleichgesetzt wurden, das war 1968.

CRS heißt?
CRS ist eine Art Bereitschaftspolizei in Frankreich, die oft bei Demonstrationen aufläuft. Sie als SS zu bezeichnen, war dumm. Großer Unsinn war auch, an eine Räterepublik zu glauben und zu meinen, dass die bürgerliche Demokratie die Interessen des Volkes verrät. Ich war damals ein anarchistischer Marxist, gegen die Bolschewiken, gegen die staatliche Version der Revolution und für die Selbstverwaltung. Irgendwann Ende der Siebziger habe ich aber gemerkt, was unser Problem als Aktivisten war. Unsere Mobilisierung folgte der Gesetzmäßigkeit von Ebbe und Flut: Wir haben eine Flut ausgelöst, danach kam die Ebbe. Eine außerparlamentarische Mobilisierung, eine Revolte, kann sich nicht halten, weil die Menschen irgendwann zu ihrem Alltag und zu ihren Bedürfnissen zurückkehren. Ich musste einsehen: Wir sind keine Politmaschinen, wir haben auch ein Privatleben.

Wie, Sie hatten ein Privatleben? Das Private ist also doch nicht politisch?
Diese Parole war Selbstbetrug! Es gab private Bedürfnisse, die wir nicht politisch artikulieren wollten. Ich kam deshalb zum Nachdenken, über den Kommunismus, über Hannah Arendt und über den Wert der

parlamentarischen Demokratie. Anfang der Achtzigerjahre bin ich
dann zu den Grünen gegangen.

Haben Sie Rudi Dutschke noch kennengelernt?
Klar, Rudi war mir unheimlich: Er war eine Mischung aus Pietismus,
Askese, revolutionärer Energie und antiimperialistischem Impetus. Er
war jedoch nicht der Einzige, der mir unheimlich war.

Wer fällt Ihnen noch ein?
Der Gerhard Schröder war mir später auch unheimlich.

Aber er war doch gar nicht so links.
Nein, aber er ist ein Machtzyniker. Ich habe ein prägendes Erlebnis mit ihm gehabt: Kurz vor der Abstimmung zum EU-Vertrag von
Maastricht hat die ARD eine große Debatte über den Euro organisiert. Auf der einen Seite standen der damalige CDU-Generalsekretär
Peter Hintze und ich, wir haben den Euro verteidigt. Gerhard Schröder und ein unsäglicher Ökonom, Wilhelm Hankel, haben dagegen-
argumentiert.

Das allein ist noch nicht unheimlich!
Nein, aber am Abend traf ich den Schröder an der Bar in unserem Ho-
tel. Ich sagte zu ihm: »Gerhard, was ist denn los mit dir, warum bist du
gegen Maastricht?« Er antwortete: »Dany, du verstehst mich nicht.
Solange ich nicht an der Macht bin, muss ich alle Stimmen sammeln,
die gegen Europa und den Euro sind.« Er gewann bekanntlich einige
Jahre später die Bundestagswahl, und seine Amtszeit begann mit der
deutschen EU-Ratspräsidentschaft. Er stellte im Europaparlament die
Eckpunkte der Präsidentschaft vor und fing mit einem Loblied auf den
Euro und die Geschichte des Euro an. Banale Sätze ...

... und Sie saßen im Plenum!
Ich klatschte unheimlich stark, und alle wunderten sich. Er war erst
verunsichert, sah mich und musste lächeln – er wusste ja, warum.

Ist Ihnen nicht auch die Arbeiterklasse inzwischen unheimlich, für die Sie auf die Barrikaden gegangen sind? Weltweit ist sie nach rechts gerückt, in Frankreich wählen viele Arbeiter Marine Le Pens Rassemblement National, in Italien Matteo Salvinis Lega und im Osten Deutschlands die AfD.

Meine zwiespältigen Überlegungen zur Arbeiterklasse fingen in den Siebzigerjahren an. Das heißt, mit der Entwicklung der Ökologie-Bewegung kam es zu einer Spaltung zwischen der Arbeiterklasse und den emanzipatorischen Bewegungen, zum Beispiel der Frauenbewegung oder der Schwulenbewegung.

War das eine kulturelle Spaltung?

Ich denke, ja. Die Arbeiterklasse konnte, ja wollte diese Entwicklung kulturell einfach nicht akzeptieren. Es war schwer, das zu überwinden. Gleiches gilt für die Einwanderung. Ich erinnere mich noch an meine Auseinandersetzung mit der SPD, bis die akzeptiert hat, zu sagen, dass Deutschland ein Einwanderungsland ist ... Die Arbeiterklasse kann diese Geschwindigkeit der Veränderung viel schwerer nachvollziehen, als es andere gesellschaftliche Gruppen tun. Ich bin nicht enttäuscht, ich war aber auch nie ein Arbeiterfetischist.

Denken Sie nicht manchmal: Wenn wir bloß gewusst hätten, wohin unser Aufstand geführt hat?

Ah, wenn die ersten Zionisten, die Israel aufgebaut haben, gewusst hätten, wohin das führt – nämlich bis zur Annexion –, hätten die sich gesagt: Das ist nicht das, was wir wollen!

Gut, dann lassen Sie uns wieder über Ihre jüdische Identität und Israel sprechen, worum es auch in Ihrem Film geht. Eine Ihrer vielen Erkundungen führt Sie in eine Schule, in die nur Kinder von Flüchtlingen gehen. Es ist die berührendste Szene von allen. Eine Schülerin, die ursprünglich aus dem Kongo kommt, erzählt, dass es so furchtbar sei, angestarrt zu werden, als sei sie eklig, als sei sie ein Tier. Sie bete vor dem Schlafengehen zu Jesus, damit diese Blicke aufhören mögen. An dieser Stelle verstummen Sie, weil Sie mit den Tränen kämpfen.

Das stimmt, und ich habe mich gefragt, warum mich das so mitnimmt, denn so sind eigentlich alle Länder gegenüber Flüchtlingen. Ich glaube, zu meiner jüdischen Identität gehört die Hoffnung, dass die Juden ein besseres Verhältnis zur Migration haben sollten als andere. Gerade weil sie wissen, was Flucht und Flüchtling zu sein bedeutet. Aber das ist nicht der Fall – jedenfalls nicht generell.

Es gibt viele Israelis, die Empathie für Flüchtlinge haben. Sie sind zurzeit nur nicht an der Macht.
Sie werden immer mehr zur Minderheit.

Ist Israel für Sie genauso rassistisch wie jedes andere Land?
Israel ist genauso anfällig für Rassismus wie andere Länder. Ich ziehe aus meinem Film zwei Lehren. Die erste ist: Ich bin enttäuscht von Israel, denn die Juden haben die schlimmste Barbarei an ihrem Körper erfahren, die man erfahren konnte, aber sie sind dadurch nicht zu besseren Menschen geworden.

Warum sollten sie auch?
Irgendwie bin ich naiv: Jeder Revolutionär hat die Hoffnung auf eine bessere Welt, auf bessere Menschen!

Und die zweite Lehre?
Die zweite ist: Auch Antirassisten können Antisemiten sein. Das eine schließt das andere nicht aus.

Wo haben Sie linken Antisemitismus persönlich erlebt?
Ein Beispiel, das ich nie vergessen werde: Während des Häuserkampfes in Frankfurt, irgendwann in den Siebzigern, kam ich in einen Raum, in dem Plakate gemalt wurden, italienische Genossen schrieben auf Deutsch und auf Italienisch: »Die Schweine von heute werden die Schinken von morgen sein.« Jeder wusste damals, dass die meisten besetzten Häuser Juden aus Frankfurt gehörten. Ich bin ausgeflippt und habe gesagt: »Das könnt ihr nicht machen, ihr wisst nicht, was ihr da für Assoziationen auslöst!« Das wurde dann zurückgenommen.

Ist Rassismus eine anthropologische Konstante oder etwas Strukturelles – oder beides?
Ich weiß es nicht, ich glaube, Rassismus ist die Angst vor dem Fremden.

Also eher eine anthropologische Konstante.
Ja, aber eine Angst, die man überwinden kann. Das ist eine Bewusstseinsarbeit, eine intellektuelle Arbeit.

Indem man die eigenen Urinstinkte in Schach hält?
Ja, denn Zivilisation bedeutet: Das Böse, das Schlechte im Menschen unten zu halten.

An einer deutschen Schule kann man sich heute solch eine Szene mit dem Mädchen aus dem Kongo schwer vorstellen.
So einfach ist das nicht. Ich weiß auch aus meinem eigenen Umfeld, dass es Menschen gibt, die nicht nach Ostdeutschland reisen. Sie spüren, dass die Blicke anders sind. Und denken Sie an das Echo, das die Black-Lives-Matter-Bewegung auch in Deutschland ausgelöst hat, rassistische Übergriffe gibt es auch bei uns zur Genüge.

Hat Deutschland nicht genug aus seiner Geschichte gelernt?
Ich bin beeindruckt davon, was Deutschland alles versucht hat, um seine Geschichte zu verarbeiten. Meine Frau, mit der ich über vierzig Jahre zusammen bin, hat mir gezeigt, wie intensiv sich viele nicht jüdische Deutsche mit ihrer Vergangenheit auseinandergesetzt haben. Sie war Lehrerin und hat tolle Projekte gemacht, zum Beispiel eine Spurensuche nach ehemaligen jüdischen Schülerinnen und Schülern an ihrer Schule. Ich bin übrigens bis heute gegen Berufsverbote – auch nicht für Lehrer, die in der AfD sind, solange sie nicht agitieren. Es bleibt jedoch eine Art Restskepsis. Wir sollten uns nicht in die Tasche lügen: Wenn die Amerikaner zusammen mit den Engländern und Franzosen Deutschland nicht besetzt hätten, hätte es diese Reflexion über die Nazi-Zeit nie gegeben. Das Grundgesetz und den Föderalismus, das haben letztendlich die Amerikaner durchgesetzt, auch wenn es vom Parlamentarischen Rat entschieden wurde. Deutschland ist anders geworden, aber nur, weil es besetzt worden ist.

191

Was sagen Sie denn einem Menschen in der Jüdischen Gemeinde in Frankfurt, der zum Beispiel nach dem Attentat auf die Synagoge in Halle sagt, er fühle sich in Deutschland nicht mehr sicher, er wolle weg.
Ich würde ihm sagen: Das sicherste Land für Juden auf der Welt ist heute vielleicht Deutschland. Warum? Weil die deutsche Staats- und Gesellschaftsräson aus der Geschichte gelernt hat, dass Antisemitismus in diesem Land nicht mehr geduldet wird. Schauen Sie, meine Eltern mussten 1933 aus Berlin fliehen. Aktuell leben dort schätzungsweise 30 000 Juden und Israelis. Sie, überwiegend junge Menschen, lieben diese Stadt. Das ist doch ein Wunder der Geschichte!

Berlin ist sicherer als Israel?
Vom Sicherheitsgefühl her ja: In Israel kannst du dich nur sicher fühlen, wenn du vieles verdrängst, zum Beispiel dass diese Mauer zwanzig oder dreißig Kilometer von Tel Aviv entfernt steht. Dann ist das Leben dort am Strand jedoch wunderbar.

Nun ist die Mauer ja deswegen errichtet worden, damit die Israelis vor Terroranschlägen sicherer sind.
Einerseits ja, andererseits spaltet diese Mauer die beiden Völker unwiderruflich. Junge Palästinenser kennen israelische Juden nur als Militärbesatzer oder aggressive Siedler, für junge Israelis sind die meisten Palästinenser potenzielle Terroristen. Die Mauer macht jede Versöhnung unmöglich.

Verstehen Sie denn die Juden, die Frankreich den Rücken kehren, weil Juden dort brutal angefeindet oder ermordet werden?
In Frankreich ist die Geschichtsverarbeitung nicht ganz so gut wie in Deutschland. 1999, während des Wahlkampfes zur Europawahl, hat mich zum Beispiel eine Mischung aus kommunistischen Gewerkschaftlern, sozialistischen Pro-Atom-Leuten und Jägern in der Wiederaufbereitungsanlage La Hague empfangen und als Juden beschimpft.

In Aufnahmen des französischen Fernsehens, die kurz danach gemacht worden sind, wirken Sie verstört. Sie sind als dreckiger Jude

beschimpft worden, andere hatten gerufen: »Hängt ihn auf, den Scheißjuden!«

Es war unheimlich und gefährlich. Wir hatten uns zurückgezogen in den ersten Stock eines Cafés und wurden dann von Zivilpolizisten herausgeschmuggelt, mit dem Auto aus der Stadt geführt und nach Paris gefahren.

Hat Sie das nicht auch tief verletzt?

Ich bin ein Verdränger: Es hat mich mehr verletzt, als ich in dem Moment zugegeben habe. Durch solche Momente wurde mir irgendwann klar: Ja, Antisemitismus existiert. Und er hat – auch wenn er nur verbal ist – etwas Vernichtendes. Dazu kommt der heutige terroristische fundamentalistisch-islamistische Antisemitismus.

Bricht da eine Art Urangst hervor?

Diese Urangst sitzt tief in mir, sie kommt von meinem Jüdischsein.

Sie sind über nichts bitter geworden, das unterscheidet Sie von vielen Altersgenossen. Wie haben Sie das geschafft? Ist das die Kunst des Verdrängens, von der Sie sprachen?

Ich weiß nicht, es ist sicherlich auch wegen des großen Glücks in meinem Privatleben.

Vielleicht haben Sie auch ein gewisses Talent zum Glück?

Das kann sein, ich bin bei meiner Geburt wie Obelix in einen Kübel gefallen, nur dass da Glück drin war. Ich habe mein Privatleben ganz gut hinbekommen, das hat mit meinen Kindern und meiner Frau zu tun. Sie brachte ja noch ihren Sohn in die Beziehung mit: Niko Apel, mit ihm habe ich jetzt diesen Film gemacht. Aber natürlich gab es auch schwierige Geschichten.

Woran denken Sie?

Ich habe eine Tochter, Mascha, von der ich erst nach dreißig Jahren erfahren habe. Ich habe mit ihr sogar einige Jahre in einer Wohngemeinschaft gelebt und wunderbare Erlebnisse gehabt. Aber die ganze Zeit wusste ich nicht, dass sie meine leibliche Tochter ist.

Plötzlich taucht dieser Mensch in Ihrer Familie auf. Gibt es irgendwas, bei dem Sie sich gesagt haben: Das hat sie von mir?
Sie hat einiges von mir: In ihrem Temperament und ihrer Artikulation finde ich immer wieder Ähnlichkeiten.

Gibt es bei ihr eine Sehnsucht, sich mit der jüdischen Kultur zu identifizieren?
Ich glaube nicht. Nicht so wie bei unserem Sohn Bela. Seine Frau und er haben viele Freunde aus der Jüdischen Gemeinde, der sie sich sehr nah fühlen. Bela war zum Beispiel Fußballtrainer für Kinder im jüdischen Sportverein Makkabi in Frankfurt.

Hat Sie und Ihre Tochter wenigstens politisch etwas verbunden?
Ja, wir waren beide bei den Grünen in Frankfurt aktiv. Ich hatte dort mit ihr spannende Auseinandersetzungen: Einmal ist sie unheimlich energisch aufgetreten. Es kam sogar zu einer Kampfabstimmung. Im Nachhinein haben die Leute zu mir gesagt: »Spätestens da hättest du es merken müssen – die redet so wie du!«

Wer hat denn bei dieser Auseinandersetzung am Ende gewonnen?
Ich, aber es hat lange gedauert! *(lacht)* Es ging um die Möglichkeit einer schwarz-grünen Koalition. (...)

In Ihrem Film werden Sie von einer jüdischen Journalistin, sie ist Chefredakteurin eines Modemagazins für orthodoxe Frauen, heftig attackiert: Sie würden ihr Schmerzen zufügen, weil Sie keine Jüdin geheiratet haben und Ihr Sohn nicht jüdisch ist. Sie hätten sich selber exkommuniziert. Hat Sie das getroffen?
Es hat mich in dem Moment überrascht, mehr aber auch nicht. Und vielleicht hat sie ja auch recht: Kann sein, dass ich kein guter Jude bin. *(lacht)*

DIE ZEIT, 03.09.2020

»Ich bin eigentlich ziemlich bescheiden«

Daniela Cavallo

Gemessen an der Zahl italienischer Einwohner, aber nicht nur daran, ist Wolfsburg eine Art norddeutscher Vorposten Italiens. Nachdem 1962 die ersten süditalienischen Arbeiter (durch Vermittlung des Vatikans) in der Stadt ankamen, waren es 1970 bereits 10 000 – und das bei einer Einwohnerzahl von damals 93 000. Die italienischen Familien, die in den folgenden Jahrzehnten blieben, haben Wolfsburg verändert: Es gibt eine italienische Grund- und Gesamtschule, es gibt den ersten in Deutschland von Italienern gegründeten Fußballverein, der heute in der Oberliga Niedersachsen spielt. Es gibt ein italienisches Konsulat, obwohl Hannover nur eine halbe Stunde Zugfahrt entfernt ist, es gibt sogar eine Piazza Italia, die mit der Anmut italienischer Plätze allerdings nicht so viel gemein hat. Es kreuzen dort lediglich die Goethe- und die Schillerstraße. Das Wichtigste aber habe ich noch nicht erwähnt: Wolfsburg ist eigentlich ein einziges Volkswagenwerk. Aus dieser Welt kommt Daniela Cavallo, beide Eltern Süditaliener, Vater schon bei VW, ihr Mann bei VW, und sie selbst fing dort direkt nach dem Abitur an.

Vor etwa 20 Jahren war ich einmal Gast in der italischen Gesamtschule; das Publikum bestand fast nur aus Menschen, die im Süden Italiens ihre Wurzeln hatten. Damals regte ich mich noch ziemlich heftig darüber auf, dass der Anteil italienischer Kinder an den Sonderschulen in ganz Deutschland besonders hoch war. Ich sagte: Ein bisschen haben auch die Eltern Schuld, sie reden mit ihnen zu Hause italienisch, im Fernsehen laufen die italienischen Programme, und weil Italien zwar fern, aber auch ziemlich nahe liegt, verbringen die Kinder alle Schulferien bei den Großeltern. Wie soll man da anständig Deutsch lernen? Aber dieses Urteil erscheint mir heute viel zu hart, nicht nur, weil ich viel mehr darüber weiß, wie dornenreich der Kampf um Anerkennung für die damaligen Gastarbeiter war – in einer Zeit, in der viele Deutsche Italiener als »Spaghettifresser« und »Messerstecher« titulierten und sie in Gaststätten mancherorts abgewiesen wurden. Inzwischen habe ich auch verstanden, wie beschämend benachteiligt im deutschen Bildungssystem Kinder sind, die von ihren Eltern nicht unterstützt werden oder keine Nachhilfestunden bekommen können.

Früher habe ich mich bei meinen öffentlichen Auftritten auch immer wieder gewundert, dass von den rund 600 000 Italienern in Deutschland so wenige in herausragende Positionen gelangt sind. Daniela Cavallo ist der lebende Gegenbeweis. Sie hat eine Karriere hingelegt, die hoffentlich für viele Migrantinnen und Migranten Vorbild sein wird. In diesem Interview spricht sie auch über das Leben einer Familie, die sich in Wolfsburg erst mal zurechtfinden musste. Das Gespräch, das ich zusammen mit meinem Kollegen Claas Tatje geführt habe, fand mitten in der Coronazeit ausnahmsweise per Video statt. Cavallo war erst zwei Monate im Amt. Vielleicht antwortete die mächtigste Betriebsratsvorsitzende Deutschlands deshalb auch mit einer Unbefangenheit, die sie heute womöglich nicht mehr hätte. Am Ende gab sie sogar die Höhe ihres Gehalts preis.

Ihr Vater kam als Gastarbeiter aus Süditalien zu Volkswagen. Sind Sie in einem Sprachenmix aufgewachsen?
Mein Vater kam nach Wolfsburg und hat die deutsche Sprache erst nach und nach gelernt. Genauso ging es später meiner Mutter. Zu Hause wurde italienisch mit kalabrischem Dialekt gesprochen. Deutsch habe ich schon im Kindergartenalter gelernt. Ich bin hier in Wolfsburg geboren und aufgewachsen. Meine Eltern haben immer viel davon erzählt, was das für sie bedeutet hat, aus einem kleinen Dorf in Süditalien nach Deutschland zu kommen, hier neu anzufangen, obwohl sie über kurz oder lang zurück nach Italien wollten. Aber selbst als Rentner haben sie ihren Lebensmittelpunkt komplett hier in Deutschland. Wolfsburg ist unsere Heimat.

War es für Sie anfangs schwierig, an einer deutschen Schule sprachlich mitzukommen?
Ich war stets eine gute Schülerin. Obwohl meine Eltern mir nicht viel helfen konnten, habe ich das irgendwie gut gemeistert. Erst auf dem Gymnasium war ich eine Exotin. Die meisten Italienerinnen und Italiener gingen damals noch eher auf die Haupt- oder Realschule.

Wie äußerte sich das Exotischsein bei Ihnen? Es lebten doch viele Italiener in Wolfsburg.
Viele Lehrerinnen und Lehrer haben mich sehr gefördert. Ich bekam aber auch Vorurteile zu spüren. Da hieß es dann, ob das denn so gewollt sei von den Eltern, dass ein Mädchen mit Migrationshintergrund Abitur macht.

Sind Sie nie als »Spaghetti-Fresserin« beschimpft worden?
Nein, das nicht. Das liegt vielleicht daran, dass mit Mädchen anders umgegangen wurde. Aber mein Vater hat erzählt, wie junge Italiener in den Anfangsjahren gemieden wurden. Da hieß es dann zum Beispiel, die dürfen auf keinen Fall unsere deutschen Frauen belästigen.

Hat Ihr Vater zu Hause darüber gesprochen?
Erst sehr viel später, als es lange vorbei war. Die Integration am Arbeitsplatz ging allerdings schneller. Man hatte eine gemeinsame Aufgabe und kam ins Gespräch, da entstanden Freundschaften. Mir zeigt das, wie wichtig die Arbeit für die Integration ist. Da ist man gezwungen, aufeinander zuzugehen, im Privaten kann man sich meiden.

Sie werden eine besondere Sensibilität dafür haben, wenn es zu Rassismus am Arbeitsplatz kommt. Haben Sie von dem Vorfall im VW-Werk Zwickau gehört, wo im vergangenen Jahr ein ägyptischstämmiger Mann Anfeindungen in allen Facetten erleben musste?
Ja. Der Fall ist im dortigen Betriebsrat und auch bei uns in Wolfsburg gut bekannt. Wir sind den Vorwürfen intensiv nachgegangen. Aber selbst die Polizei konnte die Täter nicht ermitteln. Denn der Betroffene nennt keine Namen.

Der Arbeiter hat sich in psychologische Behandlung begeben müssen, weil es so übel war. Man hatte das Gefühl, die dort ansässigen Arbeiter wollten nicht mit Ausländern zusammenarbeiten. Volkswagen ist weltoffen, allein im Stammwerk Wolfsburg arbeiten rund 100 Nationalitäten zusammen. Unsere Belegschaft zeigt an so vielen Stellen, dass Rassismus keinen Platz hat bei uns. Aber wir sind auch nur ein Spiegel der Gesellschaft, es gibt diese Probleme auch in unseren Reihen. Ganz wichtig: Das ist kein ostdeutsches Problem allein. Dort wird die AfD stärker gewählt. Das kann man nicht ausblenden. Wir stellen uns dem mit ganzer Kraft entgegen. Fest steht: Wer konkrete Angaben macht, bekommt konkrete Hilfe.

Sahra Wagenknecht schreibt in ihrem neuen Buch davon, dass die AfD heute die erste Arbeiterpartei ist. Wie erklären Sie sich den Rechtsschwenk Ihrer Klientel, die traditionell doch eher links steht?
Ich erlebe das in Wolfsburg nicht. Wir haben hier im Betriebsrat unter den Vertrauensleuten einen hohen Anteil an Migrantinnen und Migranten, und auch die Tatsache, dass ich jetzt zur Betriebsratsvorsitzenden gewählt wurde, zeigt doch, dass nicht danach geguckt wird, welchen Hintergrund man hat, sondern wie man seine Arbeit macht. Grundsätzlich spüre ich bei vielen Menschen eine große Unsicherheit. In der Automobilindustrie müssen wir uns damit auseinandersetzen, wie wir die Transformation ins digitale Zeitalter und in die Elektromobilität schaffen, von der alle sprechen. Und mittlerweile halten viele Menschen Transformation für ein Unwort, die können das nicht mehr hören.

Dringen die Manager mit ihren Forderungen nach dem Wandel zur Belegschaft durch?
Die Unternehmen selbst sprechen zu oft immer nur von Technologien, von alternativen Antrieben, Klimazielen, die erfüllt würden müssen, und von Digitalisierung. Es wird wenig darüber gesprochen, wie wir die Arbeitsplätze erhalten. Das verunsichert die Beschäftigten, denn sie hören eigentlich tagtäglich aus den Medien, dass der Inhalt ihrer aktuellen Arbeit komplett infrage gestellt wird. Da kann ich mir schon vorstellen, dass manche Richtung AfD wandern. Dort machen Politi-

ker ganz platte Versprechen. »Wir wollen den Diesel erhalten« ist so eines. Das gewährt eine scheinbare Sicherheit. Aber die haben keine Konzepte und keine Ideen, wie das funktionieren soll. Wir alle – im Betriebsrat, im Management und in der Politik – müssen dafür sorgen, dass dieser Wandel nicht nach hinten losgeht. Aus meiner Sicht ist das wirklich sozialer Sprengstoff.

Sind Sie Mitglied einer Partei?
Nein. Für mich war bisher immer wichtig, eine gewisse politische Unabhängigkeit zu haben. Mit den Werten, die die Sozialdemokratie verkörpert, kann ich mich sehr gut identifizieren. Ich bin in erster Linie Gewerkschafterin, Arbeitnehmervertreterin, und über die Jahre habe ich festgestellt, dass es sehr wichtig ist, mit allen politischen Parteien im Dialog zu sein. Nur mit der AfD spreche ich nicht. Das ist bei uns im ganzen Unternehmen so.

Sie haben bei VW legendäre Gestalten erlebt und überlebt. Sie haben die Ausläufer mitbekommen eines Systems von Korruption und Affären, wie sie sonst nur in Filmen stattfinden, Sie haben den damaligen Betriebsratschef Klaus Volkert und später das Herrschaftssystem des Volkswagen-Chefs Martin Winterkorn erlebt. Wie sind Sie durch diese Zeit gekommen?
Ich persönlich war über manche Dinge absolut erschüttert. Integrität ist mir sehr wichtig. Ich konnte nicht glauben, dass so etwas wie die Dieselmanipulation bei uns im Unternehmen passiert. Die Ära Winterkorn habe ich jedoch nicht so negativ in Erinnerung, wie Sie es andeuten. Ich habe ihn als einen klassischen Patriarchen kennengelernt, der sich mit jeder Faser für die Belegschaft und für das Unternehmen eingebracht hat.

Tut er Ihnen jetzt manchmal leid, wenn Sie sehen, wie einsam es um ihn geworden ist?
Ob er einem leidtun muss, ist an der Stelle keine passende Kategorie. Ich will ihn nicht in Schutz nehmen. Aber fest steht auch, unabhängig von der Dieselkrise, dass Herr Winterkorn sehr erfolgreich für den Konzern gearbeitet hat.

Wenn Sie schon in der Schule eine Exotin waren, dann waren Sie es ja erst recht im Betriebsrat als Frau. Was den Dieselskandal und den Korruptionsskandal im Betriebsrat eint, ist, dass es reine Männerklubs waren. Wären solche Skandale auch mit einigen Frauen im Vorstand möglich gewesen?
Damit unterstellen Sie ja, dass der Vorstand in Gänze von diesen Dingen gewusst hätte und mehr Frauen ein Korrektiv gewesen wären. Ich will mal anders auf die Frage eingehen: Ich bin auf jeden Fall zutiefst davon überzeugt, dass diverse Teams andere, bessere Arbeitsergebnisse erzielen, eine andere, positivere Kultur in der Zusammenarbeit bringen, das habe ich an vielen Stellen selbst erlebt. Das heißt aber nicht, dass nichts Vernünftiges dabei rauskommen kann, wenn Männer nur unter sich sind.

Empfinden Sie es manchmal als Nachteil, dass Sie anders als Ihre Vorgänger Osterloh oder Klaus Volkert technisch nicht so versiert sind? Die beiden konnten sich noch unter das Auto legen.
Meine Aufgabe ist ja erst mal nicht, Technik bis ins letzte Detail zu verstehen, sondern mich für die Interessen der Menschen einzusetzen. Zugleich muss ich die Unternehmensseite genau im Blick haben. Wie entwickelt sich die Automobilindustrie insgesamt weiter, was brauchen wir, wo müssen wir investieren in Technologien oder Standorte. Da habe ich jetzt nicht den Eindruck, dass mich meine Ausbildung in meiner Arbeit irgendwie einschränkt. Aber ich fahre gern Auto und bin gern unterwegs.

Was fahren Sie denn?
Im Moment fahre ich einen Golf.

Wann haben Sie zum ersten Mal das Gefühl gehabt, die Vertretung der Arbeitnehmerinteressen ist meine Berufung und ich könnte eines Tages die Leitung dieses Betriebsrates übernehmen?
Mein Herz für die Arbeitnehmervertretung habe ich sehr früh entdeckt. Ich habe mich riesig über den Ausbildungsplatz bei Volkswagen gefreut, das ist in dieser Region wirklich etwas Besonderes. Dann kam ich sehr schnell in Berührung mit der Jugendvertretung und setzte

mich dann für die Belange meiner Ausbildungsgruppe ein. Wenn mir damals jemand gesagt hätte, du wirst irgendwann mal Betriebsratsvorsitzende, hätte ich nur müde gelächelt. Die Aufgabe erschien mir einfach zu groß.

Zur Vorsitzenden wurden Sie Ende April, weil Bernd Osterloh plötzlich ins Management der Volkswagen-Tochter Traton wechselte. Hat er gefragt, ob Sie ihn beerben wollen?
Mit dem Begriff beerben tue ich mich schwer. In dem Moment, als ich mich vor zweieinhalb Jahren mit der Rückendeckung unserer Gremien dazu entschlossen hatte, seine Stellvertreterin zu werden, war klar, dass sich irgendwann diese Frage stellen kann. Und deswegen habe ich mir sehr wohl darüber Gedanken gemacht, was tue ich, wenn die Frage aufkommt.

Ihre Antwort war so wahnsinnig diplomatisch, dass wir überhaupt nicht verstanden haben, ob Sie von sich aus Interesse gezeigt haben oder ob Sie gefragt worden sind.
Ich würde sagen, es ist beides.

Haben Sie lange überlegen müssen, ob Sie es machen?
Nein, als der Tag gekommen war, habe ich nicht lange überlegt. Die Gedanken habe ich mir vor zweieinhalb Jahren gemacht und das mit meinem Mann schon damals besprochen. Allein könnte ich das nicht bewältigen; wir haben zwei Töchter, und wenn das nicht in der Partnerschaft mitgetragen wird, funktioniert es nicht. Mein Mann sagte aber: Ist doch klar, dass du das machst.

Ihr Mann ist nicht bei VW?
Doch. *(lacht)*

Und was hat Ihr Vater gesagt?
Mein Vater ist genauso stolz auf mich wie meine Mutter. Es ist für sie wirklich etwas Besonderes, vor allem als mein Amtsantritt jetzt auch von italienischen Medien aufgegriffen wurde.

Sind Sie denn noch Italienerin vom Pass?
Ja, bin ich. Aber ich habe gerade den deutschen mitbeantragt, das Verfahren läuft.

Bernd Osterloh zählte zu den mächtigsten Figuren in Wolfsburg. Fühlen Sie sich mächtig?
Ich spüre zunächst mal eine große Verantwortung. Wir repräsentieren die Belegschaft im Konzern; weit über 600 000 Menschen, allein hier in Wolfsburg um die 60 000. Aber zu sagen, ich bin jetzt die mächtigste Person? Ganz ehrlich, ich bin eigentlich ziemlich bescheiden, und ich weiß ja ganz genau, was es bedeutet, in einfachen Verhältnissen groß zu werden.

Wenn Sie betonen, Sie kommen aus einfachen Verhältnissen, dann müssen wir Ihnen doch eine Frage stellen, die Sie vermutlich hassen: Was halten Sie denn für eine angemessene Entlohnung für eine Gesamtbetriebsratsvorsitzende?
Das war natürlich klar, dass diese Frage heute kommt! *(lacht)* Erst mal ist es ja so, dass Betriebsratsarbeit ein Ehrenamt ist: Laut Betriebsverfassungsgesetz bekommen Betriebsräte keine Vergütung, sondern eine Lohnersatzleistung. Und darüber entscheidet das Unternehmen. Es darf keine Bevorteilung, aber auch keine Benachteiligung von Betriebsratsmitgliedern geben. Über die Entlohnung entscheiden damit viele Kriterien: welche Tätigkeit hat man gemacht, wie wäre sozusagen der Weg einer Person gewesen, wenn man auf Unternehmensseite geblieben wäre. Deswegen kann ich nicht sagen, was angemessen ist, sondern es liegt eben individuell an der Person.

Eine Vergütung in Höhe von 750 000 Euro, wie sie Ihr Vorgänger hatte, ist die vermittelbar?
Das halte ich für vermittelbar, weil da die Aspekte, die ich jetzt gerade genannt habe, zum Tragen kamen.

Frühere Vorstände müssen sich aber vor Gericht verantworten, weil das Gehalt der Betriebsräte unangemessen hoch gewesen sein soll. Wird der anstehende Gerichtsprozess Ihre Arbeit belasten?
Es wird natürlich zu Nachfragen und Diskussionen kommen. Ich weiß, dass es Schiedsverfahren gegeben hat, wonach die Vergütung in Ordnung gewesen ist. Wir werden das weiterhin offen und transparent mit der Belegschaft diskutieren.

Warum veröffentlichen Sie die Gehälter der Betriebsratsspitze nicht wie die Vorstandsvergütung im Geschäftsbericht?
Dafür fehlt uns die Grundlage, und wir können niemanden dazu zwingen. Ich persönlich habe nichts zu verbergen.

Heißt das, dass Sie uns Ihr jetziges Gehalt verraten können?
Na klar, ich will da keine Spekulationen. Das Unternehmen zahlt mir aktuell pro Jahr rund 100 000 Euro brutto an Festvergütung. Hinzu kommen die in meiner Vergütungsstufe üblichen Boni, das ist zusätzlich ein fünfstelliger Betrag pro Jahr. Brutto. Die Höhe hängt vom Unternehmenserfolg ab. Und noch zur Einordnung: Von den rund 120 000 Beschäftigten in der Volkswagen AG verdienen über zehn Prozent sechsstellig.

Vier von zehn Euro, die VW zurzeit verdient, kommen aus dem China-Geschäft. Ist es aus Sicht eines Betriebsrats, der sich ethischen Prinzipien verpflichtet, richtig, sich stark von einem Land abhängig zu machen, das die Menschenrechte mit Füßen tritt?
Diese Diskussion führen wir natürlich. Die führten wir aber auch schon, als wir uns entschlossen, in Südafrika während des Apartheid-Regimes einen Standort zu errichten oder zu Zeiten der brasilianischen Militärdiktatur. Wir haben schon vor zwanzig Jahren eine Sozial-Charta mit weltweit geltenden Arbeitnehmerrechten verabschiedet. Diese Charta haben wir im vergangenen Jahr im Konzern überarbeitet. Unser Anspruch ist ganz klar, auch wenn wirtschaftliche Lebensverhältnisse nicht überall gleich sind: Arbeitnehmer- und Menschenrechte müssen überall gleich sein und an allen Standorten in der Priorität ganz oben stehen. Auch in China.

Würden Sie sich vor Ihre Kolleginnen und Kollegen hinstellen und sagen, wenn in einem Land Menschenrechtsverletzungen passieren, die Ihre Belegschaft tangieren, lasst uns auf dieses Geschäft verzichten?

Menschenrechte sind universell. Damit ist eigentlich alles gesagt. Aber Ihre Frage zielt ja auf unser Werk in Urumqi in Westchina. Dazu will ich sagen: Wir haben auch Verantwortung für die Menschen, die dort arbeiten. Wenn wir jetzt sagen, wir schließen einen Standort, dann sind die Menschen erst mal arbeitslos. Verbessert das dann die Situation in der Region? Und um nicht missverstanden zu werden: Wenn ich von Menschenrechtsverletzungen im Betrieb hören sollte, ganz egal, wo, würde ich mich vehement dafür einsetzen, dass das restlos aufgeklärt wird.

Wann reisen Sie nach China?

In diesem Jahr vermutlich nicht, aber spätestens 2022. Ob es mir wirklich gelingt, jeden Standort zeitnah einmal zu besuchen, das wird sicher nicht ganz einfach. Wir haben ja allein rund 120 Fabriken.

Ihr Vorgänger Bernd Osterloh hat sich mit Vorstandschef Herbert Diess heftige Machtkämpfe geliefert. Machen auch Sie Herrn Diess richtig Feuer im Wahlkampf für die Betriebsratswahl im nächsten Frühjahr?

(lacht) Noch hat der Wahlkampf ja nicht begonnen. Aber ganz ehrlich: Was soll ich mit der Frage anfangen?

Man kann als Betriebsrat konfrontativ auftreten, oder man ist um Konsens bemüht.

Wir waren auch in der Vergangenheit nicht ständig auf Eskalation aus. Es wird immer Themen geben, wo wir unterschiedlicher Meinung sind, und dann werde ich mich dafür einsetzen, das Bestmögliche für die Belegschaft zu erreichen. Ich wache nicht jeden Morgen auf und denke, was muss ich jetzt wieder eskalieren? Wir haben hier eine Verantwortung, für die Menschen und für die Arbeitsplätze. Darum geht es.

DIE ZEIT, 24.06.2021

Einmal Türke, immer Türke?

Bülent Ceylan

Die Fröhlichkeit von Bülent Ceylan war mir immer etwas suspekt. Dieses Sichlustigmachen über das Milieu, aus dem man selbst stammt – ja, man kann das als Zeichen besonderer Souveränität sehen. Nach der Devise: Die besten Witze über Ausländer machen wir immer noch selber. Aber der deutsch-türkische Komiker, der ganze Arenen voller Zuschauer füllen kann, erlaubt sich dabei nie eine böse Note. Anders als Kaya Yanar, ebenfalls einer der Pioniere der Ethno-Comedy, der vor zwanzig Jahren, als er mit dem Deutschen Fernsehpreis ausgezeichnet wurde, den schönen Satz sprach: »Erst haben wir euch die Arbeitsplätze weggenommen, dann die Frauen und jetzt auch noch die Preise.« Bülent Ceylan wirkt dagegen immer liebenswürdig, manchmal auch liebesbedürftig. Dann kam er als Gast zu »3nach9«. Dort sprach er ein paar Minuten lang von seiner Kindheit und den Wunden und Demütigungen, die ihm durch Mobbing zugefügt worden waren. Ich fragte ihn, ob er darüber nicht mal ausführlich reden wollte. Er verwies auf ein autobiografisches Buch, an dem er gerade arbeite. Kurz vor dem Erscheinungstermin haben wir uns schließlich verabredet. Die Geschichten, die er mir erzählte, waren nicht lustig. Die Realität vieler Migrantinnen und Migranten war oder ist auch nur bedingt komisch. Was Bülent Ceylan erlebt hat, wird einigen seltsam vertraut vorkommen.

Was sind die Fragen, die Sie in Ihrem Leben immer gehasst haben?
Ich habe es früher als Kind immer gehasst, wenn ich meinen Namen gesagt habe und die Leute gefragt haben: »Wie?« Und sie es immer noch nicht verstanden haben und sie Bülein oder Bülan gesagt haben. Das fand ich schlimm: Denn du bist ja hier geboren und hast einen Namen, bei dem du denkst, dass er jetzt echt nicht schwer ist.

Wie haben Sie damals reagiert?
Immer geduldig. Aber manchmal sage ich mir rückblickend, dass ich etwas zu lieb war. Als Schüler habe ich auch Mobbing erlebt. Viele Leute verstehen nicht, wenn man sagt, Kinder sind oft grausam zueinander. Das fing bei mir schon mit dem Namen an, mit Büli-Spüli. Jetzt mache ich Witze drüber, aber das ist auch eine Verarbeitung. Früher wollte ich einfach nur Michael oder so ähnlich heißen, einen deutschen Namen haben, den jeder versteht.

Michael hießen Sie nie, aber eine Zeit lang waren Sie Billy. Diese Namensänderung ging von Ihren Halbgeschwistern aus, die Ihre deutsche Mama aus erster Ehe in die Familie eingebracht hat – all das schildern Sie in einem Buch, das in diesen Tagen erscheint.
Ja, meine sechs Jahre ältere Schwester Anya war Fan des Musikers Billy Idol, die hat gespürt, dass mich das stört mit dem Vornamen Bülent, und hat dann wohl gedacht, dass jeder doch einen Spitznamen hat. So wurde aus Bülent Billy. Bis ich als Teenager irgendwann gesagt habe: »Nee, ich stehe jetzt zu meinem Namen.« Warum auch nicht? Denn mein Vater hat mir den gegeben, und er hat eine superschöne Bedeutung: Bülent heißt der Erhabene, der Edle.

Wann hatte das Mobbing gegen Sie begonnen?
In der Grundschule. Ein Junge hat zu mir gesagt: »Du Türk!« Es klang wie hingespuckt. Heute würde ich kontern: »Stimmt, hast du richtig erkannt.« Aber damals war ich einfach nur baff. Er hat mir sogar mal einen Dorn von einer Robinie in meinen Schenkel gestochen. Es war halt nicht einfach auf dem Waldhof Mannheim – ein krasses Viertel, klassische Arbeitersiedlung.

Und war es immer wieder dieser Junge, oder waren auch andere an der Quälerei beteiligt?

Es waren auch andere, die dann gesagt haben: »Heut kloppe mer de Bülent!« Aber angefangen hat es mit ihm: Er war zwei, drei Jahre älter, sah aus wie ein Pitbull. Ich hatte keine Chance gegen den. Die krasseste Situation war, dass er mich vor meiner Haustür mal auf die Knie gezwungen hat. Ich war allein, hatte meinen Schulranzen noch auf. Da war ich richtig wütend und habe mich geärgert, lieber hätte ich zugeschlagen. Aber dann war sofort die Angst davor da, dass ich zusammengeschlagen werde. Also habe ich mich demütigen lassen, das werde ich nie vergessen. Wenn ich heute Filme sehe, in denen jemand auf die Knie geht, kommt das Trauma direkt wieder hoch.

Haben Sie sich irgendjemandem anvertraut?

Nee, das war mir peinlich. Ich weiß noch, wie ich ab und zu geschrien habe in meinem Kinderzimmer, meine Aggressionen mussten ja irgendwie raus. Meine Mutter hat gefragt: »Was ist denn mit dir?« Aber ich wollte meine Eltern damit nicht belasten und hatte auch Angst, dass sie vielleicht zu dem Jungen hingehen. Mein Vater war eh der Starke, Hobbyringer in Schifferstadt, mit Handgelenken so dick wie meine Beine. Ich hätte mich vor ihm gar nicht getraut zu sagen, dass ich da vor diesem Jungen auf die Knie gegangen bin.

Normalerweise geht man dann zum Klassenlehrer oder zu einem Vertrauenslehrer: Haben Sie das mal gemacht?

Nee.

Warum nicht?

Ich hatte Angst, dass es dann noch härter wird: Die hätten ja mit dem Jungen geschimpft. Und dann hätte er erst recht zugelangt. Er hat mir damit auch gedroht: »Du kriegst dann noch eine!« Meine Stärke war, dass ich mich revanchiert habe, jedenfalls indirekt. Das soll jetzt nicht arrogant klingen gegenüber anderen Schulabschlüssen, aber für mich war es wichtig, cleverer zu sein und aufs Gymnasium zu kommen. Und bei ihm wusste ich ja, der war so schlecht in der Schule, der wird nicht weiterkommen.

Waren Sie der einzige – damals sagte man – Ausländer in Ihrer Grundschulklasse?
Es gab nicht viele. Ich war strebsam und wollte gut in der Schule sein, das war mir wichtig. Mein Vater hat immer gesagt: »Guck, dass du was lernst!« Und natürlich ist der Ehrgeiz durch das Mobbing noch stärker geworden.

Hörten die Nachstellungen am Gymnasium auf?
In der fünften Klasse ging es noch einigermaßen, aber ich wurde dann auch dort schnell wieder der Außenseiter: weil ich anders angezogen war, gewisse Streiche nicht mitgemacht habe und nicht so gut im Fußball war – es war eine Sportschule. Ich gehörte zu denen, die im Sportunterricht immer zuletzt ausgesucht wurden. Es war schlimm.

Was genau war schlimm?
Ein Junge hat mich besonders gehänselt und dauernd gerufen »Der Satan kommt!«. Der Typ war ein Bär, wie der aus der Grundschule. Mit seinen dicken Zeigefingern hat er mir andauernd auf die Brust gepikst. Er ist später Eishockeyspieler geworden und war bei einer meiner Shows, wo er sich im Nachhinein für sein Verhalten entschuldigt hat. Das hat gutgetan.

War es das Mobbing allein oder auch die Erfahrung von Einsamkeit, die Ihnen wehgetan hat?
Bei einer Skifreizeit im Landschulheim gab es ein krasses Erlebnis: Es fing zu der Zeit an mit den Mädels, die haben dort Party gemacht, aber es hieß, dass sie mich nicht dabeihaben wollten. Ich war allein in meinem Landschulheimzimmer, lag oben auf einem dieser Stockbetten, als mein Klassenlehrer Herr Burkhardt reingekommen ist: »Bülent, was machst du hier allein?« Und als ich geantwortet habe, dass sie mich nicht dabeihaben wollten, meinte er nur: »Ach, weißt du Bülent, irgendwann ändert sich das.«

Haben Sie es ihm geglaubt?
Minimal, letzten Endes habe ich mir gesagt, dass ich durchhalten muss.
Eigentlich hätte ich von den Lehrern erwartet, dass sie auch mal offen-
siv etwas gesagt hätten.

Hat Ihnen denn nie einer geholfen?
Nee, und das hat wehgetan. Auch Herrn Burkhardt habe ich dann bei
einer meiner Shows wiedergetroffen und ihn gefragt, ob er das wirklich geglaubt hat, dass es sich irgendwann bessern wird mit den Mädels.
Und er meinte: »Nee, nicht wirklich!«

**Begegneten Ihnen Ablehnung und Ausländerfeindlichkeit nur an
der Schule oder auch woanders?**
Es war hauptsächlich in der Schule. Ich habe mir dann meine eigene
Welt gebaut.

Wie sah die aus?
Meine eigene Welt war, dass ich zu Hause ab und zu meine Mutter zum
Lachen gebracht habe, wenn sie traurig war.

Warum war sie so traurig?
Es hat damit angefangen, dass erst meine Oma und zwei Jahre später
mein Opa gestorben ist, da war ich sieben Jahre alt. Und in der Teen-
agerzeit ist mein Vater bankrottgegangen. Meine Eltern hatten Exis-
tenzängste, es war eine superschwere Zeit. Mein Vater hat schon vorher
gerne ab und zu einen Whisky getrunken oder mit seinen Kumpels mal
ein Bier – aber in der Zeit, als es beruflich nicht mehr so lief, kam er immer später nach Hause. Ich habe auf ihn gewartet und aus dem Bade-
zimmerfenster geguckt, bis er mit dem Auto kam. Ich bin dafür auf die
Toilette gestiegen, um den Parkplatz sehen zu können.

Da erlebten Sie plötzlich einen anderen Vater.
Ich habe meinen Vater geliebt, aber zu dieser Zeit konnte ich ihn nicht
leiden. Natürlich habe ich gemerkt, dass er eine rauere Stimme und ein
bisschen zu viel getrunken hatte. Dass er ab und zu mit dem Auto gefahren ist, nachdem er getrunken hatte, fand ich ganz schlimm.

Haben Sie von der finanziellen Not, in der Ihre Eltern waren, etwas zu spüren bekommen?
Meine Mutter kommt aus der Kriegszeit, sie ist 1942 geboren, für sie war es immer wichtig, dass wir einen gut gefüllten Obstkorb auf dem Tisch hatten. Er war für sie ein Statussymbol. Eines Tages komme ich nach Hause, der Kühlschrank war leer und dieser Obstkorb auch. Das rührt mich heute immer noch, wenn ich davon erzähle. Mein Vater war selbstständiger Betonmischerfahrer. Als er bankrott war, erklärte er mir, dass er an mein Sparbuch müsse. Es war mein Kinderkonto, es hieß damals Knax. Jeden Monat gab's fünfzig Mark drauf, und über all die Jahre hatte sich was angesammelt, da waren über achttausend Mark drauf. Ich war 16, 17 – und mein Vater meinte, dass wir nichts mehr hätten, dass er mein Geld brauche. Ich kann mich noch ganz genau an das Gespräch im Wohnzimmer erinnern. Ich war nicht geizig, aber ich dachte, dass es doch für meine Zukunft sei!

Waren Sie enttäuscht von Ihrem Vater?
Ja, enttäuscht und sauer. Ich habe ihm Vorwürfe gemacht, warum er nicht besser gewirtschaftet hat, warum er nicht gesehen hat, dass die Steuerberaterin schon mit drei Schnaps besoffen war, als sie hier ankam.

Haben Sie das Sparbuch am Ende rausgerückt?
Klar.

Haben Sie das Geld zurückbekommen?
Ja, und das rechne ich meinem Vater ganz hoch an. Er meinte: Ich werde dir das Geld auf zehntausend Euro aufrunden, aber gib mir Zeit. Und er hat es irgendwie zusammengekratzt und mir das Geld Jahre später überwiesen.

Wie haben Sie denn in dieser Zeit Ihre Mutter zum Lachen gebracht?
Im Fernsehen liefen damals Sendungen mit dem Schweizer Kabarettisten Emil Steinberger. Ich habe mich verkleidet und angefangen, ihn nachzumachen. Oder ein Kopftuch angezogen und eine bayerische Oma gespielt: »Oh, wos ist denn jetzt, was wülstn.« So was. Und

meine Mutter kann gut lachen, richtig aus der Seele, die ist fast vom Stuhl gekippt. Ihr Lachen war die Inspiration für alles.

Wie war Ihr Verhältnis zueinander?
Ein sehr inniges. Ich konnte zum Beispiel nicht gut einschlafen. Wenn meine Mama gemerkt hat, dass ich spät noch wach im Bett lag, ist sie mit mir ins Wohnzimmer gegangen, da haben wir Chips und Nüsse gegessen und es uns gemütlich gemacht. Sie ist an solchen Abenden auch mal sentimental geworden, ihr ging es gesundheitlich nicht immer gut, sie war öfter im Krankenhaus wegen ihrer Krampfadern und der Leber. Ich habe dann gesagt: »Ach Mama, hoffentlich bleibst du immer am Leben!« Sie hat nur gesagt: »Wieso soll ich denn jetzt gehen?« Meine Mutter und ich haben öfter zusammen geweint, eines Nachts sogar so stark, dass mein Papa aus dem Schlafzimmer kam.

War es nicht schwer für Sie, morgens wieder in die Schule zu gehen in der Angst davor, was Sie da erwartet?
Ich bin mit der Zeit etwas abgestumpft. Aber es gab auch einen Moment, in der achten oder neunten Klasse, da wollte ich unbedingt die Schule wechseln. Mein Lehrer sagte nur: »Du kannst nicht davor wegrennen, du musst dich auch mal dagegenstellen.« Das war ein guter Tipp, aber es war schwer. Den entscheidenden Tipp hat mir mein Freund Eyüp in der Türkei gegeben. Er hat gesagt: »Warum trägst du immer Cordhosen? Nimm doch mal Jeans!« Eigentlich wollte ich nicht einknicken, den Mitschülern, die mich wegen meiner Klamotten gehänselt haben, nicht die Genugtuung geben. Er meinte nur, dass es scheißegal sei, zwei Wochen sei die Jeans ein Thema, dann sei alles vergessen. Und so war's dann auch. Zuerst war es eine Sensation in der Schule, aber dann waren schnell andere Themen wichtiger. Und dann hat sich eh alles geändert: Ich hatte mit 17 meine erste Freundin, ein sehr hübsches Mädel.

Hatten Sie damals auch schon einen Auftritt in der Schule?
Ja, auf einem Schulfest habe ich Boris Becker imitiert. Ich hatte einfach den Sketch des Stimmenimitators Reiner Kröhnert auswendig

gelernt. Fünfhundert Leute haben zugehört, der Sketch kam super an. Ich glaube, wenn dieser Auftritt nicht gewesen wäre, wenn die Leute dort nicht gelacht hätten, wäre ich heute kein Comedian.

Für den Traum von der großen Bühne haben Sie nach Ihrer Schulzeit praktisch alles gemacht.
Schon, ich kam dann auch zum Fernsehen. Zum Beispiel zu Stefan Raab, der dieses Turmspringen gemacht hat, bei dem ich mitmachen sollte – trotz meiner leichten Höhenangst. Ich dachte nur: »Oh Gott, ich kann doch höchstens gerade runterspringen.« Sollte aber einen Salto machen. Ich habe mir dann eine Trainerin geholt und mir eine Schutzausrüstung geliehen, die ersten Sprünge sind immer Bauch- oder Rückenplatscher, die richtig wehtun.

Haben Sie es schließlich geschafft?
Ja, es gibt davon auch Aufnahmen auf YouTube, die ich stolz meinen Kindern zeige.

Davor haben Sie ein Praktikum bei Viva gemacht, damals das deutsche MTV, da wollte jeder hin, und da waren auch viele, die später zu Stars geworden sind: von Heike Makatsch über Nazan Eckes bis Nilz Bokelberg. Haben Sie auch versucht, bei einem Moderationscasting mitzumachen?
Ja, aber man hat mir damals gesagt: »Ist ja ganz witzig, aber mit diesem Mannheimer Dialekt, da kannst du nicht moderieren.« Ich habe dann versucht, Hochdeutsch zu sprechen, aber das klang überhaupt nicht mehr authentisch.

Und Sie haben auch bei einem Musical mitgespielt.
Das war nach Viva, da habe ich einen Soldaten gespielt, und das Abschlussfest des Musicals war wieder so ein Schlüsselerlebnis: Wir haben uns alle gut verstanden, ich bin richtig aufgeblüht und war nicht mehr der Außenseiter. Irgendwann bei dem Fest habe ich gesagt: »Ich trage jetzt mal was vor.« Die wussten, dass ich ab und zu Stimmen imitiere. Ich habe dann ein paar Textstellen aus dem Drehbuch mit verschiedenen Stimmen nachgesprochen, von Helmut Kohl bis Marcel Reich-

Ranicki. Und alle lagen auf dem Boden und haben gesagt, dass es eine geile Nummer war. »Davon musst du mehr machen«, meinten sie.

Bis zum großen Erfolg hat es aber noch mal mindestens zehn Jahre gedauert.
Ich bin viele Jahre getingelt, bin vor zehn Leuten aufgetreten – schon damals habe ich wie zu Corona-Zeiten gespielt, mit mehr als 1,50 Meter Abstand zwischen den Zuschauern. Dann war ich immer mal wieder hier und da: Stefan Raab, »Quatsch Comedy Club«, ich war in Gesprächen mit der TV-Produktionsfirma Brainpool. RTL hatte sich auch mal eine Show in Mannheim von mir angeschaut. Die meinten danach nur: »Wir verstehen nichts, warum lachen die Zuschauer alle?« Aber dann kam 2008 »Die große Comedy-Winter-Show« in Füssen, die auf ProSieben lief.

Für Sie der Durchbruch!
Ja, Kaya Yanar, ein anderer türkischstämmiger Comedian, sollte dort als Stand-upper und mit einem Battledance auftreten – eine Art Tanz-Wettkampf. Auf den Tanz hatte er aber keine Lust. Deshalb hat ProSieben mich für den Part angefragt. Eigentlich wollte ich lieber Stand-up machen, aber ein paar Moves, etwas Headbangen – das konnte ich ja. Hauptsache, ich war in dieser Show drin! Einen Tag vorher, ich hatte gerade ein Meeting mit meinem Management, hieß es: »Kaya ist krank geworden.« Alle haben mich angestarrt: »Das ist deine Chance!«

Auffallend daran ist, dass Ihre Chance kam, als Kaya Yanar nicht mehr zur Verfügung stand. Das klingt beinahe so, als ob man Ihnen sagen wollte: »Wir haben nur für einen Türken Platz!«
Ja, so war's auch. In den Medien hieß es immer: »Wir haben doch schon einen Türken!«

Wirklich?
Die Schublade war schon besetzt. Veranstalter haben mir geraten, mir ein anderes Image zuzulegen als er. Ich dachte nur: Das kann nicht sein, ich bin doch anders, habe lange Haare, komme aus Mannheim, ich hab' den Rock 'n' Roll. Das Einzige, was uns verbindet, ist, dass wir beide

einen türkischen Namen haben. Und vielleicht, dass sich zwei Figuren, die wir im Programm haben, ähneln – bei ihm ist es der Hakan, bei mir der Hasan, ein türkischer Macho.

Wie lief der Auftritt?
Ich war wie ein Ersatzspieler, der in den letzten zwei Minuten eingewechselt wird und dann Tore schießt, nicht eins, sondern vier! Mit Headbangen und brutaler Heavy-Metal-Musik bin ich auf die Bühne gegangen. Und so sind meine langen Haare zu meinem Markenzeichen geworden – obwohl ich die schon immer hatte.

Sie haben schon mehrmals erklärt, dass Ihre Haare echt sind. Ist es der Farbton auch?
Nee, hier an der Seite nicht mehr. Da ist etwas getürkt.

Sowohl Kaya Yanar als auch Sie haben sich auf die Parodie von türkischen Charakteren spezialisiert – man kann auch sagen auf das Spiel mit deutsch-türkischen Vorurteilen.
Na ja, bei mir war es von Anfang an so. Später habe ich gesagt, ich mache jetzt einfach Geschichten, die jedem passieren können – deshalb habe ich die Figuren Harald und Mompfred erfunden, beide sehr deutsch ...

... der eine ist arbeitslos, der andere Hausmeister. Aber warum haben Sie zuerst die Vorurteile der Deutschen über die Türken bedient?
Das lag nahe, gerade am Anfang habe ich Stand-up im Fernsehen gemacht und dort viel über meinen türkischen Vater und meine deutsche Mutter geredet. Ich wollte die Figur des Macho-Hasan dann irgendwann streichen, aber die Leute haben ihn geliebt. In meinem Live-Programm habe ich mich darüber lustig gemacht: Ihr wollt den Türken, dann kriegt ihr ihn; ich weiß, ihr erwartet jetzt, dass ich Bauchtanz mache, den tanze ich schnell für euch. Ich rede auch ein bisschen Türkisch-weißt-du-weißt-du – und dann spreche ich wieder normal im Mannheimer Dialekt. Das fanden die Leute witzig. Ich habe ihnen ein bisschen davon gegeben, was sie erwarten, und dann auch wieder gezeigt, dass ich noch ganz andere Seiten habe.

Finden Sie, dass Sie als Comedian eine integrative Figur sind?
Ich verbinde alle möglichen Nationen, ich hätte nur gerne noch mehr von der türkischen Seite. Da denken einige anscheinend, dass es zu deutsch, zu kabarettmäßig sei, was ich mache. Aber wenn ich mein Publikum sehe, ist da eine Frau mit Kopftuch, ein Asiate, ein Aramäer, ein Armenier, ein Italiener: Multikulti, und alle lachen gemeinsam über alles Mögliche, über den Türken, über den Deutschen. Das ist meine Botschaft: »Hey, Leute, es ist egal, wer lacht oder wie man lacht, Hauptsache, wir lachen gemeinsam! Das hier, wie es jetzt ist, das ist für mich Deutschland!« Trotzdem ist es mir wichtig, dass gewisse Sachen ankommen. Wenn die Leute zum Beispiel nach Hause gehen und sagen: »Hey, das hat mir echt gut gefallen, auch das, was er gegen Nazis gesagt hat.«

Sie sagten einmal: »Wenn Thilo Sarrazin ein Buch schreibt, dann muss ich es wiedergutmachen.« Wieso das denn?
Ich muss es wiedergutmachen, um zu zeigen, dass nicht alle, die ausländische Wurzeln oder einen Migrationshintergrund haben, schlechte Menschen sind. Ich kenne auch Flüchtlinge, die sehr nett sind ...

... aber ist das nicht eine Binse? Dann fängt man doch an, sich selbst mit den Augen von Sarrazin zu sehen und sich mit dafür verantwortlich zu fühlen, was andere anstellen.
Nee. Dass so viele Leute seine Bücher lesen, ihn sich auf Tour anhören und ihn feiern, das hat mich beeindruckt, das hat mich gejuckt. Ich habe gedacht, das kann doch nicht sein! Ich bin kein politischer Kabarettist, aber es gibt gewisse Dinge, da bin ich doch sehr politisch: Und ich wollte nicht, dass der Eindruck entsteht, dass er so viel Macht hat.

Wenn Sie auf Ihr eigenes Leben zurückschauen als Mensch und als Künstler, würden Sie sagen, es gilt der Satz: Einmal Türke, immer Türke?
Mein libanesischer Tourbetreuer Ali sagt immer: »Einmal Ausländer, immer Ausländer, Bruder, is' so.«

Hat er denn recht?

Ich rede da leichter drüber, weil ich bekannt bin, weil viele Deutsche mich mögen und vielleicht auch, weil ich eine deutsche Mama habe. Viele sagen über mich: »Das ist der Monnemer.« Bei diesen Leuten bin ich auf jeden Fall richtig angekommen.

Ihr Tourbetreuer Ali hat vielleicht gute Gründe zu sagen: Einmal Ausländer, immer Ausländer. Was hat er in Deutschland erlebt?

Dadurch, dass ich bekannter wurde, habe ich als Erwachsener nie schlimmen Rassismus oder Ausländerhass gespürt. Aber Ali sagte mir, dass die Welt für jemanden wie ihn anders aussieht: Als er zum Beispiel mal eine Wohnung gesucht hat, hat er bei der Telefonnummer unter einer Anzeige angerufen und seinen Namen gesagt: Ali Ghoul. Und der Typ am Telefon sagte nur: »Au nee, der Vermieter möchte keine Türken haben.« Dabei ist er Libanese.

Haben Sie ihm geholfen?

Ich wollte eh eine Immobilie haben, und da habe ich ihm gesagt: Ich kaufe dir jetzt eine Wohnung. Und er: Echt? Ich sagte: Ja, aber du musst schon dafür Miete zahlen. Irgendwann meinte er, er würde die Wohnung gerne kaufen. Da habe ich ihm einen Freundschaftspreis gemacht.

Als Ihr Tourbetreuer versucht Ali, Sie auch zu schützen vor zu gefährlichen Äußerungen, die Sie machen. Vor allem über Erdoğan. Haben Sie keine Angst vor ihm?

Nein, das habe ich nicht, aber ich muss jetzt nicht unbedingt in die Türkei gehen. Damals, als er 2014 an die Macht kam und immer mehr blöde Sachen liefen, Kritiker eingesperrt wurden, habe ich mich auch öffentlich dazu geäußert. Ich hatte richtig das Bedürfnis, weil immer mehr Deutsche mich gefragt haben, wie ich dazu stehe, was da gerade passiert.

Da sind Sie wieder der Türke!

Ja, da bin ich wieder der Türke, insofern stimmt es manchmal: Einmal Türke, immer Türke. Anderseits will ich diesen Satz nicht so stehen lassen, weil ich mich doch auch gut integriert fühle.

Ihr Vater war Kommunist, er hat offenbar das Land verlassen, weil es politisch für ihn bedrohlich wurde.
Ja, mein Vater war sehr links, er liebte die Idee des Kommunismus, die Gleichheit der Menschen, aber die Sowjetunion und die DDR hat er verurteilt.

Sie sagen selbst, dass Sie nicht so politisch wie andere Comedians sind. Haben Sie klammheimlich Freude empfunden, als Jan Böhmermann sein Erdoğan-Gedicht vorgetragen hat?
Das war schon ein bisschen krass.

Aber es war ja eher ein Stresstest dafür, was Satire alles darf.
Ja natürlich. Generell finde ich das auch gut, aber ich bin grundsätzlich kein Freund von F- und Trallala-Wörtern.

Fühlten Sie sich in Ihrem Reststolz als Türke angegriffen?
Es ist so, als wenn einer etwas gegen den italienischen Präsidenten sagt, aber im Grunde alle Italiener damit meint.

Wenn Sie mich jetzt als Halbitaliener ansprechen, dann sage ich Ihnen: Ich rege mich nur auf über Äußerungen, die eine ganze Gruppe in Haftung nehmen, das empfinde ich als rassistisch.
Es geht halt um gewisse brutale Schimpfwörter, die oft auf Türken projiziert werden.

Glauben Sie, dass ein Nichttürke sich über Türken lustig machen kann, ein Nichtschwarzer über Schwarze, ein Nichtschwuler über Schwule?
Es wäre schön, wenn wir so weit wären. Ich habe eigentlich nie Witze über Behinderte oder Kranke gemacht in meinen Shows und habe dann mal Behinderte gefragt, ob es okay wäre, wenn ich welche machen würde.

Und?
Einer meinte, er fände es schon wichtig, dass ich sie auch mal auf die Schippe nehme. Ich würde Witze über alle machen, nur nicht über

Behinderte, das sei ja eigentlich auch eine Form von Diskriminierung. Ein anderer sagte, dass er das scheiße finden würde, weil ich eben nicht körperlich oder geistig behindert sei und nicht wissen könnte, wie schwer es manchmal sei, wie es sich anfühlt, darunter zu leiden.

Wer hat recht?
Mein Bauchgefühl sagt, dass ich keine Witze über Behinderte machen möchte. Ich kenne ja Mobbing und Hänseleien aus eigener Erfahrung.

Können Sie sich an das erste Mal erinnern, als Ihre Eltern zu einer Ihrer Shows gekommen sind?
Ja, das war in der Opera Buffa, das ist eine Art Restaurant in Mannheim. Da war ich noch nicht bekannt. Es war komisch, denn mein Vater hat dann irgendwann gesehen, dass ich auch eine Frau nachmache. Bei dem Sketch hat er nicht so gelacht. Aber dann hat er gemerkt, dass sich die Leute amüsieren und es allen gefällt.

Wann haben Ihre Eltern angefangen, stolz auf Sie zu sein?
Vom ersten Auftritt an, lange vor den großen Erfolgen. Sie waren stolz, weil ich mich natürlich wohlgefühlt habe und weil die Leute gesagt haben: Auf Ihren Sohn können Sie stolz sein, der wird mal was. Das hat meinem Vater gutgetan. Er hat gemerkt, dass aus mir mal was werden wird, auch wenn ich gerade noch nichts damit verdiente ... *(lacht)*

Sie haben schon häufig Ihre drei Halbgeschwister erwähnt: Ganz zum Schluss Ihres Buches kommt noch ein weiterer Bruder zum Vorschein – aus einer vorangegangenen Beziehung Ihres Vaters. Warum haben Sie über ihn fast nie gesprochen?
Weil ich ihn erst mit 28 kennengelernt habe.

Wussten Sie schon vorher, dass es ihn gibt?
Das wusste ich von Anfang an.

Waren Sie nicht neugierig?
Die Verbindung meines Vaters zu seinem ersten Sohn war nicht so gut. Das lag auch daran, dass er nicht in die Türkei durfte; damals gab es

nicht wie heute Handys oder Facebook. Mein Vater hat den Sohn mit ungefähr 18 bekommen und ist dann nach Deutschland geflüchtet, er hat vieles nicht richtig mitgekriegt. Später hat er das bedauert, sie haben sich dann auch mal getroffen, aber das Verhältnis war nie so innig.

Was macht er?
Er ist Frührentner, weil er auf einem Auge blind geworden ist. Wir hatten Kontakt, aber ich kann ja kein Türkisch, und mein Bruder kann weder Deutsch noch Englisch. Ich unterstütze ihn und andere Verwandte in der Türkei aber finanziell.

Als Ihr Vater vor neun Jahren starb, wurde Ihr Bruder aber schon wichtig.
Ja, das ist das Krasse: Als mein Vater im Sterben lag und schon Morphium ohne Ende bekam, hat die Ärztin uns gefragt, ob es irgendeine Person gibt, zu der er vielleicht noch eine Verbindung braucht – er könne irgendwie nicht loslassen. Wir haben an meinen Bruder in der Türkei gedacht. Meine türkische Cousine hat ihn dann angerufen und gesagt: »Egal, wie das zwischen euch war, du musst deinen Vater jetzt gehen lassen, du musst ihm etwas sagen!« Wir haben die beiden dann telefonisch zusammengebracht, und mein Bruder hat auf Türkisch etwas gesagt wie: »He, Papa, es ist alles okay, komm lass, du kannst gehen, es ist alles gut zwischen uns. Es ist halt so gelaufen, man kann's nicht mehr ändern.«

Und hat es ihm geholfen?
Ja, in der Nacht ist er dann gestorben, ich weiß noch ganz genau, wie es war: Meine Mutter und Geschwister sind irgendwann gegangen, ich war zwar auch total übermüdet, bin aber mit meiner Cousine bei ihm im Krankenhaus geblieben, einmal bin ich kurz eingenickt. Meine Cousine war wach, plötzlich hat sie mich geweckt: »Der Papa stirbt.« Ich bin dann zu seinem Bett, habe ihn angefasst, und dann ist etwas passiert, was mir bis heute nachgeht: Er hat sich noch mal zu mir hochgebeugt und mich mit seinen blauen Augen ganz tief angeschaut. Dann ist er gestorben. Am nächsten Tag habe ich ihn dann nach dem muslimischen Ritual gewaschen, wie er es sich gewünscht hatte. Ich bin ja

eher Christ, aber Ali und sein Bruder Ahmad haben mir zum Glück geholfen, das zu organisieren. Er lag im Keller einer Moschee, und so schlimm es auch war, seinen toten Körper zu waschen, so war es auf der anderen Seite auch eine Befreiung, als hätte man etwas gereinigt.

Haben Sie dann einfach weiter Ihre Shows machen können?
Ich konnte erst mal ein paar Wochen gar nicht auftreten. Doch zum ersten Mal hat mir Facebook echt geholfen: Auf meiner Seite waren über 50 000 Kommentare. Mein Vater hat vor seinem Tod immer gesagt, dass ich noch am gleichen Tag wieder auftreten solle, wenn er stirbt. Es sei denn – das hat er im Spaß gesagt –, er würde abends sterben, dann vielleicht doch nicht. Ich habe dann drei, vier Wochen keine Shows mehr gemacht, hatte aber immer das Gefühl, dass er da oben deswegen sauer auf mich ist – so als würde ich von ihm einen Nackenschlag bekommen: »Ey, was ist jetzt, auf, komm!« Und dann bin ich als Erstes in der Eissporthalle in Frankfurt aufgetreten. *(schweigt lange)*

Sie haben eben gesagt, dass Sie eher Christ sind. Sie sind inzwischen sogar konvertiert. Hatte das auch mit Ihrem Willen zur Integration zu tun?
Nee, aber gute Frage. Ich bin ja christlich aufgewachsen durch meine Mama, wir haben Weihnachten gefeiert, obwohl mein Vater Moslem war. Es gibt bestimmte Dinge in der Bibel, die ich kritisiere, aber letzten Endes passt das Christentum für mich vom Wesen her am besten. Und gegenüber dem Atheisten sage ich, dass der Sinn des Lebens ist, glücklich zu sein und es sich nicht zu schwer zu machen im Leben. Und es ist auch schön, wenn es wirklich so sein sollte, dass ich dann doch den einen oder anderen wiedersehen kann. Lass es naiv sein, aber das macht mich glücklicher.

Vor ungefähr zehn Jahren sind Sie vor 40 000 Menschen aufgetreten, Sie haben Hallen und Stadien gefüllt, das muss ein berauschendes Gefühl gewesen sein. Bevor Corona losging, hatten Sie ein neues Programm fertig, wollten damit auf Tournee gehen, die Veranstaltungen waren alle ausgebucht – und dann kam die Pandemie. Wenn es jetzt wieder losgeht und Sie sollten merken: Bülent Ceylan zieht

nicht mehr so richtig, ist das dann wieder ein Absturz in das Nichts, nach Mannheim-Waldhof?

Nee, ich habe ein bisschen vorgesorgt.

Finanziell auf jeden Fall. Aber wie wäre das fürs Selbstwertgefühl?

Ich bin inzwischen stärker geworden und sehe auch die vielen Sachen in meinem Leben, die ich so nebenbei noch mache. Wenn man irgendwann merkt, dass man nicht mehr die Zehntausender-Halle füllt, tut das erst mal dem Ego weh. Ich habe aber immer die Familie, Freunde und ein gutes Umfeld gehabt, dann kann man damit auch besser umgehen. Wenn ich merken würde, es kommen keine Zuschauer mehr, würde ich sagen, okay, dann mache ich etwas anderes. Ich bin eben auch ein Stehaufmännchen.

Und außerdem haben Sie offenbar auch ein gewisses Talent zum Glück.

Ja, vielleicht. Dafür danke ich dem lieben Gott.

Und vielleicht auch Ihrer Mama?

Ja, ihr sowieso und meinem Vater auch. Er hat zwar selbst nicht immer Glück gehabt im Leben, aber ich habe ihm immer gesagt: »Guck mal, du hast doch auch mich gekriegt.« Und dann hat er so geschaut, als wäre er wieder froh.

DIE ZEIT, 02.09.2021

»Ich hoffe, dass man nicht wieder Schulen schließt«

Christian Drosten

Corona hat die Grenzen des Vollstellbaren bei den meisten Menschen aus vielen Gründen weit verschoben. Zu den eher harmlosen Befunden zählt, dass ausgerechnet ein Virologe Kultstatus erlangen konnte. Christian Drosten hat es aus vielen Gründen geschafft. Natürlich, weil er seine hohe Kompetenz in der Sache mit einer großen Begabung zur Vermittlung kombinieren konnte. Weil er den von ihm und seinem Team entwickelten, weltweit ersten PCR-Test nicht dazu ausgenutzt hat, die Charité zu verlassen und als Unternehmer reich zu werden. Weil er immer darauf bestanden hat, dass die Interviews mit ihm nicht hinter Digitalschranken verschwanden, sondern allen zugänglich bleiben sollten. Weil er Angriffe der »Bild«-Zeitung cool parierte. Und schließlich: weil er mit seiner Brit-Pop-Frisur so ähnlich aussieht wie Oasis-Gitarrist Noel Gallagher in jungen Jahren. Ein Vergleich, dem er allerdings eher wenig abgewinnen konnte. Er ist Klassik-Fan. Das Gespräch, das ich zusammen mit Andreas Sentker führen konnte, fand in einem Altbau der Charité unter den damals üblichen Kautelen statt. Ich war ihm zuvor noch nie begegnet. Nun lernte ich ihn noch vor dem Interview auf der Toilette kennen: Ich erwähne es deswegen, weil er zu meiner großen Verwunderung Wasserhahn und Türklinke ganz unbefangen anfasste. Ich sprach ihn darauf an, ob da nicht eine Schmierinfektion stattfinden könnte. »Das Risiko ist so gering«, winkte Christian Drosten ab, und dann waren wir auch schon in seinem Büro – wo er sich auf ein Gespräch einließ, das ziemlich persönlich wurde.

Haben Sie es manchmal bereut, eine Person des öffentlichen Interesses geworden zu sein?
Ja, ganz klar. Ich erlebe zum Teil richtigen Hass. Erst kürzlich, hier in Berlin. Ich gehe an einer Passantengruppe vorbei. Da ruft mir jemand »Nürnberg 2.0« hinterher. Ich habe mich nicht umgedreht. Und ich glaube trotz solcher Vorfälle, dass es einen Nutzen hatte, sich an die Öffentlichkeit zu wenden.

Sie sprechen von Ihrem Podcast?
Beispielsweise. Die Bevölkerung zu informieren, das war für mich eine bewusste Entscheidung. Ich habe lange an Coronaviren gearbeitet. Wenn man sich wirklich mit einem Thema auskennt, kann man nicht nur die wissenschaftlichen Arbeiten anderer lesen, sondern die Situation aus eigener Berufserfahrung einschätzen. Dieses Einschätzungsvermögen musste ich einfach zur Verfügung stellen.

Es gibt Christian Drosten auf T-Shirts gedruckt und als Räuchermännchen geschnitzt, Drosten-Masken und Drosten-Tassen. Bei allen Anfeindungen – haben Sie sich je vorstellen können, so kultisch verehrt zu werden?
Das nehme ich so nicht wahr. Viele Leute erkennen mich mittlerweile beim Einkaufen oder auf der Straße, und das ist – vorsichtig formuliert – nicht immer eine entspannte Situation.

Millionen Menschen hören Ihnen zu, beim Autofahren, beim Bügeln. War Ihnen das Potenzial des Mediums Podcast von vornherein klar?
Darüber habe ich gar nicht nachgedacht. Für mich war entscheidend, dass das ein Format ist, in dem man frei und vor allem ungekürzt sprechen kann. Und es sollte öffentlich-rechtlich sein, für jeden jederzeit zugänglich. Ich bin ja auch ein öffentlich-rechtlicher Wissenschaftler. Mich zahlt der Steuerzahler.

Sie üben immer wieder Kritik an den Medien und deren Rolle in der Pandemie. In letzter Zeit ist Ihre Kritik noch lauter geworden – warum?

Einzelne Medien in Deutschland haben – auch mit der Auswahl ihrer Quellen und Gäste – über Monate hinweg mit einer unverhohlenen Agenda der Bevölkerung suggeriert, dass die Gefahr gar nicht so groß ist. Dass die Maßnahmen einseitig und übertrieben sind. Dass man beispielsweise nur die Altersheime schützen muss, und dann kann der Rest der Gesellschaft einfach weitermachen wie bisher. Das hat die Politik damals echt verunsichert. Wie absurd gerade das Narrativ mit den Altersheimen ist, merkt man schon, wenn man sich klarmacht, dass nur ein kleiner Teil der besonders gefährdeten Alterskohorte überhaupt in Altenheimen lebt. Und dann gab es die ständigen Attacken auf einzelne Wissenschaftler. Damit meine ich jetzt gar nicht Julian Reichelt, die »Bild«-Zeitung und ihre Angriffe auf mich. Das wäre zu kurz gegriffen. Mir geht es um die generelle Atmosphäre, dieses ständige Raunen in den Berichten und Moderationen, die Untertöne.

Sind die Virologen denn völlig unschuldig an diesen Miss- und Untertönen in der Berichterstattung? Hat die große Aufmerksamkeit, die Sie plötzlich hatten, Ihnen als Zunft gutgetan?

Wenn eine Fachdisziplin eine klare Botschaft hat, an der sich die Öffentlichkeit orientieren kann, dann ist das für das Fach gut. Wenn aber der eine dies sagt und der andere das, wenn dann der Eindruck entsteht, bei den Virologen kann man sich den herauspicken, der gerade passt, dann ist das für das Fach schlecht.

Das war ja zeitweilig so.

Ja, klar, vor allem am Anfang. Mittlerweile haben sich die Positionen deutlich angenähert.

Wir haben den Erkenntnisprozess der Wissenschaft als Publikum live miterlebt – mit allen Hypothesen, Irrtümern und Korrektu-

ren: Sind Türgriffe gefährlich? Schützen Masken, oder schützen sie nicht?
Wie gesagt, das war am Anfang so. Nehmen wir die Masken. Zu Beginn der Pandemie waren schlicht nicht genügend Masken vorhanden, und die vorhandenen mussten für das medizinische Personal aufgespart werden. Es gab aus der allgemeinen Literatur über respiratorische Viren aber auch keine gute Evidenz für den Nutzen von Masken. Erst später gab es spezifische Daten zum Coronavirus, die zunehmend für einen Nutzen sprachen.

Für das Publikum ist das verwirrend.
Dafür sind auch einzelne Medien mitverantwortlich. Sie haben den Wissenschaftlern vorgeworfen, mal sagen sie das, mal sagen sie etwas anderes. Dass zwischen den Aussagen vier Monate lagen und es in der Zwischenzeit neue wissenschaftliche Erkenntnisse gab, haben sie dabei verschwiegen.

Wo musste die Wissenschaft sich noch korrigieren?
Dieses Narrativ von der sich beständig korrigierenden Wissenschaft ist übertrieben. Ich hatte nicht das Gefühl, dass ich nach zwei, drei Monaten meine Einschätzung zu den großen Grundthemen der Corona-Pandemie grundsätzlich ändern musste. Vielleicht mit Ausnahme der Virusvarianten, die auch mich überrascht haben.

Und der Streit in den Talkshows? Kommt die zweite Welle nun, oder kommt sie nicht?
Das war keine Meinungsverschiedenheit innerhalb der Wissenschaft. Das Hauptfeld der Wissenschaftler wusste natürlich, dass im Winter 2020/21 die zweite Welle kommt. Daran gab es keinerlei Zweifel bei den relevanten Experten.

Wer ist relevant? Das ist für Laien schwer zu entscheiden. So manche Expertise kollidiert mit dem gesunden Menschenverstand. Beispiel:

Wenn das Virus so gefährlich ist, warum hat man zu Beginn der Pandemie nicht die Grenzen geschlossen?
Das Ausmaß der Gefahr in Europa wurde auch für viele Politiker erst mit dem Ausbruch in Bergamo und den Bildern der Särge deutlich. Da war das Virus aber längst im Land. Da musste man keine Grenzen mehr schließen. Was uns in Deutschland aber wirklich etwas gebracht hat, war, dass wir als Erste in der Lage waren, das Virus großflächig per PCR nachzuweisen.

Können Sie sich noch an den allerersten positiven Test erinnern?
Das kann ich sehr genau, wir haben ja am Anfang immer die Bestätigungsdiagnostik gemacht – der Patient hatte sich in Italien infiziert, er gab das Virus gleich in der Familie weiter. Noch genauer kann ich mich aber an die nächste Diagnose erinnern. Denn gleich danach bekamen wir die Probe von einem Patienten eingeschickt, der vorher nicht im Ausland war. Dass der gefunden wurde, war reiner Zufall. Das Labor hatte bei mehreren Grippe-Verdachtsfällen einfach parallel zur Influenza-Testung die Corona-Testung mal so aus Spaß mitgemacht, und zack, einer war positiv. Der hatte sich aus heiterem Himmel hier in Deutschland infiziert. Da war mir klar, das Virus zirkuliert bereits im Land.

Hätte China die globale Ausbreitung des Virus stoppen können?
Der dortige Lockdown wurde am 23. Januar 2020 verkündet. Dass er überhaupt verordnet wurde, geht meines Wissens auf die heroische Intervention einer einzelnen Epidemiologin zurück. Zu der Zeit zirkulierte das Virus in Wuhan sicher seit ungefähr sechs Wochen, sehr wahrscheinlich sogar noch länger. Was wäre passiert, wenn sie das zwei oder drei Wochen früher empfohlen hätte? Vielleicht hätte man den Ausbruch klein halten können. Aber hätte man schon bei wenigen Verdachtsfällen eine Millionenstadt dicht gemacht? Hätten wir das in Deutschland gemacht? Ich glaube nicht. Da kann man China dann auch keinen Vorwurf machen.

Und stammt das Virus nun aus dem Labor in Wuhan?
Ich schaue mir immer die neuesten Materialien und Dokumente dazu
an und sehe weiterhin keinen relevanten Hinweis für einen Labor-Ur-
sprung. Die Situation gleicht einem Dorf, in dessen Nähe jemand erschossen worden ist. Der Dorfpolizist hat eine Dienstwaffe in seinem
Schrank. Er macht pflichtgemäß seine Schießübungen, sonst benutzt
er die Waffe nicht. Ist er der Täter? Vollkommen auszuschließen ist das
nicht – aber eben äußerst unwahrscheinlich.

Das klingt erst einmal sehr beruhigend.
Wenn es anders wäre, würde ich es sagen, da kann ich für garantieren.
Ich habe keine persönliche Verbindung zu den Leuten in Wuhan und
bin noch nie in dem Institut gewesen.

**Es gibt Wissenschaftler, die den Verdacht des Labor-Ursprungs im-
mer wieder schüren.**
Das sind Fachexperten aus nah verwandten, aber hier nicht ausschlag-
gebenden Gebieten. Stellen Sie sich vor, das Dach eines denkmalge-
schützten Hauses ist eingestürzt. Zur Ursachenforschung müssen Sie
mit einem Experten für alte Dachstühle sprechen. Das kann nicht jeder
Zimmermann machen. Der muss sich schon mit historischer Bausub-
stanz auskennen. Und da fangen Sie nicht an, auf Twitter die Einschätzung von Fliesenlegern und Klempnern zu lesen, nur weil die auch auf
dem Bau arbeiten.

**Aber auch Zimmerleute sind sich nicht immer einig. Warum haben
Sie per Mail interveniert, als Hendrik Streeck vorgeschlagen wurde
für ein Expertenkonsortium des Gesundheitsministeriums, das eine
große Corona-Studie beaufsichtigen sollte?**
Vieles wurde aus dem Zusammenhang gerissen, zugespitzt und ver-
fälscht – auch diese Mail. Der vermeintliche Konkurrenzkampf der Virologen wurde von einigen Medien inszeniert. Um diese Inszenierung
nicht weiter zu befeuern, möchte ich das nicht weiter kommentieren.

Das respektieren wir. Streit haben wir aber durchaus wahrgenommen. Sie sind wie kaum ein anderer Wissenschaftler von Spitzenpolitikern angehört worden. Hatten Sie Erfolg?

Es gibt deutlich effizientere Formen der Politikberatung. In Großbritannien gibt es SAGE, die Scientific Advisory Group for Emergencies, ein wissenschaftliches Beratergremium für Notfälle. Das ist eine Gruppe von mehr als 40 Leuten, die fachrelevante Expertise haben und diese Expertise auch zu Papier bringen. Was die da aufschreiben, ist Konsens in der Wissenschaft, daran kann sich die Politik orientieren. Die schriftliche Form ist wichtig, das konzentrierte Beschäftigen mit den Inhalten. Diese Befassungstiefe habe ich in der Politikberatung, in der ich involviert war in Deutschland, nicht erlebt.

Was haben Sie stattdessen erfahren?

Fast immer wurde Politikberatung in Form von eilig berufenen Gremiensitzungen organisiert. Fast alles lief mündlich.

Aber sind die wichtigsten Botschaften denn angekommen?

Das weiß man nicht, man bekommt als wissenschaftlicher Berater dazu kaum Rückmeldung und hat keine Kontrolle darüber.

Hatten Sie den Eindruck, Ihren Gesprächspartnern mangelt es an Kompetenz?

Auf der politischen Seite? Die Politiker können ja nicht alle bei Viruserkrankungen oder naturwissenschaftlichen Ausnahmesituationen dieser Größenordnung kompetent sein. Die kommen aus anderen Berufen, und auch aus denen sind sie häufig schon lange raus. Aber eine schon viel zitierte Ausnahme muss auch ich hervorheben: Angela Merkel. Die hat die richtigen Fragen gestellt. Sie ist superschnell in ihrer Auffassungsgabe. Sie hat ein mathematisches Verständnis, was bei diesen epidemiologischen Problemen wirklich weiterhilft.

Und doch haben wir in Deutschland schwere Fehler gemacht. Ein Beispiel: In den Ministerpräsidentenrunden, das haben die Journalistenkollegen Georg Mascolo und Katja Gloger recherchiert, hat die entsetzliche Situation in den Altenheimen keine große Rolle gespielt.

In der Politikberatung war das nicht so. Wir Wissenschaftler haben immer darüber gesprochen, aber auch darauf hingewiesen, dass die Umsetzung schwierig ist. Das RKI hat sich schon im Frühjahr 2020 dazu positioniert.

Warum ist denn dann so wenig oder so verzögert getestet worden? Der Schutz der Altenheime ist bis heute ein Problem.
Die Teststrategie ist im Alltag gescheitert, nicht an falscher Beratung. Schnelle Antigen-Tests waren vor der zweiten Welle im Herbst noch nicht real verfügbar. Die kamen erst im Januar oder Februar. PCR-Tests hatte man, aber die Logistik scheiterte, und die Kapazität war begrenzt. Viele sinnvolle Maßnahmen sind am organisatorischen Klein-Klein gescheitert, manchmal an Pflegeheimträgern, einzelnen Landräten oder Gesundheitsamtsleitern.

Dann war die Politikberatung also doch nicht erfolgreich.
Ich habe diesen Vorwurf schon öfter gehört, dass man damals falsch beraten habe. Das stimmt einfach nicht. Und es wurde ja nicht nur Frau Merkel beraten, und Frau Merkel hat dann gesagt, was gemacht werden muss. Die Bundesministerien hatten riesige Beraterstäbe. Und natürlich hatte jeder Ministerpräsident schon allein aus regionaler Verbundenheit einen Beraterstab aus seinen umliegenden Universitäten um sich geschart.

So viel Rat. Warum war denn dann die Umsetzung so dürftig?
Das ist tatsächlich frustrierend. Das öffentliche Gesundheitswesen ist schon sehr kleinteilig. Was man so erlebt, wenn man mit 30 Gesundheitsamtsleiterinnen und -leitern zusammensitzt, ist eben nicht der Konsens der Wissenschaft. Sie stoßen auf sehr extreme Positionen. Und die werden dann zum Teil direkt ins Handeln umgesetzt. Das führt mitunter zum Maßnahmenwirrwarr.

Am Anfang der Pandemie lautete die Kritik, die Politik habe zu einseitig auf Virologen und Epidemiologen gesetzt. Man hätte vor den Schulschließungen am 19. März vergangenen Jahres mehr auf Pädagogen, Psychologen, Soziologen hören müssen, die seien zu spät zu Wort gekommen.

Die Politik hätte die Schulen auch nach vorheriger Einbindung von Wissenschaftlern aus anderen Bereichen geschlossen. Richtig ist auch: Wir, also die eingebundenen Wissenschaftler, haben gar nicht gesagt, die Schulen müssen geschlossen werden. Andere Behauptungen sind falsch.

Aber haben Sie nicht auf die historische Erfahrung mit der Spanischen Grippe 1918 in den USA verwiesen? St. Louis hatte die Schulen früh geschlossen, Philadelphia Wochen später – mit der Folge von deutlich mehr Todesopfern.
Genau das habe ich vorgetragen. Das war auch zur gleichen Zeit öffentlich im Podcast zu hören. Wir haben aber daraus nicht die Konsequenz für die Politik abgeleitet, dass man jetzt alle Schulen in Deutschland schließen muss. Zu der Zeit waren gerade in Gangelt die Schulen geschlossen worden, und wir haben genau das als beispielhaft beschrieben: Eine lokale Reaktion, das ist das, was man machen muss.

Waren die flächendeckenden Schließungen also überflüssig?
Wir hatten in Deutschland diesen Riesenvorteil, dass wir schon am Anfang der ersten Welle überall die PCR-Diagnostik machen konnten. Darum hätten wir auch lokal reagieren können. Und das hätte in der ersten Welle wahrscheinlich auch gereicht. Genau das habe ich in dieser ersten Runde auch gesagt. Aber am nächsten Morgen kamen die Nachrichten, dass ein Bundesland nach dem anderen die Schulen schließt. Das muss die Diskussionsdynamik dieser Ministerpräsidentenkonferenz gewesen sein, nachdem wir den Raum verlassen hatten. Wer das vorangetrieben hat, weiß ich nicht. Ich war nicht dabei. Ich kann nur deutlich sagen: Das war ein rein politischer Beschluss, das ist nicht von der Wissenschaft so empfohlen worden.

Man merkt, das ärgert Sie.
Das ärgert mich, weil mir das ja bis heute angehängt wird: Herr Drosten ist verantwortlich für das Schließen der Schulen. Drosten, der Kinderquäler. Keiner der beteiligten Politiker hat das je richtiggestellt.

Finden Sie die Abwägung zwischen dem Infektionsrisiko und den Schäden von Kindern im Lockdown legitim?
Natürlich. Aber wie die Abwägung ausfällt, kommt auf die Welle an, die man betrachtet. In der zweiten Welle war die Situation eine ganz andere. Wir hatten eine hohe Infektionsdichte, viele Menschen waren bereits gestorben. Die Schulschließungen haben die zweite Welle gestoppt. Die Schulen waren das Zünglein an der Waage.

Hätte es auch da Alternativen gegeben?
Man hätte auch sagen können, die Schulen bleiben offen, aber wir setzen richtig harte Homeoffice-Kriterien im Dienstleistungsbereich durch. Wir nehmen die Wirtschaft in die Pflicht, nicht die Schulen.

Auch das war eine politische Entscheidung?
Ja, die Politik hatte quasi ein Glas vor sich stehen, das schon ziemlich voll war. Es durfte nicht überlaufen. Ob das jetzt aber Cola oder Mineralwasser ist, was man da reinschüttet, ist ganz unerheblich. Die Politik hat mehr über Cola diskutiert und weniger über Mineralwasser, den Präsenzbetrieb an Arbeitsstätten. Da hat man weitgehend auf den freiwilligen Einsatz der Unternehmen gesetzt, der ja dann auch von vielen erbracht wurde.

Sie haben vorhin gesagt, der November 2020 war ein Wendepunkt, weil kritische Stimmen und falsche Positionen das Grundvertrauen erschüttert haben. Aber ist das Vertrauen nicht auch dadurch erschüttert worden, dass von Fachkollegen falsche Prognosen erstellt wurden?
Nicht wirklich. Nehmen Sie einmal die Zahl, die von mir immer zitiert wird ...

... die Hunderttausender-Inzidenz, 100 000 Menschen, die sich pro Tag neu mit Corona infizieren, aus dem »Spiegel« im Januar 2021?
Ja, genau. Die wurde in einzelnen Medien aus dem Kontext gerissen und dann als Fehlprognose kritisiert. Ich habe gesagt, wenn es so sein wird, dass die Alten durchgeimpft sind, und wenn dann Druck entsteht zur gleichzeitigen Öffnung aller Lebensbereiche, dann könnten wir In-

zidenzen kriegen, die auch im Hunderttausender-Bereich liegen können. Zu der Zeit gab es in England Sechzigtausender-Inzidenzen bei einer Bevölkerung, die kleiner ist als unsere, 60 Millionen versus 83 Millionen. Das war aber wohlgemerkt ein Szenario mit zwei Wenns: wenn die Alten geimpft sind und wenn man es dann laufen lässt. Alles andere ist das Werk von einzelnen Medien, die die Aussage immer weiter zugespitzt haben. Ich werde jetzt noch damit falsch zitiert.

Haben Sie je darüber nachgedacht, Initiativen wie »Zero Covid« oder »No Covid« zu unterstützen, die forderten, das Virus so weit wie nur möglich zurückzudrängen?
Die Inzidenz niedrig zu halten, ist eine gute Idee, das war die »No Covid«-Strategie.

»Zero Covid« hätte gewaltige politische und gesellschaftliche Implikationen gehabt, der Aufruf hatte durchaus eine kapitalismuskritische Stoßrichtung. Manche aus Ihrer Zunft schienen nicht ganz abgeneigt.
Ganz prinzipiell finde ich, Wissenschaftler sollten keine politischen Forderungen stellen, sondern die Situation erklären.

Wo stehen wir jetzt? Die Zahlen steigen gerade dramatischer als im November 2020 – trotz der Impfungen.
Es gibt im Moment ein Narrativ, das ich für vollkommen falsch halte: die Pandemie der Ungeimpften. Wir haben keine Pandemie der Ungeimpften, wir haben eine Pandemie. Und wir haben Menschen, die noch sehr gefährdet sind, die älteren Ungeimpften. Bei den über 60-Jährigen haben wir nur eine Impfquote von 86 Prozent vollständig Geimpfter, das ist irrsinnig, das ist wirklich gefährlich.

Aber warum haben wir keine Pandemie der Ungeimpften? Auf den Intensivstationen – auch bei Ihnen in der Charité – liegen doch gerade die.
Wer nicht geimpft ist, infiziert sich mit seinem jeweils alterstypischen Risikoprofil. Viele werden dann auf der Intensivstation landen. Das überlastet die Intensivmedizin. Darum ist das akute Ziel, nicht zu viele

Infektionen auf einmal zuzulassen. Die Delta-Variante hat leider die Eigenschaft, sich trotz der Impfung zu verbreiten. Nach zwei, drei Monaten beginnt der Verbreitungsschutz der Impfung zu sinken. Und wir haben ganz viele Menschen gerade in den relevanten Altersgruppen, die schon im Mai oder im Juni geimpft worden sind. Die verlieren jetzt allmählich ihren Verbreitungsschutz, und sie werden immer mehr. Wir haben eine Pandemie, zu der alle beitragen – auch die Geimpften, wenn auch etwas weniger.

Sie glauben, dass sich irgendwann jeder ansteckt?
Ich halte das für unausweichlich. Wir werden uns alle – hoffentlich auf dem Fundament einer vollständigen Impfimmunisierung – irgendwann anstecken müssen, schon damit wir eine relevante Immunisierung kriegen.

Warum reicht die Impfung dazu nicht aus?
Die Impfimmunisierung wirkt systemisch, sie schützt die Lunge, man erleidet keinen schweren Verlauf mehr. Aber die Grundimmunität schwindet allmählich, und die Schleimhaut in Nase und Rachen ist wieder ungeschützt. Das ist bei allen anderen Coronaviren auch so. Alle eineinhalb Jahre holen wir uns jedes dieser vier Coronaviren, ob wir daran erkranken oder nicht. Dadurch wird unsere Immunität immer wieder upgedatet. Bei diesem Coronavirus müssen wir auch in diesen Modus kommen.

Was bedeutet das konkret?
Das heißt, auf dem Fundament einer Impfimmunität, die uns vor der Intensivstation schützt, kriegen wir irgendwann unsere erste Halsentzündung mit dem neuen Coronavirus. Manche kriegen auch Fieber. Und dann erleben wir später wahrscheinlich noch eine zweite oder dritte natürliche Infektion. Irgendwann ist auch unser Schleimhautschutz so belastbar, dass wir als Gesellschaft ganz gut immunisiert sind.

Wird es bald neue Pandemien geben?
In China stehen Schleichkatzen und Marderhunde mit Sars in Verbindung, Letzteres ein Nutztier in der Pelzindustrie. Im arabischen Mitt-

leren Osten geht es ums Kamel. Allein in der Hadsch-Saison werden jedes Jahr 40 000 Kamele geschlachtet. Bei Kamelen gibt es das Mers-Virus, das den Menschen befallen und auch von ihm weitergegeben werden kann. Die Tierhaltung bietet ideale Bedingungen für ein Virus, um sich an den Menschen anzupassen. Darum dürfen wir nicht nur auf Asien und die Schleichkatzen zeigen oder auf die Kamele im Orient. Was wir hier mit den Schweinen machen, ist auch nicht gut. Die würden in der Natur nie in solchen Herdengrößen auftreten. Eine wachsende Menschheit mit einem wachsenden Fleischhunger: Hier steckt das Risiko für künftige Pandemien.

Was sind dann für Sie die praktischen Konsequenzen? Wir werden der aufstrebenden Mittelschicht in China den Konsum von Fleisch nicht verbieten können ...
Und den Menschen in Afrika auch nicht. Es gibt wachsenden Wohlstand in vielen afrikanischen Ländern. Auch dort wird es mehr industrielle Landwirtschaft geben. Und das in Regionen mit großer Wildtier-Diversität. Da mache ich mir dann noch größere Sorgen: Die Ratte läuft in den Stall, die Fledermaus hängt unterm Dach. Was bringen die mit?

Was ist die Lösung? Eine regelmäßige Überwachung der Bestände?
Das ist eine direkte Antwort, die aus der Veterinärmedizin kommt. Hier bin ich aber der falsche Ansprechpartner. Ich kann hier nur auf die sehr weit fassende Vorstellung von »One Health« und »Planetary Health« verweisen: Je besser es unserer Umwelt geht, desto besser geht es uns. Aber nicht alle Konzepte aus der Grundlagenforschung verhindern gleich die nächste Pandemie.

Und wird es gefährlichere Erreger geben?
Theoretisch kann etwas Schlimmeres kommen, aber – das sagt uns die Evolutionsbiologie – wahrscheinlich ist das nicht.

Müssen wir aus diesem Gespräch deprimiert rausgehen, weil im Moment so gar nichts gegen die Ausbreitung der Pandemie hilft, oder gibt es einen Hoffnungsschimmer?
Also, ich habe mir ja eine Sommerpause gegönnt, weil ich auch irgendwie nicht mehr ...

... nicht mehr konnte?
Weil ich einfach weiß, wenn die Inzidenz niedrig ist, ist niemand für Botschaften empfänglich. Das Virus scheint weit weg. Dann habe ich Anfang September dem Deutschlandfunk ein erstes Interview gegeben und dann einen Podcast gemacht und noch einen Podcast und noch einen. Ich habe immer wieder dasselbe gesagt: Die Impfung ist der Weg aus der Pandemie, die Impflücken müssen geschlossen werden. Viel mehr gibt es jetzt nicht mehr zu sagen.

Aber Ihr Podcast ist für viele eine wichtige Informationsquelle.
Diese Hilfestellungen zu nicht pharmazeutischen Strategien, die sollten jetzt eigentlich überflüssig sein. Alles das, was bis jetzt zur Eindämmung der Pandemie gemacht wurde – also die Kontaktreduzierungen –, war ja nur da, um die Zeit bis zur Impfung zu überbrücken. Wir haben schon ganz am Anfang den Politikern gesagt: Ihr müsst jetzt zwei Jahre durchstehen, dann ist eine Impfung da. Die Wissenschaft hat ihre Aufgabe erledigt. Sie hat zudem all dieses Wissen angesammelt, die gewaltige Evidenz gegen die Zweifler.

Und jetzt ziehen Sie sich zurück?
Ich will nicht zu einem Papagei werden, der immer dieselbe Botschaft verbreitet. Ich sollte das nicht mehr machen. Sonst bin ich nur noch eine Medienfigur oder ein Art Halbjournalist – irgendwas, was ich auf keinen Fall sein will.

Und dafür mehr Zeit, Gitarre zu spielen? Wir haben gehört, Sie sind leidenschaftlicher Gitarrist. Mochten Sie eigentlich mal Brit-Pop?
Brit-Pop? Nee, warum?

Weil Sie aussehen wie Musiker früherer Brit-Pop-Gruppen.
Also, ich bin nicht so der Brit-Pop-Typ, ich komme aus den Achtzigerjahren: Joy Division, dann Blumfeld und ein paar andere von der Hamburger Schule und dann Jingo de Lunch, also so Berliner Urzeit-Kreuzberg. Dadurch bin ich der E-Gitarre verfallen und habe mir dann Gitarrespielen beigebracht. Aber inzwischen höre ich fast nur noch klassische Musik.

Die Berliner Skate-Punk-Band ZSK hat aus Ihrem berühmten Satz »Ich habe Besseres zu tun«, Ihrer Antwort auf eine Anfrage der »Bild«-Zeitung, einen Song gemacht. Sie wollten ihn doch einmal zusammen spielen. Daraus wird also nichts?
Das mache ich vielleicht noch – aber erst dann, wenn das alles hier vorbei ist. Ein solcher Auftritt soll nicht zum Symbol werden, ich bin nicht nachtragend, auch nicht gegenüber der »Bild«.

DIE ZEIT, 11.11.2021

»Ich habe mich als Vorbild«

Penelope Tzanakakis

Dieses bislang nur in einer Publikation der Vodafone Stiftung Deutschland veröffentlichte Interview geht nicht auf eine Initiative von mir zurück. Es war mein Kollege Andreas Lebert, der die zauberhafte Idee entwickelte: Wie wäre es, wenn Journalistinnen und Journalisten, die sonst die hohen Tiere in Politik, Sport, Wirtschaft oder Showbusiness interviewen, mit der gleichen Ernsthaftigkeit Kinder zum Gespräch bitten würden? Ich sagte unter der Bedingung zu, dass ein damals 8-jähriges Mädchen, das ich schon lange zuvor kennengelernt hatte, mitmachen würde. Mit der Zustimmung der Eltern natürlich, die Mutter ist eine Kollegin bei der ZEIT. Penelope Tzanakakis ist ein Kind, wie ich es noch nie getroffen habe – von einer mitreißenden Scharfsinnigkeit, Wachheit, gelegentlich auch Komik. Vor allem: Jede Antwort überrascht. Ein Kind zu befragen, ist übrigens schwieriger als einen mittelprominenten Prominenten. Es gibt nichts, was man vorbereiten kann, keine Artikel, keine Fernsehauftritte, keine Tweets, die sich ausschlachten ließen. Man ist ganz darauf angewiesen, dass einem zu den Antworten eine spontane nächste Frage einfällt. Das ist die schöne Macht von Kindern. Bei unserem Gespräch waren Penelope und ich alleine in ihrem Kinderzimmer, sie nahm die Sache angemessen ernst, aber ich war definitiv aufgeregter. Ihre Mama saß zunächst in Hörweite nebenan, aber gelauscht hat sie nie. Penelope ist übrigens migrationstechnisch gesehen eine bunte Mischung – die Mutter deutsch-rumänisch, der Vater in Griechenland, den USA und am Bodensee aufgewachsen. Das Schöne aber ist: Anders als für Daniela Cavallo oder Bülent Ceylan scheint das für sie erstens kein sonderlich wichtiges und zweitens kein problematisches Thema zu sein.

Liebe Penelope, ich freue mich, dass ich mit dir sprechen kann. Wenn ich richtig informiert bin, dann sind wir ja schon beinahe Kollegen.

Ja, ich habe auch schon mal Menschen interviewt, für unsere Schülerzeitung »Feuerfeder«. Zum World Cleanup Day habe ich bei einer Greenpeace-Aktion die Straße mit aufgeräumt und darüber einen Artikel geschrieben. Ich bin rumgegangen und habe Leute gefragt, die Müll gesammelt haben, meine Mutter hat mitgeschrieben.

Hast du Lampenfieber, wenn du Menschen ansprechen sollst?

Nein, überhaupt nicht! Ich quatsche gerne mit anderen Leuten und ich rede gerne. Deshalb war das ganz toll für mich. Vor ein paar Wochen habe ich in der Aula in meiner Schule auf der Bühne gestanden, für die Auflösung eines Experiments, da ging es um Fake News. Die halbe Schule war da, sogar große Mädels aus der siebten und achten Klasse! Das hat Spaß gemacht. Ich liebe es, auf der Bühne zu stehen!

Was für ein Experiment war das?

Ich habe für die Schülerzeitung einen Artikel geschrieben über Russland und die Ukraine und habe dabei rausgefunden, dass Putin Fake News erzählt, also Lügen. Das fand ich spannend, und ich wollte wissen, ob meine Mitschüler auch auf Fake News reinfallen.

Und was hast du dir da ausgedacht?

Ich habe mir zusammen mit meinem Vater überlegt, dass ich was Spannendes machen will, und da ist er auf diese Idee gekommen: Ich habe Flyer ausgedruckt und aufgehängt, auf denen stand, dass »The Voice Kids« zu uns in die Schule kommt, an einem bestimmten Tag. Und ganz viele haben das einfach geglaubt und sind in die Aula gekommen. Ich bin dann auf die Bühne gegangen und habe erzählt, worum es geht und warum ich das gemacht habe.

Wie fanden deine Mitschüler das denn? Waren die nicht sauer auf dich?

Doch, viele waren auch sauer. Manche hatten ja bestimmt ganz viel geübt, weil sie dachten, dass sie wirklich vorsingen bei »The Voice Kids«.

Aber sie haben eben auch was daraus gelernt, das wollte ich ja. Und wir haben dann Süßigkeiten verteilt, damit keiner richtig traurig ist.

Sagst du das anderen Menschen auch, dass du etwas nicht böse meintest?
Ja, ich bin eine sehr mitfühlende Person. Wenn ich merke, dass irgendwer sich von mir ungerecht behandelt fühlt, oder wenn ich mal wen getreten oder geschubst habe und das gar nicht wollte, dann sag ich das natürlich sofort. Und im Kopf fühle ich mich dann auch blöd, weil ich ja niemandem schaden und niemanden traurig machen möchte.

Glaubst du, dass das eine Stärke ist, wenn man mitfühlend ist? Oder dass man dadurch auch Nachteile hat?
Ich glaube, das ist eine sehr tolle Stärke und dass man fast gar keine Nachteile dadurch hat.

Wie würdest du dich sonst noch beschreiben?
Ich glaube, ich bin ein sehr offener Mensch, ich gehe gleich auf einen zu. Und ich kann manchmal auch sehr eigensinnig sein. Ich weiß, Kinder wissen eigentlich noch gar nichts von der Welt, aber ich kämpfe oft meine Meinung durch. Ich versuche es zumindest. Und dadurch lerne ich auch viel dazu. Wenn ich was falsch gemacht habe, denke ich darüber nach, und dann mache ich mir halt Gedanken darüber, und dann lerne ich daraus.

Und gibt es auch Seiten an dir, die du nicht so magst?
In der ersten Klasse wollte ich alles perfekt machen. Es gab ein richtig tolles Mädchen in der Klasse, die konnte alles, die war superschön, sie war richtig sportlich, sie konnte gut malen, und ich wollte auch so sein wie sie, weil alle immer mit ihr spielen wollten, alle sich immer mit ihr verabredet haben, und alle sie supernett fanden. Und ich wollte auch so sein, wie sie. Das war eine Eigenschaft, die mag ich nicht so sehr, weil ich nicht daran gedacht habe, dass ich toll bin, so wie ich bin.

Hat dich das verunsichert?
Das hat mich verunsichert. Aber ich habe mich deshalb auch mehr angestrengt, und das war gut. Ich habe in dem Moment einfach nicht daran gedacht, dass ich ja auch toll bin, das war ganz blöd von mir.

Seid ihr heute befreundet?
Nicht so eng, aber fast alle in meiner Klasse sind miteinander befreundet, manche sind halt BFF-mäßig, und manche sind einfach nur Freunde.

Was heißt das, BFF-mäßig?
BFF ist so »best friends forever«, »Ich begleite dich immer in meinem Leben«, »Ich küsse deine Füße« und so.

So redet ihr also! Wenn ihr alle befreundet seid, gibt's da keinen, der gehänselt wird oder gemobbt?
Ja, das gab's tatsächlich in meiner Klasse. Ein Mädchen hat einen Jungen gemobbt. Das Mädchen hat sich Nachrichten auf den Arm geschrieben, den Anfangsbuchstaben von dem Jungen und dann: ist dick, bekloppt, blöd und hässlich. Dieser Junge war neu in der Klasse, und der wurde dann richtig aggressiv und hat ein paar Leute verletzt, weil er sich so unwohl gefühlt hat. Wir dachten die ganze Zeit, dass er der Schlimme sei, obwohl das Mädchen die Schlimme war. Ich habe das dann angesprochen, weil sich sonst niemand getraut hat und weil ich den Eindruck hatte, dass er sich nicht wohlgefühlt hat. Und ich glaube, niemand ist ohne Grund aggressiv.

Bei wem hast du das angesprochen?
Bei einer Lehrerin. Und die hat dann den Jungen und das Mädchen reingeholt.

Ich finde das ganz toll von dir! Warst du da ein bisschen stolz auf dich?
Was heißt stolz, bitte schön? Also, da bin ich jetzt nicht stolz, ich fand das halt gut, dass es aufgeklärt wurde.

Gibt's auch Sachen, die dich bekümmern, traurig machen?
Ja, manchmal habe ich tatsächlich Kummer.

Warum?
Ich weiß nicht, ob ich darüber reden mag.

Wir können es ja versuchen. Mit wem sprichst du, wenn dich etwas bedrückt?
Über manche Sachen rede ich gar nicht. Und manchmal rede ich in ganz unpassenden Momenten darüber, weil ich es dann natürlich auch loswerden möchte. Wenn mich irgendwas bedrückt, sage ich das oft meiner Mutter.

Was zum Beispiel: Wenn du schlechte Noten hast?
Ach, das möchte ich eigentlich nicht so gerne erzählen, was mich traurig macht ...

... einverstanden ...
... aber Noten gibt es bei mir noch nicht. Es gab bisher nur Punkte, zum Beispiel 105 von 120 Punkten. Und dann gibt es immer so Smileys: den Super-Smiley. Und den Mittel-Smiley mit diesem geraden Mund und den schlechteren, aber den hat fast niemand gekriegt. Ich habe meistens immer den Super-Smiley bekommen. Und ich glaube, zwei-, dreimal bei einem Test habe ich auch den mittleren bekommen.

Ärgerst du dich, wenn du den mittleren bekommst?
Ja, ich bin superehrgeizig. Ich ärgere mich richtig, und ich übe dann auch richtig dolle. Am liebsten, in meinem Traum, würde ich immer einen Super-Smiley kriegen.

Aber du weißt, dass das nicht immer geht?
Ja, ich weiß, dass das nicht geht. Aber ich bin dann halt auch ein bisschen enttäuscht von mir. Aber das ist nicht so schlimm.

Und was macht dich richtig froh?

Hm ... also richtig froh machen mich die normalen Sachen, ein schöner Sonntagnachmittag, spät frühstücken mit meinen Eltern zusammen, mit meiner Oma hier in Hamburg, das macht mich glücklich. Familienzeit macht mich glücklich. Oder meine andere Oma besuchen, das mache ich sehr oft. Sie lebt in Hildesheim mit Haus und Garten und so.

Wie ist das für dich, wenn du aus der Großstadt Hamburg nach Hildesheim kommst?

Also, ich liebe es, ich liebe es echt. Ich gehe dann oft mit meinem Großvater spazieren, auf den Feldern ... oh, da gibt's so schöne Felder, alles so rein und glatt und ... oah, ich liebe das, in der Natur zu sein, wenn die Sonne scheint! Ich möchte mal nach Hildesheim ziehen, weil da so schöne Wäldchen sind. Und meine Mutter sagt dann so, tzz tzz, ach, ach, ach.

Möchtest du selbst mal in einem Haus mit Garten wohnen?

Ja, am liebsten wäre mir so eine Riesenvilla mit allem Drum und Dran, Swimmingpool, Bar, Disco, Kino und so.

Dann brauchst du einen Beruf, in dem man viel Geld verdient.

Ich möchte Investment-Bankerin werden!

Du willst Investment-Bankerin werden?! Warum das denn?

Weil mein Vater Investment-Banker war und heute Banken berät. Und weil man damit viel Geld verdient und weil ich gerne mit Geld handele. Also, ich mag Geld. Nein, wie soll ich das jetzt sagen, das ist so tussimäßig ...

Also mit Journalismus wie deine Mami oder ich hast du es eher nicht?

Das finde ich auch sehr spannend. Aber ich bin schon sehr bekannt bei Daddys Firma, ich platze sehr oft in die Videokonferenzen rein, deswegen kennt mich auch jeder. Und ich habe da schon mal ein paar Ideen geliefert.

Geld ist also wichtig für dich?
Ich finde, Geld macht mich nicht glücklich. Aber Geld ist ein Zahlungsmittel, und Geld braucht man natürlich zum Überleben, deswegen ist Geld mir auch irgendwie wichtig. Ich weiß auch nicht, warum es mir so Spaß macht, mit Geld zu handeln. Ich zähle einfach gerne mein Geld, sehr gerne sogar ...

Hast du denn schon eigenes Geld zum Zählen?
Ja, ich habe eine Dose. Aber die hole ich jetzt lieber nicht raus.

Und wer gibt dir dieses Geld? Ist das dein Taschengeld?
Das meiste Geld geben mir meine Eltern und manchmal auch Oma und Opa. Die kommen aus Rumänien, und mein Urgroßvater hat ein eigenes Geschäft und mag auch sehr gerne Geld ...

Du hast noch einen Urgroßvater, wie schön!
Ja, der ist 93. Meine Großeltern schenken mir jedes Weihnachten und jedes Ostern immer so Riesengeschenke, zum Beispiel das Barbie-Haus hier habe ich von ihnen. Und dann ist da immer noch so ein kleiner Brief dran mit Geld.

Mit der Villa und dem Swimmingpool dauert das ja vielleicht noch ein bisschen, das ist ziemlich teuer ...
... ja, ziemlich teuer. Meine Eltern haben mich immer mit Bergen von Geschenken zugeschmissen an meinen Geburtstagen, und da dachte ich immer, dass es ganz leicht wäre Geld zu verdienen, obwohl das gar nicht so ist. Meine Freundin zum Beispiel geht immer überallhin, die hat einen Vater, der macht alles für sie, der kauft ihr allen Kram, geht mit ihr auf den Hamburger Dom (*Anm.:* großer Jahrmarkt in Hamburg) und verreist mit ihr nach London.

Ist diese Freundin glücklicher als du?
Ich glaube, sie hat nicht das, was sie sich wirklich im Innern, innen drin in ihrem Herzen wünscht. Ihre Eltern sind geschieden, und das ist sehr schwer für sie. Das Geld und der Dom und alle Geschenke, die sie hat,

machen sie nicht glücklich. Ich glaube, es ist nicht das, was sie will. Sie braucht eher Liebe und so.

Bis du das Geld für deine Villa zusammenhast: Was würdest du dir denn jetzt schon gerne kaufen?
Ich würde mir gerne einen Hund kaufen. Ich habe ja einen Hund in Hildesheim, »Snoopy« haben meine Großeltern und ich zusammen gekauft, den teilen wir uns sozusagen. Auf jeden Fall würde ich mir einen eigenen Hund holen, weil ich so eine gute Beziehung zu Hunden habe. Ein Hund ist echt der beste Freund in allen Zeiten. Es fühlt sich so an, als wenn ich mit Snoopy reden könnte, das ist echt schön. Am liebsten würde ich das Gefühl dauernd haben.

Aber man braucht ja nicht nur Geld für einen Hund, sondern man braucht auch Eltern, die das mitmachen.
Mein Vater würde das mitmachen, aber meine Mutter ist ein bisschen kritisch, Hunde machen ja Schmutz, und die Mütter sind immer so reinlich. Und sie macht sich halt Sorgen, ob der genug Auslauf hat, Hamburg ist ja eine Großstadt.

Und wer bringt den Hund dann raus, dreimal am Tag?
Ich hatte Snoopy schon mal bei mir in den Herbstferien, und ja, da habe ich auch gemerkt, wie schwer das ist. Aber am Wochenende bin ich aufgestanden und bin im Einhorn-Pyjama rausgestiefelt und immer eine kleine Runde mit dem Hund gegangen.

Hat er bei dir im Zimmer geschlafen?
Mmh, im Bett. Aber er wurde nicht daran gewöhnt, dass er im Arm schläft ... deswegen schläft er immer unten, bei den Füßen. Er ist ein Fußfetischist, der leckt immer die Füße ab.

Woher weißt du, was ein Fetischist ist?
Meine Großmutter sagt immer Fußfetischist.

Verstehe! Wenn du so gerne bei den Großeltern bist in der Natur, mit oder ohne Snoopy, interessierst du dich wahrscheinlich auch sehr für die Umwelt, oder?

Klar. Ich war auch schon bei einer Fridays-for-Future-Demo.

Ging das von der Schule aus?

Nein, meine Oma hat's vorgeschlagen. Die geht immer auf alle Veranstaltungen, und die weiß immer den neuesten Stand. Es war spannend, weil da sehr viele Leute mitgegangen sind, und ich fand das auch eine tolle Organisation. Und ich glaube, es hat auch etwas bewirkt, und ich möchte, dass das weiter passiert, weil ich es ganz, ganz toll finde.

Was soll es denn bewirken?

Klimaschutz! Fridays for Future ist ja dafür zuständig, dass wir Menschen uns darum kümmern, ein bisschen umweltfreundlicher zu sein, dass wir nicht mehr so viel Plastik benutzen und so. Und ich versuche – ich sag jetzt mal: versuche – darauf zu achten. Früher habe ich zum Beispiel ganz viel Capri-Sonne getrunken, das mache ich nicht mehr. Ich spaziere auch immer rum und verdonnere die Achtklässler auf dem Schulhof, weil sie ihre Plastikflaschen einfach in den Müll werfen, obwohl es so einen grünen Behälter gibt, da kann man die Flaschen reintun, und dann wird das alles recycelt.

Was sagen die dann, die sind ja größer als du?

Die machen das. Die Jungs sind das immer, die mit ihren Mädchen da rumgehen, und dann sagen die Mädels immer: »Uhh, das geht ja gar nicht.«

Auf was würdest du noch verzichten außer auf Capri-Sonne?

Ich würde auf alles verzichten ... Na ja, nicht auf alles, das ist jetzt zu groß, aber ich würde auf sehr viel verzichten, wenn's um etwas Großes geht.

Essen?

Hm, wir machen immer sehr viel Aufwand zu Hause, bei uns essen sie eben gerne, die Griechen und die Rumänen. Ich verzichte jetzt nicht auf Fleisch. Nein, beim Essen verzichte ich eigentlich auf nicht so viel.

Dein Papa hat griechische Wurzeln, deine Mama rumänische. Als was fühlst du dich? Ich frage dich das jetzt, obwohl ich die Frage schon immer schrecklich fand, auch als Kind. Aber du wirst das bestimmt auch noch gefragt, oder?

Ich finde, es ist irgendwie blöd: Ich fühle mich sehr deutsch, und ich merke auch, dass ich griechische Wurzeln habe. Aber ich kann jetzt nicht sagen, als was ich mich mehr fühle, mehr als Deutsche, mehr Griechin, mehr ... Ich zeig dir mal ein Buch, darüber möchte ich eine Buchvorstellung schreiben für meinen Deutschunterricht. Es heißt »Menschen«, ist von Peter Spier, und ich liebe es. Es zeigt, wie unterschiedlich und doch wie gleich die Menschen sind, egal aus welchen Ländern sie kommen. Hier sind die verschiedenen Nasen, die verschiedenen Ohren, die verschiedenen Frisuren. Jeder von uns will so gut wie möglich aussehen, doch was dem einen als schön gilt, findet man woanders vielleicht hässlich oder lächerlich.

Sprichst du ein bisschen Griechisch?
Ich kann leider kein Griechisch außer »agapi mou« oder so ... Aber ich gehe jeden Sommer mit meinen Eltern drei Wochen nach Griechenland, nach Athen, nach Mouzaki ... Ich mag das sehr. In Griechenland habe ich auch fünf Katzen, drei Hunde, und da fühle ich mich sehr wohl.

Und warst du auch schon mal in Rumänien?
Nein, war ich noch nie. Aber ich bin sehr neugierig, wie es da ist. Und ich hoffe, wir werden da mal hinfahren.

Sind in deiner Klasse viele Kinder, deren Eltern aus anderen Ländern kommen?
Eine Freundin hat russische Wurzeln, und dann gibt es einen, der aus New York kommt. Und einer hat so afrikanische Wurzeln. Ja, wir sind eine Schule, das finde ich auch ganz toll, da sind viele verschiedene Kinder, auch chinesische, also mit den langen Augen, und schwarze und weiße Kinder und so. Und das steht auch auf dem Spielplatz an der Wand: Schule ohne Rassismus, Schule mit Courage. Das finde ich toll, so sollte jede Schule sein, nicht so auf eine Figur festgelegt, die weiße Haut oder zum Beispiel blonde Haare hat.

Ich habe den Eindruck, dass ihr an eurer Schule viel diskutiert. Habt ihr auch über den Krieg in der Ukraine gesprochen?
Ja. Wir haben im Klassenrat darüber gesprochen, weil ein Mädchen ein bisschen gehänselt wurde, weil sie russische Wurzeln hat und die anderen gesagt haben, die hat mit dem Krieg etwas zu tun, obwohl das gar nicht stimmt.

Andere Schüler haben das gesagt?
Ja. Obwohl eigentlich nur Putin schuld daran ist, weil er ja die Entscheidungen trifft. Und das haben wir dann noch mal richtig doll besprochen.

Darfst du Fernsehen gucken, Nachrichten oder so?
Jeden Tag hören wir zu Hause ... wie nennt man das? Deutschlandfunk. Und da höre ich dann mit ...

Du kriegst alles mit?
Ja, ich kriege alles mit.

Hörst du das gerne?
Nein, ich höre es nicht gerne. Also, die Nachrichten schon, aber ich höre nicht gerne, dass dort so schlimme Sachen passieren. Aber ich möchte natürlich ... ich möchte so ein Gefühl haben, dass ich mehr weiß, ich möchte Bescheid wissen, was gerade passiert.

Hast du schon ein Handy?
Ja, aber ich darf das nicht so viel benutzen, nur zum Hörspielhören und am Wochenende.

Sind deine Eltern streng?
Wir haben viele Hausregeln. Meine Mutter achtet sehr auf das Tischbenehmen zum Beispiel, und man darf nicht einfach so die Sachen von den Eltern nehmen im Badezimmer, zum Beispiel die Kosmetiksachen. Da muss man erst fragen. Und ja, natürlich gibt's noch andere Familienregeln. Eigentlich sind meine Eltern streng, jetzt nicht so turbostreng, so stiefmutterstreng und so stiefvaterstreng, aber sie

sind streng, um mich super zu erziehen, und ich mag das, dass sie streng sind.

Wirklich?
Ja. Denn ich lerne auch daraus.

Okay. Das heißt, Eltern, die dir alles erlauben würden, würdest du gar nicht toll finden?
Oh nein, das würde ich nicht mögen.

Freust du dich, wenn du an die Zukunft denkst, oder hast du Angst davor?
Ich freue mich auf die Zukunft. Ich stolpere einfach in die Zukunft rein, und ich glaube auch gar nicht, dass so was Großes auf mich zukommt, so Robin-Hood-mäßig, ha, gegen Diebe kämpfen oder so.

Hast du ein Vorbild?
Nein. Ich habe mich als Vorbild, ich gehe einfach ins Leben rein.

Möchtest du dabei mehr Pippi Langstrumpf sein oder mehr Greta Thunberg?
Eine Mischung aus beiden. So wie Greta Thunberg möchte ich etwas für die Welt bewirken irgendwann, ich möchte mal gesehen werden, und wie Pippi Langstrumpf möchte ich allen Freude machen.

Ich wünsch dir ein schönes Leben – und einen Hund. Weißt du schon, wie der heißen würde?
Klar, Ruby!

»Ideen Blicke Herzenswünsche«, Vodafone Stiftung Deutschland, Dezember 2022

»Mein Vater fand, Musiker zu werden, sei für einen Süditaliener ungefähr so, wie zum Mond zu fliegen«

Riccardo Muti

Italien ist auch ein Land großer Dirigenten. Die letzten 50 Jahre waren dominiert von zwei Maestri, die von ihrem Auftreten und ihrer Wirkung unterschiedlicher kaum sein können: Claudio Abbado und Riccardo Muti. Aus einer begüterten, kultivierten Mailänder Familie stammend hatte Abbado den Dirigentenstab fast schon im Tornister. Er war verschlossen, geradezu abweisend, galt als Sympathisant der italienischen Linken, zusammen mit dem Komponisten Luigi Nono und dem Pianisten Maurizio Pollini veranstaltete er sogar Konzerte in Fabrikhallen. Riccardo Muti dagegen ist ein Kind des Südens, aufgewachsen zwischen Neapel und Apulien. Sein Vater war zwar Arzt, aber bis heute stellt Muti sich als bodenständiger Mensch dar, als einer, der sich alles selbst erkämpfen musste. Politisch gilt er eher als konservativ, auch wenn er sich gegen eine Vereinnahmung, egal von welcher Seite, stets gewehrt hat. Über Claudio Abbado, der 2014 starb, redet er nicht gerne. Muti ist in gewisser Weise ein Überlebender unter den großen Dirigenten des 20. Jahrhunderts. Und ein sehr fitter dazu, obwohl er, wie er mir und meiner Kollegin Flaminia Bussotti gleich zu Beginn unseres Treffens sagte, keinerlei Sportprogramm absolviert. Nicht einmal für Rücken und Schultern, die ja beim Dirigat besonders beansprucht werden. Wir trafen uns in einer Suite des Hotel Sacher in Salzburg, er hatte gerade ein kräftezehrendes Konzert im Großen Festspielhaus gegeben, versprühte aber die gleiche Energie wie zuvor am Pult. In Deutschland, wo er relativ wenig auftritt, wird Muti respektiert, ist aber vom Feuilleton auch immer wieder kritisiert worden. Seine Interpretationen der klassischen Werke gelten meist als zu traditionsverhaftet, auf Ästhetik und Klangschönheit bedacht. In Österreich hingegen wird er geliebt: Seit 1971 dirigiert er jedes Jahr bei den Salzburger Festspielen, die Wiener Philharmoniker bezeichnet er als das »Orchester meines Lebens«. Und noch bevor die erste Frage kommt, legt der Maestro los:

Italien ist das Land des Belcanto, wobei man sich fragen kann, ob dieses Wort ein Kompliment oder eine Beleidigung ist. Denn wenn man unter Belcanto den stundenlangen Schrei »Vincerò« versteht (aus der Arie *Nessun dorma* von Puccinis *Turandot, Anm. d. Red.*), dann ist das höllisch vertrackt: Hält man den Ton, wissen alle, dass er sich irgendwann auflösen muss. Und wenn es dann so weit ist, fühlt sich das wie eine Befreiung an. Solcher Tricks bedient sich die italienische Oper gern.

Sie haben sich auch öffentlich darüber aufgeregt, dass während einer Konferenz der Kultusminister der Mittelmeerländer im vergangenen Juni in Neapel mehrere Teilnehmer beim abendlichen Opernbesuch laut »Vincerò« mitsangen.
Ja, und während sie »Vincerò« singen, sehe ich sie an ihren Handys herumspielen und Anrufe entgegennehmen. Und das im Teatro di San Carlo, dem vielleicht bedeutendsten historischen Opernhaus der Welt, 1737 gegründet und rund 40 Jahre älter als selbst die Scala!

Heute haben Sie bei den Salzburger Festspielen dirigiert, die es auch schon mehr als 100 Jahre gibt. Ganz am Schluss des Konzerts beim *Prologo in cielo* (aus Arrigo Boitos *Mefistofele*) ist ein Mädchen aus dem Chor in Ohnmacht gefallen. Können Sie und das Orchester in so einer Situation noch die Konzentration behalten?
So was kommt immer wieder vor. Wenn es während einer Probe passiert, kann man sofort unterbrechen. Diesmal jedoch waren wir im Konzert, das obendrein vom Radio des ORF übertragen wurde. In dem Augenblick haben das Orchester und ich für einen winzigen Moment

gezögert, und für Sekunden stand ich kurz davor zu unterbrechen, aber dann hätte man das im Radio erklären müssen. Zum Glück hatte das Mädchen nur eine üble Magenverstimmung. Dennoch sind das dramatische Augenblicke, in denen man weiterdirigiert und nicht weiß, ob sich gerade eine Tragödie ereignet hat. Am Ende zählt nur das Leben.

Sie haben mal gesagt, es mache Ihnen zu schaffen, dass eine Aufführung nie hundertprozentig sei. War das auch in dem Konzert vorhin so?

Heutzutage ist Pultgymnastik sehr in Mode gekommen, weil die Menschen immer stärker am Sehen als am Hören interessiert sind, sie wollen das Show-Element. Dabei geht es einzig um die Verlängerung unseres Gedankens, wie Arturo Toscanini die Bewegung unserer Arme bezeichnet hat. Während wir dirigieren, haben wir eine ideale Vorstellung dessen, was wir erreichen wollen. Das lässt sich jedoch niemals zu hundert Prozent verwirklichen. Es gibt keine Vollkommenheit: Ein, zwei, zehn, zwanzig Mosaiksteinchen lassen sich am Ende nicht einpassen.

Deswegen das Bedauern?

Am Ende ja. Einer der schwierigsten und unerquicklichsten Momente ist der, wenn man das Publikum glücklich gemacht hat, aber mit seiner Leistung nicht zufrieden ist. Man verbeugt sich und zwingt sich zu einer guten Miene. Aber wenn man ehrlich ist, denkt man an das, was einem nicht gelungen ist. Vor allem bei Opern habe ich diesen Gegensatz oft empfunden. Bei einem Symphoniekonzert ist man allein für das verantwortlich, was man tut, aber bei der Oper gibt es die Regie, die Sänger, den Chor, und man ist mit dem einen zufriedener als mit dem anderen.

Ist das der Grund, warum Sie selbst bei Ovationen so gut wie nie lächeln?

Nein, das hat etwas mit meinen Lehrern an der Schule zu tun. Obendrein komme ich aus dem tiefen italienischen Süden: Ich bin halb Neapolitaner und halb Apulier. Das Neapolitanische hat mir einen gewissen Fatalismus mitgegeben, aber ebenso einen leicht ironischen Blick auf das Leben. Der Apulier hingegen ist kerniger, er lächelt so gut wie nie. Selbst wenn er ein Kompliment macht, zieht er ein grimmiges Gesicht. An der Schule hieß es: »risus abundat in ore stultorum.« (Das Lachen überwiegt im Gesichte der Narren.)

Sie sind so oft nicht zufrieden, und doch haben Sie schon oft gesagt, der glücklichste Moment sei für Sie der, wenn Sie die Bühne verlassen. Was hat das zu bedeuten?
Ich weiß es nicht genau. Manchmal habe ich Kollegen, vor allem junge Dirigenten, auf die Frage, was sie auf dem Podium empfinden, antworten hören: tiefes Glück, tiefe Freude! Das kenne ich nicht, kein bisschen. Denn man hat eine enorme Verpflichtung gegenüber sich selbst, gegenüber den Musikern, dem Publikum, dem Komponisten. Wenn es vorbei ist, gibt es eben auch die Erleichterung.

Viele Künstler sagen aber auch: Wenn man auf der Bühne alles gegeben hat und abgeht, spürt man nur noch Leere, auch Schwermut.
Ich würde nicht von Schwermut sprechen. Aber es gibt tatsächlich eine Art Leere, vor allem wenn das Programm fordernd war – so wie heute. Wenn man so viel gegeben hat, ist es so, als tappte man im Dunkeln und wüsste nicht wohin. In gewissem Sinne fühle ich mich verloren.

Was tun Sie, um da wieder rauszukommen?
Nichts. Ich hatte das Glück, im Süden Italiens geboren zu werden und in einem Dorf aufzuwachsen, in dem mentale Verstiegenheiten oder Künstlerattitüden undenkbar waren. Dadurch bleibt man auf dem Teppich. Obendrein hatte ich eine großartige, aber sehr strenge Mutter.

War sie auch mit Ihnen als Künstler streng?
Ja. Als ich 1967 einen Dirigentenwettbewerb in Novara gewann, war das Theater bis zum letzten Platz gefüllt, es spielte das Orchester der RAI, und das Publikum applaudierte mir, dem jungen Kerl. Mein Vater, meine Mutter und meine vier Geschwister, die nebeneinander im Parkett saßen, waren die Einzigen, die nicht klatschten. Meine Mutter war der Ansicht, es sei zu wohlfeil, einem Verwandten zu applaudieren.

Hat Sie das nicht gekränkt?
Nein. So bin ich groß geworden. Meine Eltern haben mir beigebracht, mit beiden Beinen auf der Erde zu bleiben und nicht ein Künstler zu sein, der schon als Zehnjähriger mit Fliege und Virtuosenmähne herumläuft, wie man es heute gern tut.

Es heißt, es sei reiner Zufall gewesen, dass Sie Dirigent geworden sind.
Stimmt. Ich war Schüler im letzten Jahr am Konservatorium von Neapel und dachte, ich würde meinen Abschluss am Klavier machen. Ich war ein guter Pianist. Als jedoch ein Schüler ausfiel, der das Orchester dirigieren sollte, rief mich der Leiter des Konservatoriums zu sich und fragte mich ganz direkt: »Hast du je ans Dirigieren gedacht?« Ich antwortete: »Nein.« Was stimmte. Er sagte: »Ich habe dich Klavierspielen hören, du spielst eher wie ein Dirigent.«

Was für eine Intuition!
Ja, er rief den Lehrer für Orchesterleitung zu sich, der mir die Partitur in die Hand drückte. Es waren Cembalokonzerte von Bach, also etwas relativ Einfaches. Und so habe ich mich am nächsten Tag vor dieses Schülerorchester gestellt und angefangen zu dirigieren. Nach zwei oder drei Minuten fing mein Arm an, wie von selbst zu agieren. Ich spürte, das ist mein Beruf!

War das die einzige glückliche Fügung als Künstler in Ihrem Leben?
Mindestens ebenso großes Glück hatte ich, als ich mich davor ganz jung am Konservatorium von Bari bewarb, da lebte ich noch in Apulien. Ich ging in Molfetta zur Schule und lernte Klavier. Es war Zufall, dass ausgerechnet an diesem Tag Nino Rota in Bari war, der dort eine Professur hatte, aber eigentlich in Rom gerade die Musik für einen Film von Fellini machte. Er sah mich und fragte: »Und, wer bist du?« Ich sagte: »Ich heiße Muti und komme aus Molfetta.« Und er sagte: »Na, dann lass mal hören, was du kannst.« Ich spielte ein paar Stücke auf dem Klavier. Am Ende stand er auf und sagte: »Wir geben dir für jede deiner Darbietungen eine Eins plus. Allerdings weniger dafür, wie du heute gespielt hast, sondern dafür, wie du in Zukunft spielen wirst.«

Ich hatte nicht im Traum daran gedacht, Berufsmusiker zu werden, und mein Vater ebenso wenig.

Obwohl Ihr Vater sehr musikalisch war.
Er hatte eine wunderschöne Tenorstimme. Aber als ich anfing, Interesse für Musik zu zeigen, erlaubte er mir nicht, dafür das Gymnasium zu verlassen. Mein Vater fand, Musiker zu werden, sei für einen Süditaliener ungefähr so, wie zum Mond zu fliegen. Er war Arzt, in seinen Augen war Musiker kein Beruf. Er sagte: »Du kannst allenfalls die Kapelle von Molfetta leiten.«

Sind auch Filmkomponisten wie Nino Rota oder Popstars wie die Beatles für Sie große Künstler?
In ihrem Genre sind sie groß. Ich halte nicht viel von der Unterscheidung zwischen ernsthafter und weniger ernsthafter Musik.

Das ist aber in Deutschland sehr beliebt.
Natürlich sind Bachs *Matthäus-Passion* oder Beethovens *Missa solemnis* wahre Gipfel, sie haben etwas Metaphysisches. Ich habe fünfzig Jahre gebraucht, um die *Missa solemnis* zu durchdringen. Aber das Wichtigste ist, dass Musik eine innere Substanz hat. Auch bei »leichter Musik«, ob Pop oder Rock oder sogenannter zeitgenössischer klassischer Musik, hört man sofort, ob sie Wert hat oder nicht. Heute gibt es Tausende Komponisten auf der Welt, die Musik schreiben, ihre Kompositionen werden ein- oder zweimal aufgeführt, dann verschwinden sie und interessieren niemanden mehr.

Haben Sie eine Erklärung dafür?
Ich habe sehr viel zeitgenössische Musik aufgeführt, und deshalb bin ich bestimmt nicht so blind, taub und rückständig, zu behaupten, dass sei alles nichts. Aber ich glaube, auch wenn man mir hundertfach widersprechen wird, dass unser biologisches System noch immer auf das tonale System geeicht ist.

Was heißt das?

Es gibt konsonante Akkorde und dissonante Akkorde: Dissonanz erzeugt in uns Spannung, Unbehagen, Verstörung. Wir sehnen uns danach, dass sich diese Verstörung auflöst, dass der ewig aufgewühlte Fluss der Dissonanz – jetzt werde ich zum Dichter! – im Meer der Konsonanz Frieden findet. Die gesamte Musik des 17. bis 20. Jahrhunderts fußt auf diesem melodischen Empfinden.

Und heute?

Die heutige klassische Musik hingegen ist sehr rational, setzt auf neue Harmonien und Klangkombinationen, auf den immer komplexeren Gebrauch des Schlagwerks. Sie löst Empfindungen in uns aus, die uns im ersten Moment begeistern, von denen aber nichts bleibt. Gut möglich also, dass wir auf dieses melodische System noch immer nicht verzichten können. Natürlich wird dieser Satz nicht ungestraft bleiben: Alle werden sagen, es sei skandalös, so etwas zu behaupten.

Was genau?

Wenn man zeitgenössische Musik hört, wird die Milch zu Ricotta. *(lacht)* Keine Ahnung, warum. Offenbar gibt es da etwas, was wir interessant und besonders finden, aber sie berührt uns nicht. In 200 Jahren wird sie das vielleicht tun.

Vielleicht hängt es auch davon ab, wie man an die Musik herangeführt wird.

Man wird sehen. Es gibt übrigens noch etwas, was ich nicht verstehe: Warum wird die massentaugliche Musik, und damit meine ich in erster Linie Popsongs, immer seichter?

Wird sie das?

Wenn ich zum Beispiel das höre, was beim Schlagerfestival von Sanremo zum Besten gegeben wird, dann sind das unglaublich simple Lieder. Die jungen Leute freuen sich drüber, nehmen dazu einen Drink, und das war's. Zugleich wird die sogenannte klassische Musik immer komplizierter. Dazwischen ist eine seltsame Kluft entstanden, es scheint keine Berührungspunkte mehr zu geben. Robert Schumann hat den Komponisten einmal mit einem Schuhmacher verglichen: Die Musik, die Mozart schrieb, sei wie die Schuhe eines Schuhmachers, die allen passten. Heute machen wir Schuhe für wenige Intellektuelle, die für diese neuen Formen, Klänge und Harmonien ein Faible haben. Mit Musik, »die das Herz eines jeden berührt«, hat das nichts mehr zu tun. Aber bei aller Political Correctness muss man den Mut besitzen, Dinge zu verteidigen, die für das menschliche Miteinander unerlässlich sind, das gilt auch in der Musik. Wenn wir uns nur darauf versteifen, was man tun und sagen darf und was nicht, entmenschlichen wir die Menschheit.

Als Sie im Juni dieses Jahres Verdis *Maskenball* in Chicago dirigierten, haben Sie entschieden, einen umstrittenen Originaltext aus dem ersten Akt, der das N-Wort enthält, beizubehalten. An der Scala und anderswo war er bereits gestrichen oder geändert worden. Musste das wirklich sein?
Diesen Satz an der Scala zu ändern, hatte überhaupt keinen Sinn. Es ist wichtig, dass die nachfolgenden Generationen wissen, was in der Vergangenheit los war, im Guten wie im Schlechten. Wir ziehen ja auch Michelangelos David keine Unterhosen an.

Lassen Sie das Argument nicht gelten, dass sich ein Teil der Bevölkerung heute angegriffen oder herabgewürdigt fühlt – und dass man deshalb die Oper sehr wohl ändern kann?
Warum sollte sich jemand herabgewürdigt fühlen?

In diesem Fall dadurch, dass sich Menschen mit schwarzer Hautfarbe durch die Mehrheitsgesellschaft heute nicht mehr diskriminieren lassen wollen.
Ich sehe das anders. Heute wissen wir, dass Diskriminierung, ob ethnisch oder sexuell, ein entsetzlicher Fehler ist. Aber wir müssen den jungen Leuten sagen: Schaut her, diese Fehler wurden damals gemacht, passt also auf, nicht in die gleiche Falle zu tappen.

Sie machen also einen Unterschied zwischen Verdis Figur und Verdis Ansichten?

Natürlich. Es war ein Fehler der Scala, des Metropolitan und all der anderen Opernhäuser, diesen Satz im *Maskenball* zu ändern. Vor allem haben sie ihn nicht verstanden: In der Oper sagt der Oberrichter, ein Weißer, über die Wahrsagerin Ulrica, sie sei vom »unreinen Blut der Neger« (im italienischen Libretto heißt es »dell'immondo sangue dei negri«). Das ist ein ungeheuerlicher Satz. Aber Verdi legt ihn dem weißen Richter in den Mund und macht ihn damit lächerlich. Er entlarvt ihn. Nicht nur das: Der Gouverneur von Boston und vor allem Oscar, sein Page, verteidigen sie und plädieren sinngemäß dafür, Gnade walten zu lassen. Es ist also richtig, die Menschen wissen zu lassen, was geschrieben wurde und warum. Wenn man es ändert, macht man Verdi zu einem Rassisten.

Haben Sie diese Sicht in Chicago vermitteln können? Der Tenor, der den Oberrichter in der Aufführung gesungen hat, war ein schwarzer Südafrikaner, Lunga Eric Hallam.

Und ob. Ich musste dazu nicht einmal die schwarze Bürgermeisterin von Chicago, Lori Lightfoot, die ich sehr schätze, zurate ziehen. Ich habe erklärt, worum es mir ging, und ich habe Lunga Eric Hallam gesagt, dass wir eine andere Lösung finden werden, wenn es ihm widerstrebe, diesen Satz vorzutragen. Er sagte: »Maestro, nach dieser Erklärung habe ich nicht das geringste Problem damit.« Wenn ich an einem Ort bin, wo auf Political Correctness großen Wert gelegt wird, weiß ich, dass ich gewisse Grenzen nicht überschreiten darf, um niemanden vor den Kopf zu stoßen.

Aber finden Sie das auch richtig, oder empfinden Sie das als Einschränkung?

Vor allem finde ich es übertrieben. In Chicago habe ich bei einer Probe einmal das Wort »oriental« verwendet, hinterher wurde ich während einer Pause höflich darauf hingewiesen: »Maestro, es wäre besser, wenn Sie statt ›oriental‹ den Begriff ›asian‹ verwendeten.« Ich habe versucht zu erklären, dass ich dazu nicht fähig sei: »Es tut mir leid, ich bin mit diesem Wort groß geworden, für mich ist der Orient etwas

Wunderbares. Und außerdem: Was bin ich, wenn ihr >asian< seid?«
Die Antwort lautete: »You're caucasian.« Ich sagte: »Wenn ich einem
Bauern aus Molfetta sage: >you're caucasian<, hält der das für eine Be-
leidigung und bringt mich um.« *(lacht)*

**Gibt es unter den vielen Städten in Ihrer musikalischen Biografie –
Florenz, Chicago, Mailand, Berlin, Philadelphia, Salzburg oder
Wien – eine, die Sie besonders geprägt hat?**
Alle gerade genannten Städte haben zu meinem Werdegang beigetragen, und dafür bin ich den Orchestern dankbar. Denn es ist ein Missverständnis, zu glauben, der neu antretende Dirigent würde dem Orchester etwas beibringen und es anweisen. Von Anfang an ist völlig klar,
dass das Orchester oft sehr viel mehr Ahnung hat als der Dirigent.

Wussten Sie das auch als Anfänger?
Ja, soll ich Grünschnabel dem Orchester, das seit 30 Jahren Beethovens
Siebte mit den größten Dirigenten gespielt hat, sagen, was ich denke
und was ich meine? Ein kluger Dirigent weiß immer, dass er vom Or-
chester sehr viel bekommen und lernen kann. So ging es mir mit allen
Orchestern, mit denen ich gearbeitet habe.

Wir hatten nach den Städten gefragt, in denen Sie gearbeitet haben.
Florenz ist die Stadt, in der alles angefangen hat. Selbst heute sagen
die Leute, wenn ich dort bin: »Schau mal, der Muti ist wieder da.«
Dort sind meine Kinder geboren. London war mein erster großer in-
ternationaler Schritt. Philadelphia mein erstes großes amerikanisches
Orchester, Berlin hat mich jahrelang begleitet, vor allem zu Karajans
Zeit – und Salzburg natürlich. Mein jetziges Orchester ist das Chicago
Symphony Orchestra, das ich sehr liebe. Aber die Wiener Philharmo-
niker sind das Orchester meines Lebens. Von 1971 bis heute hat es für
mich kein einziges Jahr ohne sie gegeben.

Warum dieses Orchester?
Mehr als jedes andere Orchester der Welt haben sich die Wiener Philharmoniker die Wurzeln ihrer glorreichen Tradition bewahrt: Die typisch wienerische Phrasierung, die sich unmöglich erklären lässt, die

Farbe, der Klang. Wenn die Wiener Streicher spielen, geben sie nicht nur Töne von sich, sondern sie sprechen, sie lassen Worte und Stimmen erklingen, das ist wahrhaft magisch. Dieses Orchester kann einem jähe Momente vollkommener Schönheit bescheren – wenn es den Dirigenten mag. Wenn nicht, ist die Arbeit mit ihm mitunter äußerst schwierig. Von sämtlichen Nationen – na schön, Italien lassen wir außen vor, das ist meine Heimat, und wehe, jemand rührt daran – hat Österreich mir am meisten gegeben.

Wann wird Ihnen der Klang eines Orchesters fremd?
Wenn es versucht, den technischen Sound der CDs nachzuahmen, der hervorragende Orchester und zweitklassige fast gleich klingen lässt.

Wären Sie gern Herbert von Karajans Nachfolger bei den Berliner Philharmonikern geworden?
Nein, auf keinen Fall. Für Karajan empfinde ich noch immer allergrößten Respekt und absolute Dankbarkeit, weil er mich, den unbekannten jungen Dirigenten, 1971 nach Salzburg und in die Berliner Philharmonie eingeladen hatte, da ihm zu Ohren gekommen war, ich besäße ein gewisses Talent. Er war ein überaus großzügiger Mensch, der zahlreichen jungen Dirigenten zu ihrer Karriere verholfen hat. Ich hätte nie den Mut und die Anmaßung besessen, in seine Fußstapfen treten zu wollen.

Aber er hätte es vielleicht gewollt.
Das weiß ich nicht. Aber ich erinnere mich noch genau, wie Karajan 1989 den *Maskenball* hier in Salzburg vorbereitete, unter anderen mit Plácido Domingo. Es ging ihm sehr schlecht. Als ich spät nach Hause kam, meinte unsere Haushälterin, ich sollte die Salzburger Festspiele zurückrufen, egal zu welcher Tageszeit. Der damalige Leiter, Franz Willnauer, ging ran: »Maestro, Karajan ist heute Morgen gestorben.« Ich war fassungslos. Er sagte, Karajan habe auf die Frage, wer seinen Maskenball notfalls dirigieren solle, nur einen einzigen Namen gesagt: Muti. Und deshalb würde er mich nun darum bitten. Ich sagte: »Ich glaube, Sie sollten die Aufführung absagen. Karajan ist nicht ersetzbar, das ist unmöglich.« Er erwiderte, das Direktorium wisse meine Reak-

tion sehr zu schätzen, aber die Oper müsse zur Aufführung gelangen. Das mag sein, sagte ich, aber ich werde sie bestimmt nicht dirigieren, denn ich besitze weder die Kraft noch den Mut oder die Verwegenheit, gleich nach seinem Tod aufs Podium zu steigen. Ich lehnte ab.

Wer ist an Ihrer Stelle eingesprungen?
Georg Solti. *(schweigt)*

Warum sind Sie nie der Einladung nach Bayreuth gefolgt, obwohl Sie Wagner häufig dirigiert haben?
Von Wagner habe ich alles gemacht, sechs Opern allein an der Scala. Das erste Mal wollte mich Wolfgang Wagner 1972 einladen, aber ich sagte: »Das ist zu früh für mich. Ich bin noch nicht bereit, eine Wagner-Oper zu dirigieren, erst recht nicht in Bayreuth.« Ende der Achtziger bot er mir den *Tannhäuser* an, und ich fuhr nach Bayreuth, um mir den Ort anzusehen, an dem jeder Dirigent einmal gewesen sein muss, um den Klang zu verstehen, den Wagner für dieses Theater konzipiert hat. Ich sah mir alles an und fand es hochinteressant und verlockend, doch ich konnte nicht Feuer fangen. Ich musste an Salzburg denken, an die Berge und an das nahe Italien und dachte mir, dass ich Wagner lieber an der Scala machen möchte.

War Ihnen Wagner an diesem Ort dann doch zu deutsch?
Nein, eher zu vergangenheitsbelastet.

Fühlen Sie sich von den deutschen Rezensenten verstanden, die Ihnen oft kritischer gegenüberstanden als die Kollegen aus anderen Ländern?
Soweit ich es beurteilen kann, ja. Ich lese die Kritiken mit einer gewissen Leichtigkeit. Angeblich hat Hans Knappertsbusch (deutscher Dirigent, 1888–1965) etliche seiner Kritiken nie gelesen, er verachtete sie. Verdi las sie und wurde fuchsteufelswild, weil sie häufig kein gutes Haar an ihm ließen. Das Wichtige ist, etwas darin zu finden, was einem dienlich sein kann. Aber wie sagt man in Neapel so schön: Mach dir einen Namen, und pfeif drauf. Das, was ich erreicht habe, können Kritiken jetzt auch nicht mehr zerstören.

Aber Sie sagten einmal, Ihre verstorbenen Kollegen Arturo Toscanini, Wilhelm Furtwängler und Herbert von Karajan würden weit über Ihnen stehen. Ist das nicht ein bisschen übertrieben?
Nein, keinesfalls. Toscanini hat die musikalische Herangehensweise des Dirigenten grundlegend verändert. Er verstand sich als Diener des Komponisten und versuchte, dessen Werk möglichst treu zu sein. Furtwängler hatte ein besonderes Gespür für Improvisation. Bei Toscanini bekam das Publikum das Erwartete, bei Furtwängler das Unerwartete, das mitunter eine metrische Ungenauigkeit des Orchesters mit sich brachte, die bei Toscanini fast undenkbar war. Karajan wiederum verlieh dem Klang eine Erhabenheit, einen Glanz, eine Farbe, eine Größe und Bedeutung, wie es sie noch nie zuvor gegeben hatte. Diese drei haben sämtliche Dirigenten, die nach ihnen kamen, fundamental geprägt.

Für welche Leistung soll man Sie denn in Erinnerung behalten?
Wird etwas von mir bleiben? Ich weiß es nicht. Die Jahre vergehen, und die Dame in Schwarz steht immer näher vor meiner Tür. Andererseits habe ich neulich in der Zeitung gelesen, dass eine Frau mit 146 Jahren gestorben ist – 146, heiliger Strohsack! Irgendwo im Orient, glaube ich.

Sie sind zu bescheiden!
Das ist keine falsche Bescheidenheit, ich hasse falsche Bescheidenheit. Ich glaube, bis jetzt habe ich meine Arbeit ordentlich gemacht. Ich habe mich Verdi und Mozart sehr viel intensiver gewidmet als andere Kollegen, und das hat einen Grund: Verdi und Mozart sprechen zu uns, sie erzählen uns in all unserer burlesken Tragik von uns selbst. Wenn man Trost sucht, muss man Mozart hören, der uns erzählt, wer wir sind, und Verdi, der letzten Endes sagt: »tutto nel mondo è burla, l'uom è nato burlone.« (»Alles ist Spaß auf Erden, der Mensch ein geborener Tor«, Finale der Oper *Falstaff*.)

Wir können jetzt nicht auseinandergehen, ohne dass Sie sich zu Ihrer abgrundtiefen Abneigung gegenüber dem Regietheater äußern.
Das ist ein ernstes und schweres Thema, das man nicht in zwei Minuten abhandeln kann. Wenn Sie darüber wirklich mit mir reden wollen,

müssen wir das beim nächsten Interview machen. Das ist ein Kapitel für sich, denn es ist leicht zu sagen: Wer das Regietheater nicht mag, ist konservativ. In den Siebzigerjahren, als Luca Ronconi (experimentierfreudiger italienischer Theater- und Opernregisseur, *Anm. d. Red.*) ein echter Revolutionär war, habe ich neun Produktionen mit ihm gemacht. Man kann mir also alles nachsagen, aber das nicht. Ich unterscheide lediglich zwischen klugen und dummen Regisseuren – wie jeder andere auch.

DIE ZEIT, 22.09.2022

Courtesy of

www.riccardomuti.com

»Hatten Sie gedacht, ich komme mit Pferdeschwanz?«

Angela Merkel

Dieses Gespräch mit Angela Merkel fand zu einer Zeit statt, in der unter dem Eindruck des russischen Überfalls auf die Ukraine alle Welt ein Wort der Selbstkritik von ihr erwartete. Sie hatte bereits einen spektakulären Auftritt im Berliner Ensemble gehabt, bei dem sich der moderierende Kollege Alexander Osang allerdings schier die Zähne an ihr ausgebissen hatte. Das war im Sommer 2022. Im Winter hatte sich die Lage in der Ukraine selbst, aber auch in Deutschland aufgrund der Energiekrise noch weiter zugespitzt, jeder fragte: Wie konnten wir uns so vom russischen Erdgas abhängig machen? Auf dem Weg zum Interview im Bundestagsgebäude Unter den Linden – es liegt zwischen Hotel Adlon und russischer Botschaft – hatte mich an diesem eiskalten Dezembermorgen der Anblick eines kleinen Weihnachtsbaumes sehr berührt. Er stand direkt gegenüber dem Eingangstor der Botschaft und war geschmückt mit vielen weißen Papierfiguren, die wie kleine Engel aussahen und auf denen jeweils ein Vorname geschrieben stand. Waren es die Namen von im Krieg getöteten Kindern? Ich stand vor diesem Baum und hätte am liebsten losgeheult.

Angela Merkel habe ich seit ihrer Zeit als CDU-Generalsekretärin immer mal wieder interviewt. So vielschichtig sie als Mensch ist, so schwierig ist es, mit der Politikerin zu sprechen. Denn sie ist eine ihre Worte sorgfältig abwägende Gesprächspartnerin. Wenn man ihr etwas entlockte, was auch nur im Ansatz unvorsichtig klang, wurde es garantiert beim Autorisieren von ihren Mitarbeitern wieder geglättet. Bei diesem Gespräch, das ich mit meiner ZEIT-Kollegin Tina Hildebrandt führte, ließ sie ungewöhnlich viel durchgehen. Das Bundestagsgebäude hatte ich zuvor nur einmal betreten: zum Interview mit Altkanzler Helmut Kohl. Genau im selben Zimmer, man kann es kaum glauben, hat Angela Merkel heute ihr Büro.

Frau Merkel, Sie sind nicht mehr Kanzlerin, aber Sie sehen immer noch ziemlich genauso aus wie früher.
Hatten Sie gedacht, ich komme mit Pferdeschwanz? Meine Kleidung ist für mich praktisch, mit der Frisur habe ich mich angefreundet. Natürlich begegne ich Ihnen als Kanzlerin a. D. Aber Sie können daraus den Umkehrschluss ziehen, dass ich keine künstliche Rolle gespielt habe als Bundeskanzlerin. Das war schon ich. Und das bin ich auch heute, in einer etwas zweckmäßigeren Ausfertigung, sagen wir mal so. Ich muss weniger auf Schminke achten. Ich kann Sie aber beruhigen: In meinem Wohnzimmer sitze ich nicht im Jackett. Da nehme ich schon mal eine Strickjacke.

2019 haben Sie vor dem Kanzleramt ausgerechnet den ukrainischen Präsidenten Wolodymyr Selenskyj empfangen und begannen auf einmal sehr stark und für alle sichtbar zu zittern. Kam da die private Frau Merkel der Bundeskanzlerin Merkel in die Quere?
Das war jedenfalls ein bedrückender Moment. In gewisser Weise war ich für einen Moment ohnmächtig, und das in einer sehr offiziellen Situation, bei der Abnahme der militärischen Ehren. In mir hatte sich offensichtlich sehr viel Spannung angestaut. Das hatte mit dem Tod meiner Mutter zu tun. Ich hatte zu wenig Zeit, sie in ihren letzten Wochen zu begleiten. Außerdem war es heiß, wie immer waren auch Kameraobjektive auf mich gerichtet wie Gewehrläufe und gaben mir plötzlich dieses Gefühl: Du bist vollkommen transparent.

Die amerikanische Schriftstellerin Siri Hustvedt hat ähnliche Erfahrungen gemacht und ein Buch darüber geschrieben, *Die zitternde Frau*. Sie stellt sich darin die Frage: Fürchte ich mich vor etwas, das mir vollständig verborgen ist? Haben Sie sich so eine Frage auch gestellt?

Ich habe mir die Frage gestellt: Was ist das? Es war klar, da war etwas, was ich nicht artikulieren kann. Das war schon eher gegen Ende meiner Amtszeit und auch nach der Entscheidung, nicht mehr anzutreten. Und es war im Grunde noch mal ein Hinweis darauf, dass diese Entscheidung auch richtig war.

Glauben Sie, dass wir in Deutschland jemals so weit kommen werden, dass ein Spitzenpolitiker oder eine Spitzenpolitikerin in so einer Situation auch sagen kann: Ich habe mir psychotherapeutische Hilfe gesucht?
Ich musste das nicht, aber fände es auch nicht schlimm, wenn das ein Politiker sagt. Natürlich war ich beim Arzt, um sicherzugehen, dass neurologisch alles in Ordnung war, ich war und bin ja selbst an meiner Gesundheit interessiert.

Würden Sie sagen, dass Sie von der Natur oder dem lieben Gott mit einer gewissen Furchtlosigkeit gesegnet worden sind?
Gottvertrauen, würde ich sagen, oder Optimismus, ja.

Sie haben sich mit Helmut Kohl angelegt, in dessen Büro Sie jetzt sitzen. Er war politisch ein Schwergewicht, aber auch körperlich ein Koloss. Um ihm zu begegnen, brauchte es schon eine gewisse Furchtlosigkeit.
Ich habe das auch in anderen Zusammenhängen mit Männern in der Politik erlebt – die tiefere Stimme, der weit größere Körper, beides wird auch eingesetzt. Der frühere Bundesminister Rexrodt konnte, selbst wenn ich mir den Platz in der ersten Reihe erkämpft hatte, ins Mikrofon einfach über meinen Kopf sprechen. Helmut Kohl konnte auch extra laut sprechen, wenn er sich ärgerte.

Sie meinen, dass er dann geschrien hat?
Dann war er wuchtig, und man musste überlegen, ob man dem widerstehen will und widerstehen kann. Dass ich manchmal Sachen gesagt habe, die ungewöhnlich für die politischen Gepflogenheiten waren, hängt mit meiner Herkunft zusammen. Ich war nicht von Kindheit an von Schüler-Union, Junger Union, RCDS geprägt, sondern kam mit

meiner eigenen Sprache und meinen eigenen Vorstellungen. Das fiel manchmal auf und erschien einigen furchtlos – war es aber nicht.

Sie haben verschiedene Male gesagt, es habe Sie fürs Leben nachdenklich gemacht, dass die DDR weniger kollabiert war aus einem Mangel an demokratischen Freiheiten, sondern daran, dass sie wirtschaftlich nicht funktionierte. Unser früherer Herausgeber Helmut Schmidt hat als einer, der eine Diktatur miterlebt hatte und dabei auch nicht ganz schuldlos geblieben war, gesagt, ihm sei daraus ein gewisses Misstrauen gegenüber dem eigenen Volk geblieben. Gibt es bei Ihnen auch so etwas?

Ich würde es nicht Misstrauen gegenüber dem eigenen Volk nennen, sondern ein generelles Misstrauen uns Menschen gegenüber, weil Menschen zu Unfassbarem fähig sind. Deutschland hat das im Nationalsozialismus in furchtbarer Weise auf die Spitze getrieben. Deshalb bin ich so überzeugt, dass der Aufbau unseres Staates und das Grundgesetz ein hohes Maß an Weisheit beinhalten, in dem die Unabhängigkeit der Presse, der Justiz, die demokratischen Prozesse wohldurchdacht sind. Wie schnell ist man dabei, das infrage zu stellen, etwa Gerichtsurteile für nicht einleuchtend zu erklären. Ich selbst bin zum Beispiel vom Bundesverfassungsgericht dafür gerügt worden, 2019 gesagt zu haben, dass das Ergebnis der Ministerpräsidentenwahl in Thüringen im Februar mit Stimmen der AfD rückgängig gemacht werden muss. Ich hätte zu dieser Entscheidung einiges sagen können, habe das aber nicht gemacht, sondern hatte und habe sie zu respektieren. An der Stelle dürfen wir nie weich werden.

Haben Sie die Befürchtung, dass das System auch schnell wieder in sich zusammenbrechen könnte?

Es muss gelebt werden von jedem Einzelnen, sonst kann es schnell in sich zusammenbrechen. Deshalb finde ich Sprüche wie die von der »Prenzlauer-Berg-Blase« auch nicht gut. Natürlich ist das nicht ganz Deutschland, aber wir dürfen nie einen Teil der Individuen in einem Land zu Außenseitern erklären und den Rest sozusagen zu Vertretern der echten Demokratie. Das endet mit nichts Gutem.

Ihre Kanzlerschaft war stark geprägt von einem Thema, das relativ spät aufkam: der Flüchtlingspolitik im September 2015. In dem Zusammenhang haben Sie auf kritische Nachfragen zu den Folgen Ihrer liberalen Politik gesagt: »Wenn wir jetzt anfangen, uns noch entschuldigen zu müssen dafür, dass wir in Notsituationen ein freundliches Gesicht zeigen, dann ist das nicht mein Land.« Diesen Satz haben viele als sehr autoritär und auch als ausgrenzend empfunden. Es wirkte auf einige so, als hätten Sie den Anspruch, zu bestimmen, wie das Land sein soll.

Bei diesem Satz hatte ich ganz besonders die Menschen auf dem Münchner Hauptbahnhof im Kopf, die die ankommenden Flüchtlinge in Empfang nahmen. Ich habe meine Entscheidung, sie einreisen zu lassen, als in Einklang mit unseren Grundrechten und Grundwerten gesehen. Und diese Grundwerte wollte ich mit dem Satz hochhalten.

Der Satz hatte aber durchaus etwas von einer Ansage an das Volk, oder?

Ich habe über diesen Satz nicht tagelang vorher nachgedacht. Es war eine sehr emotionale Antwort, aber trotzdem keine zufällige. Dahinter stand mein Verständnis, dass die Würde des Menschen nicht nur etwas aus einer Sonntagsrede sein darf, sondern eine praktische Implikation hat. Das als autoritär zu brandmarken und zu sagen: Na ja, so ist eben der Ostdeutsche, der steht neben dem Land – das fand ich schon kühn.

Hat Sie nie der Gedanke belastet, dass Sie mit Ihrer Politik gleichwohl erheblich zur Spaltung des Landes beigetragen haben?

Natürlich hat mich das beschäftigt. Und natürlich ist es politisch immer wundervoll, wenn 90 Prozent einer Meinung sind und am besten auch noch meiner Meinung. Aber es gibt Situationen, in denen man Kontroversen nicht aus dem Weg gehen kann. Den Menschen, die sozusagen vor unserer Haustür standen, habe ich geholfen und zugleich unter anderem mit dem EU-Türkei-Abkommen einen Beitrag dazu geleistet, die Ursachen der Flucht an der Wurzel zu packen.

Haben Sie, als eine Politikerin, von der es heißt, sie denke gerne vom Ende her, den Preis dieser Kontroverse geahnt, also in Kauf genommen?
Ich habe geglaubt, dass man diese Auseinandersetzung gewinnen kann. Und ich war der festen Überzeugung, dass ich dieses Risiko eingehen musste, weil es umgekehrt auch zu einer Spaltung der Gesellschaft geführt hätte, es nicht zu tun.

Würden Sie heute an irgendeiner Stelle anders handeln?
Nein!

An keiner Stelle?
Natürlich lerne ich. Deshalb würde ich im Rückblick deutlich früher daran arbeiten, dass eine Situation wie im Sommer 2015 gar nicht erst entstehen muss, zum Beispiel mit einer Erhöhung der Beträge zum World-Food-Programm für Flüchtlingslager in besonders von Migration betroffenen Nachbarländern, wie wir sie dann auch gemacht haben.

In Ihrer Kanzlerschaft hat die Zahl der Krisen und ihre Gleichzeitigkeit von Jahr zu Jahr zugenommen ...
Die ersten beiden Jahre waren in meiner Erinnerung eine sehr ruhige Zeit, dann ging es los mit der globalen Finanzkrise, der Euro-Krise, immer wieder haben sich auch die Nachrichten zum Klimaschutz verschlechtert. Nach dem ersten Bericht des Club of Rome schien es noch so zu sein, dass es in der Realität ein bisschen besser lief als vorhergesagt. Mit jedem Bericht des internationalen Klimarates IPCC aber wurde es alarmierender, sodass sich die Frage stellt, ob wir überhaupt noch die Zeit haben, angemessen zu reagieren. Vielleicht sind Krisen aber auch der Normalfall menschlichen Lebens, und wir hatten bloß einige Jahre, die eine Besonderheit waren.

Stellen Sie sich die Frage, ob die Jahre relativer Ruhe auch Jahre der Versäumnisse waren und Sie nicht nur Krisenmanagerin, sondern zum Teil Verursacherin von Krisen?

Ich wäre kein politischer Mensch, wenn ich mich nicht damit beschäftigen würde. Nehmen wir den Klimaschutz, bei dem Deutschland im internationalen Vergleich sehr viel getan hat. Bezogen auf das Thema selbst räume ich aber ein: Gemessen an dem, was der Internationale Klimabericht des IPCC heute sagt, ist nicht genügend passiert. Oder schauen wir auf meine Politik in Bezug auf Russland und die Ukraine. Ich komme zu dem Ergebnis, dass ich meine damaligen Entscheidungen in einer auch heute für mich nachvollziehbaren Weise getroffen habe. Es war der Versuch, genau einen solchen Krieg zu verhindern. Dass das nicht gelungen ist, heißt noch nicht, dass die Versuche deshalb falsch waren.

Man kann aber doch plausibel finden, wie man in früheren Umständen gehandelt hat, und es angesichts der Ergebnisse trotzdem heute für falsch halten.

Das setzt aber voraus, auch zu sagen, was genau die Alternativen damals waren. Die 2008 diskutierte Einleitung eines Nato-Beitritts der Ukraine und Georgiens hielt ich für falsch. Weder brachten die Länder die nötigen Voraussetzungen dafür mit, noch war zu Ende gedacht, welche Folgen ein solcher Beschluss gehabt hätte, sowohl mit Blick auf Russlands Handeln gegen Georgien und die Ukraine als auch auf die Nato und ihre Beistandsregeln. Und das Minsker Abkommen 2014 war der Versuch, der Ukraine Zeit zu geben. (*Anm. d. Red.:* Unter dem Minsker Abkommen versteht man eine Reihe von Vereinbarungen für die selbst ernannten Republiken Donezk und Luhansk, die sich unter russischem Einfluss von der Ukraine losgesagt hatten. Ziel war, über einen Waffenstillstand Zeit zu gewinnen, um später zu einem Frieden zwischen Russland und der Ukraine zu kommen.) Sie hat diese Zeit auch genutzt, um stärker zu werden, wie man heute sieht. Die Ukraine von 2014/15 ist nicht die Ukraine von heute. Wie man am Kampf um Debalzewe (Eisenbahnerstadt im Donbass, Oblast Donezk, *d. Red.*) Anfang 2015 gesehen hat, hätte Putin sie damals leicht überrennen können. Und ich bezweifle sehr, dass die Nato-Staaten damals so viel hätten tun können wie heute, um der Ukraine zu helfen.

Beim ersten öffentlichen Auftritt nach dem Ende Ihrer Kanzlerschaft haben Sie erklärt, Sie hätten schon 2007 erkannt, wie Putin über Europa denkt, und dass die einzige Sprache, die er versteht, Härte sei. Wenn diese Erkenntnis so früh da war, warum haben Sie eine Energiepolitik betrieben, die uns von Russland so abhängig gemacht hat?

Es war uns allen klar, dass das ein eingefrorener Konflikt war, dass das Problem nicht gelöst war, aber genau das hat der Ukraine wertvolle Zeit gegeben. Natürlich kann man jetzt die Frage stellen: Warum hat man in einer solchen Situation noch dem Bau von Nord Stream 2 zugestimmt?

Ja, warum? Zumal es schon damals sehr heftige Kritik am Bau der Pipeline gab, zum Beispiel von Polen und den USA.

Ja, man konnte da zu einer unterschiedlichen Meinung kommen. Worum ging es? Zum einen legte die Ukraine sehr viel Wert darauf, auch weiter Transitland für russisches Gas zu bleiben. Sie wollte Gas durch ihr Gebiet und nicht durch die Ostsee leiten. Heute wird ja manchmal so getan, als ob jedes russische Gas-Molekül des Teufels war. So war das nicht, das Gas war umkämpft. Zum anderen war es auch nicht so, dass die Bundesregierung die Genehmigung von Nord Stream 2 beantragt hatte, das haben die Firmen getan. Für die Bundesregierung und für mich ging es also im Ergebnis darum, zu entscheiden, ob wir als politischen Akt ein neues Gesetz machen, um die Genehmigung von Nord Stream 2 ausdrücklich zu versagen.

Was hat Sie daran gehindert?

Zum einen hätte eine solche Versagung in Kombination mit dem Minsker Abkommen aus meiner Sicht das Klima mit Russland gefährlich verschlechtert. Zum anderen ist die energiepolitische Abhängigkeit entstanden, weil es weniger Gas aus den Niederlanden, aus Großbritannien und begrenzte Fördermengen in Norwegen gab.

Und es gab den vorgezogenen Ausstieg aus der Kernenergie. Auch von Ihnen initiiert.

Richtig, und dazu parteiübergreifend die Entscheidung, auch in Deutschland weniger Gas zu fördern. Man hätte sich entscheiden müssen, teureres LNG aus Katar oder Saudi-Arabien zu kaufen, die USA standen erst später als Exportnation zur Verfügung. Das hätte unsere Wettbewerbsfähigkeit deutlich verschlechtert. Heute wird unter dem Druck des Krieges so gehandelt, was ich unterstütze, aber damals wäre das eine viel massivere politische Entscheidung gewesen.

Hätten Sie diese Entscheidung dennoch treffen sollen?
Nein, zumal es dafür überhaupt keine Akzeptanz gegeben hätte. Wenn Sie mich um Selbstkritik bitten, gebe ich Ihnen ein anderes Beispiel.

Die ganze Welt wartet auf ein Wort der Selbstkritik!
Das mag sein, in vielen Punkten entspricht die Haltung der Kritiker aber nicht meiner Meinung. Sich dem einfach zu beugen, nur weil es erwartet wird, hielte ich für wohlfeil. Ich habe mir so viele Gedanken damals gemacht! Es wäre doch geradezu ein Armutszeugnis, wenn ich jetzt, nur um meine Ruhe zu haben und ohne wirklich so zu denken, einfach sagen würde: Ach, stimmt, jetzt fällt's mir auch auf, das war falsch. Aber ich sage Ihnen einen Punkt, der mich beschäftigt. Er hat damit zu tun, dass der Kalte Krieg nie wirklich zu Ende war, weil Russland im Grunde nicht befriedet war. Als Putin 2014 die Krim überfiel, wurde er zwar aus G8 ausgeschlossen. Auch hat die Nato Truppen im Baltikum stationiert, um zu zeigen, wir sind als Nato zur Verteidigung bereit. Außerdem haben wir im Bündnis beschlossen, zwei Prozent des jeweiligen Bruttoinlandsprodukts für Verteidigung auszugeben. CDU und CSU waren die Einzigen, die das überhaupt noch in ihrem Regierungsprogramm hatten. Aber auch wir hätten schneller auf die Aggressivität Russlands reagieren müssen. Deutschland hat das Zwei-Prozent-Ziel trotz Erhöhung nicht erreicht. Und auch ich habe nicht jeden Tag eine flammende Rede dafür gehalten.

Warum nicht? Weil Sie insgeheim dachten, man braucht das nicht?
Nein, sondern weil ich nach dem Prinzip Helmut Kohls gehandelt habe: Entscheidend ist, was hinten rauskommt. Eine flammende Rede zu halten, um anschließend als Bettvorleger zu landen, hätte dem Etat nicht geholfen. Aber wenn ich in der Geschichte nach erfolgreichen Rezepten schaue, komme ich auf den Nato-Doppelbeschluss ...

... über diesen Beschluss hat Helmut Schmidt letztlich seine Kanzlerschaft verloren ...

Richtig, was meine Hochachtung für ihn nur noch gesteigert hatte. Das Intelligente am Nato-Doppelbeschluss war eben die doppelte Herangehensweise mit Nachrüstung und Diplomatie. Übertragen auf das Zwei-Prozent-Ziel heißt das, dass wir für die Abschreckung durch höhere Verteidigungsausgaben nicht genug getan haben.

Sie haben Alexander Osang für ein Porträt im »Spiegel« den Satz gesagt: »Kritik auszuhalten ist Teil der Demokratie, aber mein Eindruck ist zugleich, dass ein amerikanischer Präsident mit mehr Respekt in der Öffentlichkeit behandelt wird als ein deutscher Kanzler.« Was genau meinten Sie damit?

Ich meinte zum einen, dass heute sehr schnell über politische Entscheidungen der Vergangenheit gerichtet wird, ohne sich den Kontext in Erinnerung zu rufen und Alternativen kritisch zu prüfen. Das Zweite ist: Zum Teil wird einfach damit gehadert, dass ich nach 30 Jahren Politik und 16 Jahren Bundeskanzlerin freiwillig aus dem Amt gegangen bin, im zarten Alter von 67, und jetzt sage, ich möchte »Wohlfühl-Termine« machen. Das heißt für mich, dass ich mich nicht immer dafür rechtfertigen muss, wenn ich auch meine eigene Agenda bestimmen möchte. Ich möchte nicht immer getrieben sein durch das, was von außen auf mich zukommt.

Meinen Sie damit auch die Diskussion um die Ausstattung Ihres Büros? Es gab Unverständnis dafür, dass Sie neun Mitarbeiter beschäftigen.

Das ist vielleicht ein Nebeneffekt. Welchen Leistungsnachweis muss ich denn erbringen, dass die Ausstattung gerechtfertigt ist?

Sie haben zu Beginn Ihrer Amtszeit darauf hingewiesen, dass es in der Vergangenheit scheinbar unbesiegbare Hochkulturen gab, die untergegangen sind, weil sie sich nicht schnell genug verändern konnten. Könnte es sein, dass es die Menschheit trotz aller Erkenntnisse über den Grad der Erderwärmung einfach nicht fertigbringt, ihr eigenes

Überleben zu organisieren, weil nicht alle an einem Strang ziehen wollen?

Mein Motto in der Politik war immer: Wir schaffen das. Und deshalb habe ich mich mit solchen Untergangsszenarien als Politikerin nie auseinandergesetzt, sondern immer Lösungen gesucht. Als Bürgerin kann man sich die Frage schon stellen, aber da ich immer noch in einem Zwischenstadium bin, würde ich sagen: Wir müssen alles daransetzen, dass genau das nicht passiert.

30 Prozent chinesischer CO₂-Ausstoß, knapp zwei Prozent deutscher, das sind die Zahlen.

Das ist aber keine Legitimation, dass wir nichts tun müssen. Wir können Vorbild sein, auch wenn andere noch nicht mitziehen. China ist heute der größte Emittent, richtig. Es ist gleichzeitig Rivale, Wettbewerber und Partner. Das richtig auszutarieren, wird die große diplomatische Frage der Zukunft sein. Aber durch den Krieg in der Ukraine hat sich die Chance zur Rettung des Klimas noch einmal dramatisch verschlechtert, weil sie in den Hintergrund zu geraten droht.

Haben Sie denn eine Idee, wie dieser Krieg enden kann? Und ist es völlig ausgeschlossen, dass Sie dabei eine Rolle spielen könnten?

Die zweite Frage stellt sich nicht. Zur ersten: Ehrlich gesagt, ich weiß es nicht. Er wird eines Tages mit Verhandlungen zu Ende gehen. Kriege gehen am Verhandlungstisch zu Ende.

Kann man, gerade weil dieser Krieg so vielfache dramatische Auswirkungen hat, die Frage, wann und unter welchen Umständen Verhandlungen aufgenommen werden, allein der Ukraine überlassen?

Es gibt einen Unterschied zwischen einem Diktatfrieden, den ich wie viele andere nicht will, und freundschaftlich offenem Gespräch miteinander. Mehr will ich dazu nicht sagen.

Es ist so viel Unvorhergesehenes in und nach Ihrer Amtszeit passiert. Hätten Sie sich jemals vorstellen können, dass ausgerechnet aus dem Springer-Verlag – zu dessen Verlegerin Sie ein freundschaftliches

Verhältnis haben – in den letzten Jahren Ihrer Kanzlerschaft und bis heute die härteste Kritik kam und kommt?

Die Pressefreiheit ist ein ganz großes Gut. (*schmunzelt*)

Lassen Sie die Kritik an sich heran? Lesen Sie die »Bild«?

Auch wenn ich sie nicht lese, gibt es garantiert jemanden, der mir die Kritik unter die Nase hält.

Zu Ihrem Abschied vor einem Jahr durften Sie wie alle ausscheidenden Kanzler drei Lieder aussuchen. Sie haben unter anderem *Für mich soll's rote Rosen regnen* ausgewählt. Darin heißt es: »... mich fügen, begnügen. Ich kann mich nicht fügen, kann mich nicht begnügen, will immer noch siegen, will alles oder nichts« und dann »mich fern von Altem neu entfalten, von dem, was erwartet, das meiste erhalten«. In welcher Zeile steckt am meisten Angela Merkel drin?

Ich habe das Lied als Ganzes ausgesucht. Ich wollte sagen, dass ich mich auf einen Lebensabschnitt freue. Ich habe Wunderschönes erlebt, es war auch anstrengend. Aber es war eine tolle Sache: Wer kann schon Bundeskanzlerin der Bundesrepublik Deutschland werden? Ich habe das immer mit Freude gemacht, und jetzt ist trotzdem wieder eine gewisse Spannung da: Was kann jenseits dessen noch passieren?

DIE ZEIT, 08. 12. 2022

»Die wahren Legenden
sind total lässig«

Måneskin

Italiener lassen sich nicht gerne vom Ausland verspotten, aber zur
Selbstironie sind sie durchaus begabt. Ein geflügeltes Wort lautet, sie
seien für nichts geeignet, aber zu allem fähig. Dieser Satz kommt immer dann besonders zur Geltung, wenn etwas völlig Unerwartetes ein-
tritt – zum Beispiel, dass eine sehr junge Frau mit dänischem Migrationshintergrund und drei sehr junge Männer, alle aus Rom, wie aus dem
Nichts zu einer der erfolgreichsten Rockbands der Welt geworden sind.
Der rasante Aufstieg der einstigen Schülerband, die früher auch mal
auf dem Bürgersteig der Innenstadt rockte, begann beim Gesangswett-
bewerb Festival di Sanremo. Das ist ein gesellschaftliches Ereignis, das
Italien Jahr um Jahr für nahezu eine Woche in Beschlag nimmt. Das
ganze Land diskutiert über die Musiker, die daran teilnehmen, aber
auch die vielen davon losgelösten Showeinlagen jeglicher Art. Seit einigen Jahren fällt das Festival durch Einladungen von Sängerinnen und
Sängern auf, die ganz und gar nicht dem musikalischen Mainstream
entsprechen und durch politische Statements regelmäßig die italienische Rechte in Wallung bringen. Völlig überraschend gewann 2021
Måneskin das Festival mit einem Song, der wie ein jugendlicher Hilfe-
schrei aus der Corona-Isolation klang: *Zitti e buoni*. Still und lieb heißt
der Titel. Das Gegenteil wollen die vier natürlich sein. Und ihre Riffs
erinnern an die Klassiker der Rockgeschichte von Led Zeppelin bis
Van Halen. Im gleichen Jahr gewannen sie in Rotterdam auch noch den
Eurovision Song Contest. Seitdem sind sie so gefragt, dass das Interview zunächst nur als Videotermin angeboten wurde. Was ich aber ab-
lehnte. Schließlich fand sich ein gemessen an den anderen Gesprächen
in diesem Buch kurzes Zeitfenster in einem Studio der ARD in Berlin.

Måneskin war gerade auf deutscher Promo-Tour für ihr neues Album. Und doch ließen die vier in 55 Minuten mehr raus als manch anderer Künstler beim stundenlangen Pulsfühlen. Auch über Politik und über ihre Generation sprachen sie unbekümmert von möglichen negativen Auswirkungen auf die Verkaufszahlen oder das Image der Band. Sie sind links, sie sind eine Fahne der Diversität, sie sind woke, aber nicht als Masche. Hier und da folgte dem Bekenntnis auch ein Augenzwinkern.

Wenn Sie im Ausland auf Tour sind, mit Menschen reden, Interviews geben – sind die Leute dann überrascht, dass eine junge Rockband, die auf der ganzen Welt Erfolg hat, aus Italien kommt?
Thomas Raggi: Immer! Zuerst sind alle erstaunt, es gibt einen Haufen Fragen, manche sind ganz klug und interessiert und drehen sich um kulturelle Unterschiede. Andere Fragen sind einfach nur dämlich: »Darf man Ananas auf Pizza tun?« Solche Fragen gab es beispielsweise in Amerika.
Victoria De Angelis: Doch das lässt nach, inzwischen wissen ja alle, dass wir Italiener sind. Überrascht sind sie aber irgendwie immer noch.
Ethan Torchio: Vielleicht auch, weil niemand mit dieser Musik aus Italien gerechnet hat. Häufig sind wir aber so sehr mit unserem Ding beschäftigt, dass wir gar nicht richtig mitkriegen, wie wir von außen wahrgenommen werden. Und eigentlich haben unsere Herkunft und der Wert unserer Musik nichts miteinander zu tun. Werte sind an nichts gebunden.

Musik aus Italien – damit verbindet man in Deutschland jenseits der Schlager Gianna Nannini, Zucchero, Eros Ramazzotti. Vielen Italienliebhabern ist Paolo Conte ein Begriff. Wen man hier gar nicht kennt, ist Lucio Battisti. Seine Musik ist wie der Soundtrack ganzer Jahrzehnte des Lebens in Italien. Heute, ein Vierteljahrhundert nach seinem Tod, wird er immer noch täglich im Radio gespielt. Können Sie mit Battisti etwas anfangen?

Damiano David: Das ist zwar lange her, aber das macht ihn nicht weniger großartig, er ist zeitlos. Natürlich ist er von unserer Musik Lichtjahre entfernt, das komplette Gegenteil, aber trotzdem bleibt er auch für uns faszinierend.

Warum kann Musik wie die von Lucio Battisti die Zeit überdauern?
Damiano: Weil sie etwas von ihrer Zeit einfängt, oder besser gesagt: weil es ihr gelingt, der Ausdruck eines Zeitenbruchs zu sein, einen Wendepunkt zu markieren, den viele Leute womöglich erst Jahre später verstehen.

Wenn wir beim Bild Italiens im Ausland bleiben, möchte ich eine Frage stellen, mit der ich selbst oft konfrontiert werde und die mich leider meist ziemlich ratlos macht: Wie ist es möglich, dass ein so liebenswertes Land wie Italien von einer postfaschistischen Partei regiert wird, zusammen mit einem Mann wie Silvio Berlusconi, der schwere Straftaten begangen hat und noch vor Kurzem seinem Fußballklub AC Monza einen Kleinbus voller Prostituierter versprach, wenn sie große Mannschaften schlagen würden, und einem Matteo Salvini, der sich über die Vorstellung ergötzt, Geflüchtete wieder im Boot zurückzuschicken.
Damiano: Für mich gibt es zwei Hauptgründe. Zum einen hat Italien ein kurzes historisches Gedächtnis. Wir haben die letzte rechte Regierung vergessen, wir haben vergessen, was passiert ist. Und zum Zweiten gibt es diese Vintage-Wehmut: Alles, was alt ist, ist schön. Kochen wie anno dazumal, Ferien machen wie anno dazumal, die Musik von anno dazumal ...

Gilt das auch für den Faschismus?
Ethan: Es gibt tatsächlich noch immer Leute, die behaupten, zu Kriegszeiten sei alles besser gewesen. Völlig irre! Ich glaube, diese latente Verklärung der guten alten Zeit hat den Neofaschismus salonfähig gemacht.
Victoria: Meiner Meinung nach hat das auch viel mit Ignoranz zu tun. Das Schlimme ist, dass die Parteien auf die Unwissenheit der Leute setzen, auf ihre Rückwärtsgewandtheit oder ihre religiösen Einstellungen.

Und jetzt haben wir eine Regierung, die sich Diskriminierung auf die Fahnen schreibt. Daran ist auch das Wahlverhalten schuld. Viele Menschen sind gar nicht zur Wahl gegangen. 40 Prozent der jungen Leute zwischen 18 und 25 haben nicht gewählt. Das sind verdammt viele!

Woran liegt das?
Thomas: Wenn ich will, dass eine bestimmte Partei gewinnt oder verliert, gehe ich zur Wahl. Aber wenn es mich nicht juckt und ich keine Lust habe, von meinem gemütlichen Sofa aufzustehen, um mich vor irgendeinem Wahllokal in die Schlange zu stellen, dann kommt es zu so einem Wahlergebnis. Aus der LGBTQ-Szene sind quasi alle zur Wahl gegangen und haben gegen Meloni gestimmt, denn für diese Menschen steht etwas auf dem Spiel. Sie wissen, dass sie buchstäblich in Gefahr sind, nicht nur ideell, sondern physisch. Aber ganz viele Menschen, die kein besonderes Anliegen haben, sagen sich: Meine Stimme ändert doch eh nichts.

Nach dem Wahlerfolg von Giorgia Meloni im September haben Sie, Damiano, gepostet: Dies ist ein trauriger Tag für mein Land ...
Damiano: Dafür haben sie mich fertiggemacht. Sowohl in den sozialen Netzwerken als auch im Radio.

Italien war mal sehr links, hatte die größte kommunistische Partei Westeuropas. Warum hat die Linke so stark an Anziehungskraft verloren?
Thomas: Für uns ist das schwer zu beurteilen. Wir haben nur die letzten fünf Jahre politisch bewusst erlebt. Mit dreizehn oder vierzehn kapiert man noch so gut wie nichts. Deshalb ist unser politischer Blick sehr beschränkt. Es steht uns nicht zu, ein Urteil über den Niedergang einer politischen Idee zu fällen. Was wir ansatzweise mitbekommen haben, sind gebrochene Versprechen und ebendiese Enttäuschung, dass die eigene Stimme keinen Unterschied macht.

Bekommen Sie, beispielsweise von Ihrem Plattenlabel, nie zu hören, dass Sie sich bei politischen Themen zurückhalten sollen?
Damiano: Wir haben eine ganz gute Balance gefunden, weil wir nie über konkrete Politik reden. Wir vier sind politisch ja auch nicht im-

mer einer Meinung. Und wir wollen weder politische Meinungsmacher noch Moralapostel sein. Wir sprechen von Dingen, die unserem Verständnis nach über jede politische Diskussion hinausgehen: Wir sind gegen den Krieg in der Ukraine, wir sind gegen die Diskriminierung von Minderheiten. Die Menschenrechte sind unantastbar.

War Damianos »Fuck Putin« am Ende eines Konzerts beim kalifornischen Coachella-Festival spontan, oder haben Sie vorher darüber gesprochen?
Victoria: Das war spontan.

Aber die Verantwortung tragen Sie dann alle.
Victoria: Natürlich. Wenn es eine Haltung gibt, die weltweit selbstverständlich sein sollte, dann positionieren wir uns klar und deutlich. Darüber sollte Einigkeit herrschen, ganz gleich, ob ich rechts, links oder sonst was bin.

Hat die katholische Kirche in Italien heute noch großen Einfluss?
Alle: *(ironisch, im Chor)* Nein! Ach was!
Victoria: Sie stellt sich nur cleverer an und tritt weniger in Erscheinung.

Auf Druck der Kirche hat der staatliche Rundfunk RAI in Italien Anfang der Siebzigerjahre John Lennons Song *Imagine* nicht gespielt, weil darin die Zeilen »Imagine there's no heaven ... And no religion, too« vorkommen. Diese Worte haben genügt. Im Vergleich dazu ist der Einfluss der Kirche doch sehr klein geworden.
Victoria: Aber er ist leider immer noch sehr groß. Viele Menschen halten an den Werten der Kirche fest. Als unsere Plakate in Rom geklebt werden sollten, hat uns die Kirche Schwierigkeiten gemacht. Auf dem Foto war ich mit verdrehten Augen zu sehen, man sah nur das Weiße, das war denen zu dämonisch. Deshalb wurde uns die Plakatierung in der Nähe des Vatikans untersagt.

Aber wenn das stimmt, dann ist das doch eigentlich Werbung für Sie?

Thomas: Nein. Das haben wir bisher noch niemandem erzählt. Die Werbung können Sie ja jetzt für uns machen. (*lacht*)

Bei anderen Themen hingegen ist man in Italien entspannter als zum Beispiel in Amerika: Als Victoria bei den MTV-Awards ihr Oberteil verlor und man die Brust sah, wurden die Bilder sofort ausgeblendet. So etwas wäre in Italien dann doch undenkbar, oder?

Damiano: In Italien sind wir mit Nacktheit gelassener, mit anderen Dingen weniger. In Amerika ist Nacktheit total tabu. Dafür sieht man überall Waffen.

Victoria: Und man darf keine Schimpfwörter sagen, die werden sofort zensiert.

Damiano: Als Victorias Brustwarze zensiert wurde, hatte es vor uns einen Auftritt mit lauter phallischen Symbolen gegeben, aber das war offenbar kein Problem. Das männliche Geschlechtsteil geht in Ordnung, das weibliche nicht.

Waren Sie mit Ihrer Haltung, Ihren Haaren, Ihren Outfits schon in der Schule Outsider?

Ethan: Ja, wir waren anders, stachen heraus, experimentierten mit unseren Looks. Ich war an meiner Schule ein ziemlicher Sonderling, wurde zwar nicht gemobbt, war aber der bunte Hund im Gegensatz zu den anderen, die sich alle gleich anzogen. Das ist heute noch so. Alle sehen gleich aus.

Damiano: Es geht darum, bloß nicht aufzufallen, möglichst basic daherzukommen, so nennen wir das. Der Unterschied lässt sich nur am Preis festmachen: Man hat genau die gleichen Schuhe wie die anderen, aber in der Limited Edition, die sechsmal mehr kostet.

Und gleichzeitig hat die Toleranz gegenüber Abweichungen abgenommen?

Ethan: Toleranz ist ein ganz wunder Punkt. Man redet sich ein, die Gesellschaft sei total offen, die Mentalität habe sich geändert, weil es heutzutage läppisch klingt, zu sagen, ich werde wegen meiner Klamotten ausgelacht. Aber in Wirklichkeit ist es noch genauso. Als ich klein war, hat mir das zu schaffen gemacht. In Italien ist das noch viel extremer als in anderen Ländern. Hier ist man in vielen Dingen sehr konservativ, Andersartigkeit wird als bedrohlich oder falsch empfunden.

Junge Männer mit langen Haaren zum Beispiel?
Ethan: Total. Für mich war das ein Filter, um zu kapieren, auf welche Leute ich mich einlassen kann und um welche ich lieber einen Bogen mache. Ganz viele haben mich gefragt: Warum hast du lange Haare? Ich habe geantwortet: Weil ich es schön finde. Aber du bist doch ein Junge. Na und? Ja, aber so siehst du aus wie ein Mädchen. Das ging mir auf die Nerven, aber zum Glück habe ich mich davon nicht beeinflussen lassen. Trotzdem fühlte ich mich als Außenseiter und damit diskriminiert.
Damiano: Wenn man die Kommentare und Kritiken aus Italien liest, die wir beispielsweise auf Facebook bekommen, drehen sie sich zu achtzig Prozent um unser Aussehen. Sobald wir ein Foto posten, auf dem einer von uns ein bisschen Haut zeigt oder eigenwillig angezogen ist, hagelt es ätzende Kommentare. Es ist verdammt traurig, die geballte Wut dieser Menschen zu sehen, die andere niedermachen. Was juckt es dich, wie ich mich anziehe? Wieso nervt es dich, wenn ich mit mir selbst im Reinen bin und ein Foto poste?

Betrifft das auch Ihre Texte?
Damiano: Ja, aber paradoxerweise geht es mehr um unser Äußeres. Viele hören sich unsere Texte gar nicht an. Die sehen die Fotos und haten los.

Stimmt es eigentlich, dass nur einer von Ihnen die Schule beendet hat und die anderen sich auf die Musik gestürzt haben?
Thomas: In Wirklichkeit haben wir uns alle auf die Musik gestürzt. Ich habe Abi gemacht, aber das war etwas Persönliches. Wir alle haben die gleiche Entscheidung getroffen: Die Sache gefällt uns, es läuft gut, also hängen wir uns da voll rein.

Auch, als Sie noch keinen Erfolg hatten?
Thomas: Ja! Vor allem Victorias Entscheidung für die Musik war als Impuls ganz wichtig. Wir dachten, wenn sie sich traut, dann trauen wir uns auch.

Waren Ihre Eltern damit einverstanden?
Ethan: Einverstanden nicht. Aber sie haben sofort kapiert, dass uns die Sache wirklich wichtig ist. Deshalb haben sie uns mehr Freiheiten gelassen, als es bei den meisten Teenagern unseres Alters der Fall gewesen wäre. Natürlich ist ihnen die Sache mit der Schule gegen den Strich gegangen. Aber sie haben uns machen lassen und an uns geglaubt.

Sie, Damiano, haben in Ihrem Leben angeblich nur einen Monat ordentlich gearbeitet, und das muss schrecklich gewesen sein.
Damiano: Das war länger als ein Monat. Ich war als Vertreter für alle Arten von Wellness-Produkten unterwegs, habe Klinken geputzt. Die Produktpalette war weit gefasst – von Kosmetika bis Matratzen. Unsere Zugpferde waren eine Kaffeemaschine und ein Wasserfilter, die kosteten ein Vermögen, völlig krass. Wenn ich bei den Leuten vor der Tür stand, kam ich mir vor wie ein Dieb. Wir bekamen diesen gigantischen Schwachsinn eingetrichtert, den wir denen verklickern sollten, damit sie 400 Euro für ein Kopfkissen springen lassen. Ich war ziemlich gut darin. Aber es war grauenhaft. Ich habe von Juni bis September gearbeitet, steckte im heißesten Sommer von morgens bis abends im Anzug und musste schweißgebadet mit der U-Bahn von einer Endstation zur anderen gondeln.

Hat Ihnen diese Zeit auch etwas gebracht, wovon Sie heute profitieren?
Damiano: Man lernt, sich einem Publikum zu stellen, mit Menschen zu interagieren, auch wenn man ihnen auf den Wecker geht. Und man lernt etwas fürs Leben: Respekt, Disziplin, Pünktlichkeit. Man lernt, zu einem Team zu gehören und sich unterzuordnen. Man lernt, verlässlich zu sein, auch wenn man total fertig ist: Da sind Leute, die mit dir zusammenarbeiten, also lass sie nicht hängen.

Zwischen Italien und Deutschland gibt es einen Unterschied, der ausnahmsweise kein Klischee ist: In Deutschland ziehen die Kinder möglichst schnell nach der Schule von zu Hause weg, in Italien leben viele noch mit 35 bei den Eltern. Warum ist das so?
Victoria: Darüber denke ich ziemlich oft nach. In Dänemark ist es ähnlich wie in Deutschland. Allerdings haben junge Menschen dort auch viel mehr Möglichkeiten. In Italien gucken sie nicht nur in künstlerischer Hinsicht ziemlich in die Röhre. Es gibt kaum Unterstützung vom Staat, in Italien zu studieren, verlangt einem viel ab: Die Anforderungen sind hoch, zum Jobben bleibt keine Zeit, und wenn man keine staatliche Hilfe bezieht oder nebenher Geld verdient, ist es praktisch unmöglich, von zu Hause auszuziehen.

Es sind also rein finanzielle Gründe?
Victoria: Ich glaube, es hat auch was mit unserer Kultur zu tun. In meinem Freundeskreis gibt es viele Eltern, die sehr an ihren Kindern hängen und glauben, sie müssten sie beschützen und möglichst lange zu Hause behalten. In anderen Ländern ist das anders, in Dänemark setzen einen die Eltern mit achtzehn vor die Tür. Eltern, die sagen: Hau ab! – das ist in Italien völlig unvorstellbar. Hier heißt es: Nein, aber du bist doch mein Kind, bleib bei mir, ich kümmere mich um dich.
Damiano: In Italien spielt die Familie eine große Rolle, aber unsere Generation würde alles dafür geben, von zu Hause wegzukommen. Die erträgt ihre Eltern nicht mehr – bei aller Liebe. Doch ihr fehlen die Mittel. Ich beispielsweise komme aus einer stinknormalen Familie, uns fehlt es an nichts, aber für meinen älteren Bruder, der arbeitet und einen guten Job hat, wäre es momentan noch völlig unmöglich, bei unseren Eltern auszuziehen. Ich hingegen hatte Riesenglück und konnte früh von zu Hause weg.

Sie sind alle Anfang zwanzig. Lebt von Ihnen noch jemand zu Hause?
Ethan: Wir sind eigentlich alle ausgeflogen.
Thomas: Ich wohne zurzeit noch bei meinen Eltern, aber demnächst vollziehe ich den großen Schritt.
Damiano: Aber du hast doch schon allein gelebt und fandest es blöd!

Thomas: Ich hatte diese Wohnung in Trastevere, aber das waren höchstens sechs Monate, das zählt nicht. Ich war gar nicht richtig von zu Hause weg, musste keine Verantwortung übernehmen. Jetzt geht was völlig anderes los.

Haben Sie es Ihren Eltern schon gebeichtet?
Thomas: Ja, und die fanden es jetzt auch gar nicht mehr so schlimm.

In Deutschland gibt es diese Redewendung: Kneif mich mal. Waren die vergangenen Jahre für Sie nicht auch ein bisschen unglaublich?
Damiano: Und wie, jeden Tag! Als wir im Sommer vergangenen Jahres im Circo Massimo aufgetreten sind, und das auch noch in Rom, in unserer Stadt, habe ich darum gebeten, das Publikum anzustrahlen, weil wir auf der Bühne wenig sehen. Siebzigtausend Zuschauer – es war ein Meer von Menschen!

2021, nur wenige Monate nach Ihrem Sieg beim Eurovision Song Contest, waren Sie Vorband der Rolling Stones. Sie haben Mick Jagger getroffen. Wie war er?
Victoria: Obergeil.
Ethan: Wie man ihn sich vorstellt. Voll unter Strom, begeistert. Mit dieser typischen Stimme.

Wusste er, wer Sie sind?
Damiano: Ja, er wusste voll Bescheid. Er hatte sich vorbereitet. Keith Richards dagegen war ganz ehrlich: Ich habe keinen Schimmer, wer ihr seid, aber ich sehe die Gitarre, das Schlagzeug – super, sehr gut, weiter so. Ciao.

Bei einem Konzert von Metallica hat man angeblich zwei von Ihnen – Victoria und Thomas – wie ganz normale Fans begeistert vor der Bühne tanzen sehen.
Thomas: Stimmt! Aber wir haben uns auch in Rom schon gesehen. Und in Mailand. Bevor wir sie kennenlernten, waren wir glühende Fans.

Würden Sie sagen, dass die wahren Künstler nahbar bleiben?
Damiano: Ja, im Großen und Ganzen schon.
Victoria: Aber es fällt schon auf, dass die Superstars von heute, vor allem die jungen, sich mächtig aufplustern. Die wahren Legenden sind dagegen total lässig, setzen sich zu dir ins Studio und plaudern stundenlang, ohne sich einen Zacken aus der Krone zu brechen.

Fast alle alten Musiker sagen, was sie in ihrer Jugend gemacht haben, das könnten sie heute nicht mehr bringen – schon allein deswegen, weil sie nicht mehr politisch korrekt wären.
Victoria: Nein, das ginge gar nicht mehr. Viele von denen, die Rockgeschichte geschrieben haben, waren total crazy oder dauerhigh.
Damiano: Wenn man früher durchgeknallt und zugedröhnt war und krasses Zeug gemacht hat, haben die Leute das nur mitbekommen, wenn man eine Berühmtheit war. Heute kann jeder No-Name sich mit Drogen vollpumpen, aus dem Fenster hüpfen und damit viral gehen. Jeder kann Rockstar spielen. Alles will bedeutend sein, und nichts hat mehr Bedeutung.

In Las Vegas haben Sie zwei Instrumente zertrümmert, eine klassische Rockgeste, für die Sie heftig kritisiert wurden ...
Damiano: Für uns war das eine Art, das letzte Konzert zu feiern. Wir haben den Moment genossen, da war es uns egal, was die sozialen Netzwerke dazu sagen.
Thomas: Wir haben extra schrottige Instrumente genommen. Ich haue doch keine Fünftausend-Euro-Gitarre zu Klump! Haltet ihr uns für so bescheuert, oder was! Das hat mich am meisten genervt. Aber man muss lernen, drauf zu scheißen.
Victoria: Ich finde es scheinheilig, uns vorzuwerfen, wir würden mutwillig Instrumente zerdeppern. Wenn bei anderen Bands die Feuerwerke fliegen, sagt keiner: Da wurden hunderttausend Euro verpulvert.

Gibt es jemanden von den alten Rockstars, den Sie gern treffen würden?
Thomas: Jimmy Page.

Victoria: David Bowie. Geht leider nicht. Also vielleicht Patti Smith.
Damiano: Ich Paul McCartney.
Ethan: Hätte ich auch fast gesagt. Aber auch Bono.

Was würden Sie sie gerne fragen?
Damiano: Von großen Bands hört man immer diese Geschichten, von denen viele, glaube ich zumindest, schlicht erfunden sind: Sie haben diesen Gitarrenriff gespielt – und zack, war der Song da! So läuft das aber nie. Ich würde mir gern erzählen lassen, wie es wirklich war, aus erster Hand. Nach dem Motto: Die Story ist ein Märchen, in Wahrheit lief es ganz anders ...

Und wie ist es bei Ihnen? Es heißt, der Song *Zitti e buoni*, der Ihr Durchbruch wurde, sei deswegen gerade bei Jugendlichen so erfolgreich gewesen, weil er ein Aufschrei gegen die Covid-Beschränkungen war. Stimmt das denn?
Thomas: Das ist nicht völlig aus der Luft gegriffen. Tatsächlich war *Zitti e buoni* ein Ausdruck unserer Wut zu der Zeit. Wir freuen uns riesig, dass die Leute sich darin wiedererkannt und den Song zur Hymne für ihre eigenen Anliegen gemacht haben. Natürlich bezog er sich nicht nur auf die Covid-Situation und hatte auch nicht die Absicht, zum Aufstand gegen die damals geltenden Regeln aufzurufen.

Stimmt es denn, dass Sie sich bei einem Konzert in den USA in eine italienische Flagge gehüllt haben?
Damiano: Das war dann wahrscheinlich ich, weil ich vom Publikum alles zugeworfen kriege und als Einziger die Hände frei habe.

Anders als in Italien oder Amerika würde man das in Deutschland als patriotische, wenn nicht gar rechte Geste deuten.
Damiano: Wenn wir in Rom spielen, käme ich nicht auf die Idee, mir eine italienische Flagge umzuhängen. Aber wir sind auf Tour in Amerika, und da zeige ich Flagge, um zu sagen: Ich bin ein Italiener in der Welt.

War da ein bisschen Stolz mit dabei?
Thomas: Aber klar, und ob! Das wird zelebriert.
Damiano: Je mehr ich von der Welt sehe, desto fester bin ich überzeugt, dass Italien das schönste Land der Welt ist, Fehler hin oder her. Nichts zu machen.
Victoria: Italien ist ein wunderbares Land, in dem großartige Menschen leben. Es ist mit keinem anderen Land vergleichbar. Und es tut weh, dass es so viele Leute gibt, die es mit ihrer Scheißmentalität kaputt machen wollen. Deshalb versuchen wir, eine positive Message rüberzubringen, drauf zu pfeifen und die Einstellung dieser Menschen zu ändern.

Mein Lieblingssong von Ihnen ist *Vent'anni*. Darin heißt es: »Ich habe Angst, dass ich in der Welt nur Geld hinterlasse.« Ist das in Ihrem Alter wirklich eine Angst?
Damiano: Weniger eine Angst als das Bewusstsein, dass das nicht passieren soll. Dieser Satz meint, ich will der Welt nicht nur das hinterlassen, was ich erwirtschaftet habe, sondern etwas erschaffen, das die Zeit überdauert, das am Innersten des Menschen rührt.
Thomas: Wir sprachen vorhin über Lucio Battisti. Er und auch Vasco Rossi, ein anderer großartiger italienischer Sänger, werden niemals sterben.
Damiano: Weil sie Generationen beeinflusst haben, die ihrerseits ihre Kinder damit beeinflussen. Das ist das Erbe, das zählt und das man gerne hinterlassen will.

ZEITmagazin, 02.03.2023

»Es ist praktisch unmöglich, ohne neue Techologie die Wende rechtzeitig zu schaffen«

Leonhard Birnbaum

Konzernchefs sind auch nicht mehr das, was sie mal waren. Ich erinnere mich an Zeiten, in denen schon der Gang zu einem CEO ein Parcours der Einschüchterung war. Lange Flure, gepolsterte Türen, Begegnungen in holzvertäfelten Büros, die halbe Hallen waren. Einmal sprach ich mit einem Vorstandsvorsitzenden, der damals das höchste Gehalt aller Konzernchefs in Deutschland bezog und der das allen Ernstes damit begründete, schon seine Mitarbeiter würden eine solche Vergütung erwarten, es sei ja auch ein Beleg für seine Qualität. Heute treten Manager sehr viel bescheidener auf, in jeder Hinsicht. Ihre Vergütungen sind in Deutschland immer noch hoch, aber oft auch nicht höher als das Jahresgehalt eines mittelmäßigen Bundesligaspielers. Sie sind sich ihrer Verwundbarkeit in der Öffentlichkeit und vor den eigenen Aktionären bewusst. Haben rhetorisch abgerüstet, legen auf Statussymbole weniger Wert als früher. Wie schon Tim Höttges von der Telekom tritt einem auch Leonhard Birnbaum, der Vorstandsvorsitzende eines der größten Energieunternehmen Europas, ohne Krawatte entgegen. Sein Büro ist geräumig, doch es wirkt so, als sei es noch gar nicht richtig eingerichtet worden. Aber in seinem Vorzimmer hängen immerhin einige persönliche Erinnerungsstücke: zwei Flaggen und eine Uniformjacke aus dem Zweiten Italienischen Unabhängigkeitskrieg – liebevoll restauriert und hinter Glas vor dem weiteren Verfall geschützt. Birnbaums italienischer Urgroßvater brachte sie einst aus der Schlacht von Solferino 1859 mit. Leonhard Birnbaum ist Halbitaliener, seine Mama kam in den 1960er-Jahren aus Pesaro, das in den Marken liegt, nach Deutschland. Sie lernte hier ihren künftigen Mann kennen, einen Verfahrenstechniker, der in Ludwigshafen bei der BASF arbeitete. Leonhard Birnbaum hat bis heute zwei Pässe, italienisch spricht er aber kaum noch. Was wir vorhatten, ist für einen Mann in seiner Position nicht unheikel – ein Gespräch zu führen über eine Menschheitsfrage. Er tat dies in großer Offenheit und ließ den Wortlaut anschließend fast unverändert.

Ich habe eine ganz einfache Frage für Sie, die das Thema unseres Gesprächs werden soll. Und zwar: Glauben Sie, dass wir als Menschen schlau genug sind, die Welt zu retten?
Hm. Das nennen Sie also eine einfache Frage.

Nun, als Vorstandsvorsitzender eines der größten Energiekonzerne Europas sitzen Sie an den vielleicht wichtigsten Hebeln zur Veränderung, wenn es um das Klima geht.
Ich werde Ihnen gleich eine Antwort geben, aber vorab schicke ich meine eigenen Zweifel: Ich habe in der Schule das große Latinum gemacht und einen Griechisch-Leistungskurs belegt. Ich wollte Archäologe werden.

Das ist ein ehrenvoller Beruf.
Ja. Natürlich haben wir da die Odyssee gelesen, alle Vorsokratiker, Thukydides und die sokratischen Dialoge bei Plato. Ich weiß, dass ich nichts weiß: Sokrates! Das war wunderbar, aber weswegen erzähle ich das? Niemand kann Ihnen heute sagen, dass wir das hinkriegen. Wie kann man so etwas auch wissen? Das kann man nur hoffen. Regionale Zivilisationen sind schon untergegangen, weil sie es nicht geschafft haben, sich zu organisieren und sich anzupassen, oder weil eine Naturkatastrophe sie vernichtet hat: die Rapanui auf den Osterinseln, die Maya, die Minoer auf Kreta ... Das waren in der Vergangenheit eher lokale Phänomene. Jetzt sind wir in der Situation, dass wir als Menschheit insgesamt geprüft werden.

Und jetzt müssen wir, anthropologisch gesprochen, über die Grenzen der eigenen Gruppe hinweg für alle anderen »Stämme« mitdenken?

Zum ersten Mal sind wir global bedroht, zum ersten Mal müssen wir global antworten. Dazu bräuchten wir Grenzen überschreitende Kooperation. Aber unsere Strukturen sind noch stark national bestimmt. Wir sehen in Europa, wie schwer wir uns tun, das auch nur ein bisschen aufzulösen, etwa in der Außen- und Sicherheitspolitik. Dann schaue ich mir die Autokraten dieser Welt an, den Krieg in der Ukraine, den Konflikt zwischen China und den USA. Alles das kann einen pessimistisch stimmen. Aber Pessimismus treibt einen nur in die Resignation. Und es gibt ja auch Dinge, die Grund zum Optimismus bieten ...

Da bin ich jetzt sehr gespannt!

Innovation. Wir müssen Dinge ganz anders machen, als wir sie je gemacht haben. In den vergangenen hundert Jahren hatten wir Innovationen wie nie zuvor, gerade in den letzten zehn Jahren. Wir haben es zum Beispiel geschafft, Windenergie und Sonnenenergie wettbewerbsfähig zu machen. Das setzt sich jetzt global durch. Bleibt natürlich die Frage: Sind wir schnell genug? Wir bräuchten ja permanent Paris-artige Zusammenarbeit, und die sehe ich nicht.

Sie meinen wie beim Pariser Klimaabkommen von 2015?

Das war doch eigentlich ein Wunder. Obama hatte sechs Jahre zuvor den Friedensnobelpreis bekommen, der musste dafür noch etwas machen. Putin hatte die Krim annektiert und sich vielleicht gedacht, jetzt muss ich einen Kontrapunkt setzen. Xi Jinping war gerade mal drei Jahre im Amt. Dann kamen sie alle in Paris zusammen und haben zugestimmt! Könnte ich mir heute gar nicht mehr vorstellen. So eine Konferenz bräuchten wir aber jedes Jahr, um das Ziel von 1,5 Grad auch wirklich zu erreichen.

Der Wert 1,5 Grad kommt aus der Wissenschaft – gibt es für CEOs wie Sie eine enge Verbindung zur Welt der Wissenschaft, regelmäßigen Austausch?
Ja, aber die Perspektiven sind oft unterschiedlich. Vieles, womit sich die Wissenschaft beschäftigt, ist für unseren Alltag irrelevant.

Irrelevant?
Zugespitzt schon. Zum Beispiel Grundlagenforschung, die in 20, 30 Jahren Ergebnisse liefert. Was soll ich damit heute anfangen? Das sage ich Wissenschaftlern auch ganz offen: Das ist äußerst spannend, nur, bis ihr fertig seid, muss ich leider schon dreimal entschieden haben. Ich muss jetzt einen Investitionsplan für die Energiewende auflegen.

Die Wissenschaft hat früh genug gewarnt.
Das ist richtig, spielt aber keine Rolle für die anstehenden Entscheidungen. Also, ganz platt: Ich könnte mich intensiv an der Diskussion beteiligen – ist 1,5 Grad richtig, oder müssten es nicht sogar 1,4 Grad sein, oder was passiert bei einer Zielverfehlung? Und wie viel Reduktion müssen wir dann bis 2030 schaffen oder bis 2040? Es ist aber egal, was bei der Diskussion rauskommt – Tatsache ist doch: Der Klimawandel wird immer spürbarer, und deshalb brauchen wir in jedem Fall viel mehr Energiewende-Infrastruktur! Denn sonst schaffen wir keins der Ziele. Das ist das Hauptproblem, das mich umtreibt: Wie bringe ich genügend Ingenieure und Techniker dazu, das doppelte Investitionsvolumen mit der doppelten Geschwindigkeit zu verbauen? Das sind Aspekte, die die Wissenschaft gar nicht interessieren – aber die darüber entscheiden, ob mein Unternehmen seinen Beitrag leisten kann. Sie würden sagen: zur Rettung der Welt.

Ist denn die Energiewende technisch in kurzer Zeit zu schaffen?
Technisch ist alles möglich, das ist meine feste Überzeugung. Die Energiewende, die Verkehrswende, die Wärmewende – sie scheitern nicht an der Technik. Wenn, dann scheitern sie an der Gesellschaft, an der Politik, an den Menschen. Die Technik ist das geringere Problem.

Sie sind im Ernst der Meinung, dass man die Industrie in Deutschland kurzfristig so umstellen kann, dass sie CO$_2$-neutral wird und die Arbeitsplätze trotzdem erhalten bleiben?
Das habe ich nicht gesagt. Ich habe nur gesagt, es ist technisch möglich.

Technisch möglich – aber wirtschaftlich nicht rentabel?
Das ist jetzt eine spannende Diskussion. Das können Sie pauschal nicht beantworten. Wenn die Deutschen die Einzigen wären, die Klimaschutz betreiben, würde ich ganz klar sagen: Das ist nicht möglich. Im OECD-Kontext ist es vielleicht möglich, im weltweiten Verbund mit 38 wirtschaftsstarken Staaten. Aber so, wie wir es im Moment machen, wird die Energiewende mit einem Wohlstandsverlust einhergehen, in ganz Europa. Es ist zurzeit viel die Rede davon, wie wettbewerbsfähig wir sein werden, wenn wir die erneuerbare Energie quasi umsonst kriegen und unsere Prozesse alle umgestellt sind. Die Frage ist, wie überbrücken wir die Zeit dazwischen, die industrielle Umstellung, die ja zehn, fünfzehn Jahre dauert?

Und selbst da würden radikale Klimaschützer sagen: 15 Jahre bis zur Wende, so viel Zeit haben wir gar nicht, das ist zu langsam.
Richtig. Deswegen hoffe ich ja, dass es genügend Innovation geben wird, die das kompensiert, was wir derzeit nicht hinkriegen. Vielleicht schaffen wir es zum Beispiel tatsächlich, Anlagen zu bauen, mit denen wir das CO$_2$ aus der Atmosphäre entfernen. Auch wenn das heute ökonomisch nicht vorstellbar ist.

Das Wort von der Innovation ist parteipolitisch besetzt, die FDP setzt darauf, und es ist auch das Mantra von Friedrich Merz. Glauben Sie, dass es nur so hinzukriegen ist?
Ohne Innovation werden wir scheitern. Es ist praktisch unmöglich, ohne neue Technologie die Wende rechtzeitig zu schaffen.

Was treibt Sie denn persönlich zur Energiewende? Ist es die Politik, die Druck macht? Sind es die wirtschaftlich guten Aussichten für Ihren Konzern? Sind es die eigenen Kinder mit ihren Fragen?
Es ist einfach sinnvoll, auf Erneuerbare und Energiewende-Infrastruktur zu setzen ...

Ethisch sinnvoll oder geschäftlich?
Beides, das passt zusammen. Es gibt für mich gar keinen Widerspruch zwischen Ethik und Profitabilität, im Gegenteil. Ich muss mich auch für nichts rechtfertigen abends. Ich komme nach Hause und sage, ich habe die Gesellschaft wieder am Laufen gehalten, die Energiewende weiter vorangetrieben, das ist wunderbar! *(lacht)*

Aber Sie sprachen doch gerade von dem Wohlstandsverlust, der uns droht.
Wir verlieren in Europa an Wettbewerbsfähigkeit gegenüber anderen Regionen der Welt. Die Logik der Politik ist ja: Ihr müsst jetzt unheimlich viel investieren, damit es irgendwann besser wird. Da lautet die Antwort der Industrie: Ehrlich? Wenn ich aktuell investieren muss, dann lieber in den USA. Europa ist mir zu unsicher, mit den Rahmenbedingungen, die sich ständig verändern. Die Investitionen wandern schon jahrelang ab – und das wird durch nichts kompensiert! Und auch bei den Innovationen sind wir nicht stark genug.

Ist das so? Im Land der Dichter und Ingenieure?
Leider ja! Das gilt auch für Europa. Wir fallen zurück und geraten im globalen Wettbewerb ins Hintertreffen im Vergleich zu den USA und China. Wir haben keinen einheitlichen europäischen Finanz- und Kapitalmarkt, keinen Digitalmarkt. Und wir ersticken zunehmend in Bürokratie.

Nun steht die Industrie aber auch im Verdacht, das seien die Alarmrufe der Lobbyisten mit ihrer Endlosschleife: Es passiert etwas ganz Schreckliches!
Sie meinen: Klagen, Klagen, Klagen ist der Gruß des Kaufmanns! *(lacht)* Leider sprechen die Fakten eine eindeutige Sprache.

In Wirklichkeit kann kein Politiker ein Interesse daran haben, dass die Wirtschaft abschmiert, weil, erster Effekt, auch die eigene Partei dann abschmieren würde. Und, zweiter Effekt, die populistischen oder radikalen Kräfte noch stärker würden. Sie haben doch in der Politik bestimmt Ansprechpartner, die das auch so sagen.

Natürlich! Es gibt in der Politik jede Menge sehr intelligente Menschen. Ehrlich gesagt, würde ich mit den meisten auch nie im Leben tauschen wollen. Es ist unglaublich, was die für einen Einsatz zeigen für unser Land, mit enormem öffentlichem Druck, wenig Dank und immer öfter üblen persönlichen Schmähungen. Aber schaffen die es auch, das Thema der Wettbewerbsfähigkeit ausreichend hoch zu hängen? Entbürokratisierungsinitiativen hatten wir ja schon fünftausendmal ...

... in vielen Wahlkämpfen war das schon Thema ...

... davon kommt bei uns bislang praktisch nichts an!

Na ja, bei den Genehmigungsverfahren für Windräder geht es jetzt schon deutlich schneller.
Bei den Windrädern gibt es demnächst Ausnahmen, das stimmt. Aber um den Strom der Windräder hintendran einzusammeln, muss ich Netze bauen. Da haben wir die Hand gehoben und gefragt: Werden die Netzanschlüsse auch beschleunigt genehmigt?

Und?
Ja, gut, die Anschlüsse schon. Aber zusätzlich brauchen wir eine Netzverstärkung. Es reicht ja nicht, dass wir vom neuen Windrad die Verbindung zur nächsten Leitung schaffen. Diese Leitung muss auch stark genug sein, um den Strom abzutransportieren. Wir haben der Politik erklärt: Wir müssen Tausende Kilometer Leitung verlegen, die ganzen Umspannwerke dramatisch verstärken. Da hieß es: »Wir können euch doch keine Carte blanche geben!«

Funktionieren die Windräder ohne das komplette Setting nicht?
Die funktionieren schon, nur gibt es dann viele Phasen, in denen die einfach zu viel Strom produzieren – und wir als Netzbetreiber schmei-

ßen die dann vom Netz. Wir kriegen sonst Frequenzschwankungen, oder die Leitung wird überlastet. Wenn der Wind weht, müssen wir heute in der Spitze rund 5000 Megawatt aus Schleswig-Holstein abtransportieren. Jetzt will Schleswig-Holstein in den nächsten Jahren auf 13 000, 14 000, 18 000 Megawatt ausbauen, die Windenergie also verdreifachen. Diese Strommengen müssen 2030 in den Süden abtransportiert werden. Für diese Transportleitungen dauern die Genehmigungen rund zehn Jahre – und wenn das klappt, ist es sogar noch gut gelaufen.

Zehn Jahre allein für die Genehmigung von Leitungen von Norden nach Süden?
Genau! Ich gebe Ihnen ein anderes Bürokratie-Beispiel: Wir brauchen sogenannte Planfeststellungen, um unsere Infrastruktur zu bauen. Jetzt haben wir, ich nenne die beteiligten Bundesländer bewusst nicht, mal durchgezählt: Wie viele Planfeststellungen brauchen wir, wenn wir die Klimaziele der Bundesregierung umsetzen wollen? Da kommen wir auf rund 600. Dann haben wir geschaut, wie viele haben die betreffenden Behörden denn seit 2017 geschafft? Schätzen Sie mal.

Unter 100?
Ja, kann man so sagen. Es waren nämlich genau null. Die, die wir 2017 eingereicht haben, sind heute noch nicht fertig bearbeitet.

Gibt es Bundesländer, in denen es besser läuft?
Bayern ist so ein Beispiel. Das Land hat eine sehr effiziente Verwaltung.

Aber nicht die größte Dichte an Windrädern.
Ja, aber die größte Dichte an Solar, das muss man wirklich sagen. Und der Netzausbau funktioniert zurzeit in Bayern besser.

Den Ausbau der großen Übertragungsnetze quer durch Deutschland haben bayerische Politiker allerdings jahrelang blockiert.
Das stimmt auch.

Alles in allem können wir aber festhalten: Es sind goldene Zeiten für die Energieversorger.

Ich kann nur für E.on sprechen. Für uns als Netzbetreiber und Anbieter von grünen Energielösungen ist die Energiewende eine gigantische Chance: Investitionsmöglichkeiten, Wachstumsmöglichkeiten, Verdienstmöglichkeiten. Wer Techniker bei E.on ist, hat die nächsten 20 Jahre einen sicheren Arbeitsplatz, da kann wenig passieren.

Warum klagen Sie dann?
Infrastruktur ist eine unbedingte Voraussetzung für eine wettbewerbsfähige Industrie. Fehlende Infrastruktur ist unglaublich teuer. Dann müssen wir ständig in den laufenden Betrieb eingreifen, um Schäden zu verhindern. Dafür haben wir in diesem Winter Milliarden unnötig ausgegeben. Das heißt, der Ausbau der Infrastruktur ist eine gute Investition – die aber natürlich bezahlt werden muss. Und den Wohlstand in Deutschland, den wir sehr großzügig verteilen, erwirtschaftet eben die produktive Wirtschaft: Chemieindustrie, Stahl- und Automobilindustrie, Maschinenbau, der deutsche Mittelstand. Und die kommen derzeit alle unter Druck.

Wegen der gestiegenen Energiekosten?
Und weil ihnen die Arbeitskräfte fehlen. Und weil sie immer mehr Bürokratie abbekommen. Wenn aber unsere Automobil-, unsere Pharma- und unsere Chemiebranche weg sind und wir keinen Ersatz dafür gefunden haben, wie soll Deutschland in 20 oder 30 Jahren den heutigen Wohlstand erhalten?

Habecks Wirtschaftsministerium hat sich etwas ausgedacht: Der Strompreis soll für die energieintensive Industrie bis 2030 subventioniert werden, nach vorsichtigen Schätzungen müssten dafür 25 Milliarden Euro lockergemacht werden. Ist das kein Lichtblick?
Es ist richtig, dass wir kurzfristig etwas für die Industrie tun müssen, damit sie mit den hohen Energiepreisen klarkommt. Die Antwort kann aber nicht sein, dass wir der Industrie langfristig einen subventionierten Festpreis garantieren, egal wie sich der Markt entwickelt. Das ist wie bei jeder Subvention gefährlich. Wir müssen es schaffen, Versorgungssi-

cherheit, Bezahlbarkeit und Nachhaltigkeit zu gewährleisten – und zwar ohne permanente staatliche Eingriffe. Denn sonst kommen wir aus dem Krisenmodus nicht mehr raus. Deshalb kann ein Brückenstrompreis, wie der Name schon sagt, immer nur eine Übergangslösung sein.

Die Politik versucht zu helfen – und Sie sagen immer nur, zu spät, zu langsam, höchstens übergangsweise tauglich.
Verstehen Sie mich nicht falsch, ich habe auch keine perfekte Lösung, aber wir haben Hebel, die wir bislang nicht gezogen haben: Das Einfachste ist, Abgaben, Steuern und Netzentgelte auf Industriestrom zu senken.

Ich fasse mal zusammen: Die Hürden sind enorm, und sie heißen Bürokratie, Langsamkeit der Prozesse und Finanzierungsmöglichkeiten.
Ja.

Nun gibt es neben Politik und Wirtschaft aber noch den Verbraucher selbst, der durch Verzicht einen wesentlichen Beitrag dazu leisten kann, dass die Erderwärmung aufgehalten wird.
Genau. Aber das ist eine Frage der Perspektive. Wir haben ungefähr eine knappe Milliarde Menschen auf der Welt, vor allem in Afrika, aber auch in Asien, die haben überhaupt keinen Zugang zu Strom. Da kann ich doch nicht sagen, übt Verzicht. Im Gegenteil, denen muss ich sagen, nehmt euch, was euch zusteht. Der Ruf nach Verzicht, das ist eine Diskussion für uns in Europa, für die reichen Länder, keine Antwort für die gesamte Welt.

Dann bleiben wir doch bei den Europäern.
Beim Stromverbrauch wird es in Europa kein Schrumpfen geben, der wird im Gegenteil steigen. Wofür verbrauchen wir mehr Energie in Form von Strom? Für Elektromobilität, aber auch für Datenanwendungen, Computer, Screens, Internet, Streamingdienste, ChatGPT, zum Heizen mit Wärmepumpen. Selbst in der Industrie werden Hochtemperaturprozesse elektrifiziert, indem man auf mit Strom erzeugten Wasserstoff umsteigt. Natürlich, wenn wir alle kein Fleisch mehr essen, würde das

den CO_2-Ausstoß richtig reduzieren. Oder: Fernreisen. Als ich Kind war, machte man einmal im Jahr Urlaub irgendwo in Deutschland, vielleicht Italien. Das war das Maximum der Gefühle, mehr gab's nicht. Dass man zweimal im Jahr um die Welt fliegt und zwischendurch am Wochenende Städtereisen mit dem Flugzeug macht? Nie im Leben. Damals waren die 100 Kilometer zur Großmutter ...

... eine weite Reise.
Ja. Deswegen: Verzicht ist ein Hebel. Nur: Wie kann man ihn herbeiführen? Sie könnten ihn über Preise erzwingen, ganz klar. Man könnte das Fliegen so brutal teuer machen, dass niemand mehr nach Mallorca kommt. Aber das müssen Sie in einer demokratischen Gesellschaft erst mal durchhalten.

Haben Sie das Gefühl, dass autoritäre Regime das effizienter anpacken würden?
Nein, überhaupt nicht, nein! Don't get me wrong!

Man hat ja bei Corona gesehen ...
... ganz schlimm ...

... dass Diktaturen am Ende nicht erfolgreicher waren.
Bleibt trotzdem die Frage: Wie organisieren Sie das in einer demokratischen Gesellschaft? Sie können den Menschen sagen, dein Verzicht heute lohnt sich am Ende für deine Kinder. Aber wenn ich mir die Flughäfen anschaue, die vollen Flieger, die ausgebuchten Kreuzfahrtschiffe – offenbar scheinen viele Menschen zu dem Schluss gekommen zu sein, dass Verzicht nicht ihr Thema ist.

Viele Heranwachsende kritisieren uns deswegen hart. Das kann man an den eigenen Kindern beobachten.
Das kenne ich auch – von meinen Nichten. Andererseits: Meine Nichten sind mit zehn Jahren schon mehr durch die Gegend geflogen als ich noch mit 30. Die Selbstverständlichkeit, mit der man heute nach dem Abitur erst mal zwei Jahre lang kreuz und quer durch die Welt reist und sich eine Auszeit nimmt ...

Sind die klimabewegt, Ihre Nichten?
Aber so was von! Klimabewegt, links, vegan, das volle Programm. Trotzdem haben die mit 25 schon mehr CO_2 verbraucht als Gleichaltrige in den Generationen vor ihnen.

Sie kennen sicher das Argument, das gerne von Leuten hervorgeholt wird, die gar nichts verändern möchten: Selbst wenn wir in Deutschland alles perfekt machen würden – was sind unsere knapp zwei Prozent am weltweiten CO_2-Ausstoß gegen die 32 Prozent von China oder gegen den CO_2-Ausstoß in Indien und den Vereinigten Staaten, der sich zusammen auf 20 Prozent beläuft? Was erwidern Sie da?
Das ist aus meiner Sicht ein durchschaubarer Versuch, um Versagen zu relativieren. Unethisches Verhalten bleibt auch dann unethisch, wenn es für die Welt egal ist. Ich finde es wichtig, dass man in den Spiegel schauen und zu den Sachen stehen kann, die man macht. Ich habe als Kind im Sommer in den Dolomiten, bei den Cinque Torri, einen Hang gesehen, der als Skipiste eigentlich zu weich war und den man mit Teer und Stroh stabilisiert hat. Man schaut auf diese schwarze Fläche und denkt: Das kann einfach nicht richtig sein, dass wir die Berge und die Natur so ruinieren. Da habe ich beschlossen, ich fahre nie mehr Ski. Mir war natürlich klar, das bringt für die Alpen überhaupt nichts. Trotzdem war es das Richtige. Aber ich bin auch der Meinung, jeder muss für sich selbst entscheiden. Wenn der Staat gesagt hätte, Birnbaum, Sie dürfen ab heute nicht mehr Ski fahren, hätte ich wahrscheinlich gesagt, du kannst mich mal, jetzt fahre ich erst recht.

Man handelt wider besseres Wissen? Das nennt sich kognitive Dissonanz.
Die scheint ziemlich ausgeprägt zu sein.

Dann sind wir also doch nicht in der Lage, uns selbst zu retten?
Ich bleibe Optimist. Wenn du den Menschen immer wieder mit guten Argumenten erklärst, wir müssen unser Verhalten ändern, dann dringst du irgendwann durch. Und was Technologie und Innovation betrifft: Das muss nicht jeder im Detail verstehen. Es reicht, wenn es diejenigen voll verstanden haben, die Investitionsentscheidungen treffen.

Ich habe mir in Vorbereitung auf unser Gespräch die Äußerungen anderer CEOs in Deutschland angeschaut. Rhetorisch sind die alle ganz nah an Fridays for Future. Ist das verbales Greenwashing, oder stecken dahinter wirklich tiefe Überzeugungen?
Die Vorstandsvorsitzenden, die ich kenne, sind ja alle kluge Menschen, die wirklich hart mit sich ringen. Keiner von denen entscheidet leichtfertig, keiner ist ein bösartiger Zyniker. Aber ob Sie es glauben oder nicht, auch CEOs sind oft vollkommen überfordert mit den Erwartungen, die in sie gesetzt werden. Da heißt es: Du bist doch CEO, du kannst doch gewaltig was bewegen! Es wird total unterschätzt, wie vielen Zwängen wir unterliegen.

Das Gleiche sagen Politiker! Aber wenn niemand etwas verändern kann, weil überall die Zwänge so groß sind ...
... tun wir doch! ...

... wie kommen wir dann voran?!
Wir haben E.on in den letzten sieben Jahren komplett transformiert, komplett! Und Ähnliches haben die meisten Kollegen auch getan.

Wenn Deutschland den Umbau tatsächlich schafft, könnte uns das nicht sogar als Industriestandort stärken und zugleich für die ganze Welt zum Modell werden?
Das Schlüsselwort in Ihrem Satz heißt: zugleich. Es ist unerlässlich, dass wir den Umbau schaffen und zugleich unsere Wettbewerbsfähigkeit behalten. Nur dann werden wir ein Beispiel für die Welt werden. Wenn nicht, guckt der Rest der Welt auf uns und sagt, schön, dass die sich das geleistet haben, denen scheint es ja gut genug zu gehen. Für uns ist das aber kein Modell, wir können uns das nicht leisten.

Und wie kriegen wir es hin, wettbewerbsfähig zu bleiben?
Die Zukunft ist Europa, ist Pragmatismus, Innovationsfreundlichkeit, Technologieoffenheit, Optimismus. Der Erfolg wird nicht durch Planwirtschaft kommen.

Höre ich da auch eine Kritik am Wirtschaftsminister heraus, zum Beispiel wegen des komplizierten Heizungsgesetzes? Muss man Robert Habeck nicht wenigstens zugutehalten, dass er wirklich etwas verändern will?

Er hat Gestaltungswillen, ohne jeden Zweifel. Es geht aber um mehr. Wir müssen alle Menschen mitnehmen und überzeugen. In einer Demokratie ist das wichtig, ansonsten befördern Sie Populismus und Radikalisierung.

Wie nimmt man denn Menschen mit? Indem man den Bürgern möglichst wenig zumutet?

Birnbaum: Indem man Menschen nicht detailliert vorschreibt, was sie wie zu machen haben! Und indem man immer wieder kommuniziert und erklärt.

Kennen Sie beide sich eigentlich?

Natürlich. Das letzte Jahr der Energiekrise war ein enorm intensives Jahr, in dem es viele Begegnungen und Gespräche gab.

Reden Sie da genauso offen wie mit mir?

Ich versuche es. Vielleicht schaffe ich das häufiger, als ich es nicht schaffe. Aber da haben Sie einen Punkt. Ich habe schon viele Meetings erlebt, mit Vorstandschefs und Politikern in einem Raum. Die Wirtschaftslenker sind dann unglaublich genervt von Themen in der Politik, sagen aber vorneherum: Das ist eine gute Sache, wir stehen hinter Ihnen! Hinterher gehen sie aus der Veranstaltung raus und schimpfen.

Ich habe noch eine andere Kritik an Ihnen und Ihren Kollegen. Alle klagen jetzt, dass die 16 Jahre unter Merkel vertane Zeit waren: Unsere Infrastruktur bröckelt, der Grad der Digitalisierung ist eine Schande, wir haben uns von Russland abhängig gemacht. Aber wo waren damals die Weckrufe der Wirtschaft? Man hatte eher den Eindruck, die Industrie war all die Jahre hochzufrieden, gerade mit dem billigen russischen Gas. Sie persönlich haben sich für Nord Stream 1 und auch für Nord Stream 2 starkgemacht.

Ja, im Nachhinein muss man sagen, wir hätten 2014 tatsächlich einen Schnitt machen müssen. Das wissen wir heute alle. Von den billigen Gaspreisen hat ja nicht nur Deutschland, sondern ganz Europa profitiert. Ich gehöre deshalb ausdrücklich nicht zu denen, die finden, Frau Merkel ist schuld. Es ist eine gesellschaftliche Schuld. Wir waren eine satte Gesellschaft – und froh, dass wir eine Politik hatten, die das europäische Schiff einigermaßen geradeaus hat fahren lassen ...

... ohne dass jemand Angst haben musste?
Politik ist ein Spiegelbild der Gesellschaft. Es ist selten, dass die Politik mal ganz woanders steht. Die Einführung der Hartz-Gesetze, das war so ein Moment, in dem die Politik die Gesellschaft getrieben und verändert hat.

Mit dem bekannten Ergebnis: Es hat Kanzler Schröder letztlich die Macht gekostet und ist später Schritt für Schritt zurückgenommen worden, gerade von der SPD.
Aber 15 Jahre lang war es ein Gewinn für Deutschland.

Es hat viele Betroffene auch ins Elend gestürzt.
Und gleichzeitig Arbeitsplätze geschaffen, wie wir es sonst nie hinbekommen hätten.

Aber es gibt Dinge, die das Gerechtigkeitsempfinden schwer verletzen. Wie wollen Sie den Menschen erklären, dass sich die Ölkonzerne in der Krise die Taschen vollgemacht haben?
Gut, die Ölkonzerne haben noch nie so viel verdient wie im letzten Jahr ...

...eben ...
... und sie haben ihre Investitionen in derselben Zeit nicht gesteigert.

Spricht das für Selbstregulierung des Marktes, spricht das für die ethische Überlegenheit des kapitalistischen Systems?
Der Kapitalismus funktioniert besser als jede Staats- und Planwirtschaft, die per definitionem ressourcenverschwendend ist. Dass der

Markt trotzdem manchmal beleidigende Ergebnisse produzieren kann, akzeptiere ich.

Und war es nicht auch eine Abzocke – die Gaspreise im vergangenen Winter?
Nein, Entschuldigung! Dass die Gaspreise so explodiert sind, war ein ganz klares Angebot-und-Nachfrage-Thema.

Als die Preise wieder runtergingen, wurde das nicht an die Verbraucher weitergegeben.
Wir haben den Energie-Großhandelspreis bei Gas und Strom nie an unsere Kunden durchgereicht. Die 1000 Euro pro Megawattstunde beim Strom, die wir im letzten August gesehen haben, sind nie bei unseren Kunden angekommen. Das war grob eine Verdreißigfachung des Preises. Angekommen beim Kunden ist grob eine Verdreifachung. Und dieses Preissignal des Marktes war wichtig, denn es hat alle zum Sparen gebracht. Als Alternative hätte die Bundesnetzagentur die Gasmangellage erklären müssen. Dann hätte gegolten: Wer kriegt Gas, wer kriegt keins? Eine unmögliche Situation. Firma A, du ja, Geschäft B, du nein ...

Jetzt wird es fachlich ziemlich kompliziert, dabei sollte es doch in diesem Gespräch um die Weltrettung gehen. Schaffen wir die Energiewende wenigstens in Deutschland?
Einverstanden, zurück zur Weltrettung. Wir haben über viele Punkte gesprochen, die einen skeptisch machen können. Und trotzdem glaube ich, dass wir eine gute Chance haben, erfolgreich zu sein, wenn wir gemeinsam streiten, gemeinsam arbeiten und gemeinsam handeln. Wenn man nur skeptisch ist, wird man pessimistisch, und wenn man pessimistisch ist, wird man Zyniker, und wenn man Zyniker ist, macht man gar nichts mehr. Deswegen bin ich lieber Optimist und glaube an unsere Fähigkeit zur Innovation: Warum sollten wir komplett unfähig sein, uns selbst noch mal zu überraschen?

DIE ZEIT, 03. 08. 2023

»Wer Angst vor mir hat, ist selber schuld«

Sabine Rückert

Sabine Rückert hätte es beinahe verhindert, dass ich bei der ZEIT anheuerte. Die Redaktion hat hier die Macht, Chefredakteure abzulehnen. Deshalb musste ich mich vor der offiziellen Verkündigung, sozusagen konspirativ, in Hamburg mit dem sogenannten Redaktionsausschuss treffen. Wir sprachen abends in einem Kellerlokal unweit der Redaktion, bei einem Thailänder. Die Stimmung war zugewandt und freundlich. Bis mich Sabine Rückert, die damals dem Ausschuss angehörte, allen Ernstes fragte: »Warum sind Sie eigentlich nicht verheiratet?«

Ich weiß noch, dass ich am nächsten Tag den damaligen Verlagsboss anrief und ihm von dieser inquisitorischen Frage berichtete. Ich sagte, dass ich nicht mehr so ganz sicher sei, warum ich meinen schönen Arbeitsplatz beim »Tagesspiegel« in Berlin für eine Redaktion aufgeben sollte, die einen offenbar bis ins Privatleben hinein ausforscht. Er beruhigte mich: Dies sei nicht typisch für die ZEIT – und die Dame, mit der ich es zu tun gehabt hätte, sei eben ein bisschen eigen. Das kann man wohl sagen! Als ich längst bei der ZEIT angefangen hatte, versuchte ich mal, mit ihr zusammen einen besonders sensiblen, introvertierten Autor bei einem gemütlichen Essen für uns zu gewinnen. Sabine Rückert fragte ihn zwischen Hauptgang und Dessert, warum er keine Kinder habe. Der Mann wollte lieber nicht für uns arbeiten.

Man muss aber auch sagen, dass es wenige gibt, die mit einer solchen Leidenschaft und Selbstlosigkeit für die ZEIT einstehen. Sabine Rückert ist, seitdem sie ihren Podcast »ZEIT Verbrechen« startete, eine so starke Eigenmarke geworden, dass sie sich längst von unserem

Blatt hätte unabhängig machen können. Stattdessen hat sie, nachdem die Produktionsfirma X Filme beschloss, den Podcast für Paramount+ aufwendig zu verfilmen, zur Bedingung gemacht, dass die ZEIT schon im Titel genannt wird.

Sie kann aufmunternd und einnehmend, warmherzig und großzügig sein. Hat sie gute Laune, und das ist meistens der Fall, dann betritt sie gerne auch mal singend die Redaktionsflure. Sie tut es in einer solchen Lautstärke, dass noch in meinem Büro die Wände vibrieren. Während der Coronazeit, als sie unerschrocken fast täglich im Helmut-Schmidt-Haus erschien, überbrückte sie singend auch die empfohlene Mindestzeit (35 Sekunden) beim Waschen der Hände. Sie hat übrigens nicht nur eine voluminöse, sondern auch eine sehr schöne Stimme.

Was wir hier vorhaben, ist im Prinzip ein No-Go. Ich interviewe die Kollegin eines Blattes, für das ich selber arbeite. Und dann bist du auch noch meine Stellvertreterin. Und trotzdem habe ich mir sehr gewünscht, dich für das Schlusskapitel dieses Buchs gewinnen zu können. Du bist für mich eine der markantesten und faszinierendsten, aber auch rätselhaftesten und widersprüchlichsten Persönlichkeiten, die ich je kennengelernt habe.
Das ... überrascht mich! *(lacht)*

Deshalb will ich nach so vielen Jahren der Zusammenarbeit den tollkühnen Versuch unternehmen, das Phänomen Sabine Rückert zu ergründen.
Haha!

Du bist relativ spät, mit 51, in die Chefredaktion der ZEIT gekommen, und noch später bist du über einen Nebenjob zu einem Star der Branche geworden: mit »ZEIT Verbrechen« – einem der erfolgreichsten Podcasts in Deutschland, den Millionen kennen. Was

macht das mit dir, dass Leute dich um Autogramme oder Selfies bitten, nur weil sie deine Stimme erkennen?

Du weißt ja, dass ich den Podcast abgeben werde, daran lässt sich schon erkennen, dass er mir nicht das bedeutet, was man vielleicht denken könnte. Meistens frage ich mich, wen meinen die Fans eigentlich?! Also – mich können sie nicht meinen. Ich freue mich natürlich über das Millionenpublikum, vor allem für die ZEIT, denn ich möchte auf keinen Fall, dass »ZEIT Verbrechen« mit meinem Ausstieg untergeht. Es ist ein Podcast, der wichtig ist. Er handelt von der intensiven Beschäftigung mit der Polizei, der Staatsanwaltschaft und den Gerichten. Von der forensischen Psychiatrie, der Rechtspsychologie, der Rechtsmedizin. Und zwar aus erster Hand, selbst recherchiert, nicht aus irgendwelchem angelesenen Zeug. Ich beeinflusse damit den öffentlichen Blick auf die Strafverfolgungsbehörden in Deutschland. Das treibt mich an.

Wenn dir das so wichtig ist, warum gibst du den Podcast ab?

Mein Beitrag hat sich in den letzten fünf Jahren erschöpft, ich habe meine eigenen Kriminalgeschichten im Großen und Ganzen erzählt. Jetzt haben mehr und mehr Gäste das Wort. Und nur noch die Moderatorin zu sein, ist mir zu wenig. Trotzdem würde ich sagen: Podcast an sich ist das Medium, für das ich gemacht bin. Das Reinquatschen liegt mir …

… mehr noch als das Schreiben?

Das Schreiben mach ich sehr gerne, aber das spontane Reden entspricht mir heute mehr.

Wie bist du überhaupt dazu gekommen, dich mit Kriminalfällen zu befassen?

Ich war vor 35 Jahren Volontärin bei der »Bild«-Zeitung, hatte dort kein Aufgabengebiet, also hat man mich zu den Polizeireportern gesteckt. Bei einem meiner ersten Einsätze wurde ich gleich eine Treppe runtergeworfen, weil ich nach »Bild«-Methoden in eine Trauergesellschaft reingeplatzt bin. Der Tod eines ertrunkenen Kindes wurde beklagt. Ich hab natürlich eins aufs Dach gekriegt …

... von den Trauergästen?
Ja, die sind richtig auf mich losgegangen. Zu Recht.

Hast du dich nicht ein bisschen geschämt?
Ich habe mich damals häufig geschämt. Aber ich habe auch gelernt, dass man in der Kriminalberichterstattung manche natürliche Grenze überschreiten muss. Sonst kriegt man nichts raus. Ich hab versucht, Menschen dazu zu bringen, sich mit mir zu unterhalten, Menschen, die etwas wussten, etwas erlebt oder ausgefressen hatten. Zu diesem Zweck bin ich ihnen auf den Pelz gerückt ...

... und wenn die am Telefon aufgelegt haben, hast du einfach wieder angerufen?
Ja, dann eben mit anderer oder unterdrückter Nummer.

Hast du Leuten auch aufgelauert?
Ja, ich habe geklingelt oder gewartet. Auch später noch bei der ZEIT. Ich habe Verteidigern aufgelauert oder Betroffenen oder Richtern oder Polizisten – allen möglichen Leuten.

Hat dich das Überwindung gekostet?
Sehr! Ich mache das nicht gern. Aber manchmal muss es sein.

Die Grobheit, die man bei einer Boulevardzeitung lernt – oder vielleicht schon mitbringt –, hat dir die geholfen für den Rest deiner Laufbahn?
Als Kriminalreporterin auf jeden Fall!

Warum hast du trotzdem nicht weitergemacht bei der »Bild«?
Na, weil die »Bild« für einen Menschen mit meiner intellektuellen Ausstattung keine Heimat ist.

Aber nach den zwei Jahren Volontariat war immerhin klar: Ich will Journalistin bleiben?
Ich wusste jetzt, dass ich das Zeug zur Reporterin habe. Dann hat die »taz« mich als Nachrichtenredakteurin eingestellt. Für mich ein völ-

lig fremdes Gebiet – dazu noch alle links und alternativ und im Ringelpulli. Äußerlich habe ich da ganz gut reingepasst mit meinem wirren roten Haar, aber innerlich war mir das total fremd. Das habe ich ein Jahr lang gemacht und nicht sehr viel verstanden. An meinen freien Tagen und im Urlaub habe ich Reportagen für die ZEIT geschrieben.

Einfach so?
Ich bin 1990 zu Haug von Kuenheim (damals stellvertretender ZEIT-Chefredakteur, *Anm. d. Red.*) und habe gesagt: »Hallo, ich möchte gerne für die ZEIT arbeiten.«

Hast du ihm auch aufgelauert?
Nein, da hatte ich einen Termin *(lacht)*. Wir haben einen Kaffee getrunken, und dann hab ich ihm gesagt, dass ich die Wiedervereinigung der beiden Staatsbibliotheken in Berlin beschreiben will. »So eine junge Frau und so ein langweiliges Thema«, meinte er nur.

Was hast du gesagt?
»Wenn *ich* das schreibe, wird das nicht langweilig, das werden Sie schon merken.« Es wurde eine sehr hübsche Reportage über das Wesen der Bibliothekare und die subtile Feindschaft zwischen Ost und West: »Die Hochzeit der Bücher«. Und ich muss sagen, der Text ist immer noch gut. Wenn ich jungen Volontären Unterricht gebe, bringe ich den manchmal mit.

Wir normalsterblichen Journalisten quälen uns mit Fragen wie: Habe ich das richtig in den Griff bekommen, hätte ich das nicht viel besser schreiben können? Diese Selbstgewissheit, die du ausstrahlst, woher kommt die bloß?
Ich bin nicht selbstgewiss. Ich habe immer Zweifel und mache mir sehr viele Gedanken. Aber mit dem Blick der 62-jährigen Frau kann ich dir sagen, dass der Text gut ist, den die 29-jährige Sabine geschrieben hat. Weil ich Distanz dazu habe. Damals wollte ich bei der ZEIT unbedingt einen Eindruck hinterlassen – was glaubst du, was ich da Arbeit reingesteckt hab!

Trotzdem bringst du ein Kapital mit, was du dir nicht bei »Bild«, »taz« oder ZEIT erworben hast, sondern was einfach da ist.

Ja, das stimmt. Ich bin von zu Hause ausgestattet worden mit dem Auftrag, dass ich mich niemals vor jemandem kleinmachen darf, niemals! Gerade mein alter Vater hatte eine unglaubliche Angst um seine Töchter – dass sie über den Tisch gezogen werden oder sitzen gelassen oder ausgeraubt oder verletzt oder sonst was.

Woher kam diese Angst?

Er wurde 1914 geboren und hat die Lage und die Abhängigkeiten der Frauen vor hundert Jahren erlebt. Er hatte eine sehr intelligente Mutter, die weit unter ihren Möglichkeiten bleiben musste, und einen Vater, der Elektriker und Hausmeister im Gefängnis von Nürnberg war. Mein Vater ist in diesem Gefängnis aufgewachsen, und wenn an den Samstagen in der Früh um fünf Uhr ein zum Tode Verurteilter im Hof erschossen wurde, ist er davon aufgewacht. Ich hatte recht alte Eltern, vom Alter her waren sie eigentlich meine Großeltern, der ganze Erste Weltkrieg wurde da noch mitgeschleppt, auch die Zeit zwischen den Weltkriegen.

Dein Vater war demnach 19, als die Nazi-Zeit losging. Was hat er darüber erzählt?

Wir haben viel darüber gesprochen. Ob er was weggelassen hat, kann ich dir nicht sagen. Er war weder in der SA noch in der SS, aber er war bei der Wehrmacht in Frankreich an der Front. Obwohl er, als der Krieg losging, bereits evangelischer Pfarrer war. Das war damals aber egal, man hat alle eingezogen. Als an der Ostfront die Leute knapp wurden, sollte er zweimal dorthin versetzt werden – er hat dann aber jedes Mal eine psychosomatische Erkrankung bekommen, fürchterliche Ausschläge oder Schmerzen. Sobald die Versetzung vom Tisch war, wurde er wieder gesund.

Hat er denn an Hitlers Krieg geglaubt?

Am Anfang vielleicht. Hinterher nicht mehr. Aber er ist später niemals nach Israel gefahren, obwohl er doch Theologe war und Israel das Land der Bibel ist.

Warum nicht?
Ich denke, aus Scham. Der jüdische Teil der Bibel wurde bei uns zu Hause aber sehr hochgehalten.

Wie hast du dagegen deine Mutter erlebt?
Sie war die besonnenere Persönlichkeit von den beiden. Und die unabhängigere. Aber sie hat sich ihrem Mann untergeordnet, wie das in dieser Generation eben üblich war. Sie war Wirtschaftslehrerin und hatte an der Handelshochschule Nürnberg unter Ludwig Erhard studiert. Ihr Wissen war später bei der Gründung des Unternehmens von erheblichem Vorteil.

Und wie kam es überhaupt dazu, dass deine Eltern ein Altenheim-Imperium – das Augustinum – aufbauten?
Mein Vater war von seiner Mutter immer dazu angehalten worden, etwas aus sich zu machen. Sie hat für diesen ihren einzigen Sohn gelebt. Er war der einzige Nachkomme einer eigentlich kinderreichen Nürnberger Küfer-Familie namens Rückert – aber alle seine Onkels sind abgeknallt worden im Ersten Weltkrieg, die Tanten bis auf eine an Krankheiten, Diphtherie, Lungenentzündung schrecklich umgekommen. Dass mein Vater Theologe und Pfarrer wurde, war die Idee seiner Mutter. Die Familie war sehr fromm, aber Pfarrer war auch ein Aufsteigerberuf. Mein Vater war das einzige Arbeiterkind auf seinem Gymnasium, das hat man ihn spüren lassen. Als Vikar hat er sich später im Kirchenchor in meine Mutter verliebt. Aber deren Vater – ein knorriger, harter Pastor – war nicht einverstanden mit der Verbindung. Deshalb heirateten meine Eltern erst mal jeweils andere Partner: meine Mutter einen von Bohlen und Halbach, mein Vater eine schicke Münchner Unternehmertochter.

Wie sind dein Vater und deine Mutter am Ende doch noch zusammengekommen?
Als mein Vater nach sechs Jahren aus dem Krieg heimkehrte, war die Unternehmertochter, mit der er zwei Söhne hatte, in einen anderen verliebt, und es gab einen hässlichen Rosenkrieg, mit falschen Beschuldigungen, er habe die Kinder misshandelt. Nach der Scheidung schrieb

313

er seiner Jugendliebe einen Brief. Meine Mutter war ihrerseits inzwischen eine junge Witwe, ihr Mann war gleich zu Beginn des Zweiten Weltkriegs gefallen. Meine Eltern heirateten sofort, und innerhalb eines Jahres hatten sie das erste Kind, meinen Bruder. Ich wurde dann das jüngste ihrer vier gemeinsamen Kinder.

Aber als geschiedener Mann konnte dein Vater nicht Pfarrer bleiben?
Er verlor damals seine Gemeinde, und auch die Behauptungen seiner geschiedenen Frau hingen ihm nach. Deshalb wurde er zum Religionslehrer degradiert. Später hat er sich aus dem Kirchendienst beurlauben lassen ...

... und gründete das bis heute erfolgreiche Familienunternehmen?
Nein, es ist ein gemeinnütziges Unternehmen und Mitglied im Diakonischen Werk der Evangelischen Kirche. Meine Eltern waren zwar Gründer und Chefs des Augustinums, aber ihnen hat nie etwas gehört. Heute sitzt die Familie Rückert nur noch mit zwei Abgesandten im Aufsichtsrat. Meine Eltern, die ja beide bereits mit sehr wohlhabenden Partnern verheiratet gewesen waren, hätten ihrerseits jetzt reich werden können. Es waren die 1950er-Jahre, Aufbruchszeit. Aber am Geld hat meinen Eltern nie sehr viel gelegen. Mein Vater fürchtete die innere Korruption, er hat immer gesagt, wenn die Eltern zu reich sind, wird aus den Kindern nichts. Er wollte gut leben, einen schönen Mercedes fahren, das schon – aber er wollte nicht, dass seine Kinder von Geburt an Millionäre sind. Hätte er es anders gesehen, säße ich vermutlich jetzt nicht hier mit dir, sondern bespräche auf den Seychellen mit meinem fünften Ehemann in der Entzugsklinik die Scheidung. *(lacht)*

Trotzdem hat er dir und deinen Geschwistern einiges hinterlassen.
Ja, und zwar genau so viel, dass wir eine Zeit lang finanziell unabhängig leben können und uns nie herumschubsen lassen müssen. Ich bin der freieste Mensch der Welt, ich kann jederzeit meinen Hut nehmen. Außerdem wollte er unbedingt, dass wir alle Abitur machen und studieren, gerade die Mädchen, damit wir immer einen guten Job kriegen und nie von einem Mann abhängig sind.

Dein Vater ist von seiner ersten Ehefrau zu Unrecht beschuldigt worden. Das Motiv der falschen Beschuldigung hat dich als Gerichtsreporterin immer wieder beschäftigt.

Dieses Thema ist derzeit politisch nicht korrekt, deshalb wird es nicht gern thematisiert. Doch falsche Beschuldigungen gibt es öfter, als man denkt. Ich habe es immer wieder erlebt, dass Männer in massive Notlagen geraten sind, weil den Falschbeschuldigerinnen geglaubt worden ist.

Du willst sagen, dass falsche Beschuldigungen oft von Frauen kommen?

Ja. Gerade bei Sexualdelikten, die ja sehr schwer aufzuklären sind und wo oft Aussage gegen Aussage steht. Sexualdelikte sind das Kniffligste, das man sich vorstellen kann.

Beschuldigen Frauen Männer vor allem aus Rache für erlittenes Unrecht und Gewalt?

Ja, auch. Manchmal geht es aber auch ums Geld, um Hinterlassenschaften, und dann zeigt man halt den Vater oder Ex-Mann an. Es gibt allerdings auch Männertypen, die es regelrecht herausfordern, dass man sie durch Falschbeschuldigung aus dem Weg räumt.

Inwiefern? Welcher Typ ist das?

Zum Beispiel: der hyperkorrekte Vater, der durch Moralisieren und ständiges Herabsetzen die Familie terrorisiert. Oder: der Tyrann, der trinkt und alle verprügelt. Dann natürlich der Gewissenlose, der auf den Hoffnungen verliebter Frauen herumtrampelt, eine Art Hochstapler oder Heiratsschwindler. Aber es gibt auch ganz normale Männer, die von psychisch Kranken falsch beschuldigt werden.

Nun hast du so viele dieser Fälle beschrieben, dass man den Eindruck haben könnte, dass du gar nichts mehr glaubst. Nicht mal, wenn eine Frau sagt, sie sei vergewaltigt worden.

Das ist doch Unsinn! Natürlich muss man Opfern glauben, aber nicht blind. Ich habe eben auch erlebt, dass Vergewaltigungen angezeigt und verurteilt wurden, die es nicht gegeben hat. Da gab es Blutergüsse und schreckliche Wunden, die sich die Anzeigeerstatterinnen selbst zugefügt hatten. Da wird man mit der Zeit vorsichtiger – vor allem, wenn es gar keine Beweise gibt.

Man könnte aber argumentieren, kann schon sein, dass es falsche Beschuldigungen gibt, aber angesichts des Unrechts, das Männer Frauen über Jahrhunderte angetan haben, ist das kein großes Thema.
Ja, das ist eine verbreitete Meinung. Aber was soll das für ein Rechtsstaat sein, in dem der Unschuldige ins Gefängnis muss, damit das Weltbild heile bleibt? Eine Falschbeschuldigung ist ein schweres Verbrechen. Ich habe einen Fall erlebt, da hat eine 18-Jährige ihren Vater bezichtigt, sie zehnmal vergewaltigt zu haben. Dieser Vater war ein brutaler Kerl. Es gab vorher schon Polizeieinsätze bei der Familie, es war aktenkundig, dass das Mädchen misshandelt worden war. Aber niemand hat etwas dagegen unternommen. Bis sie die Vergewaltigungen behauptet hat – da wurden Polizei und Justiz plötzlich munter. Der Mann wurde zu sieben Jahren verurteilt. Und wenn es nur bei diesem Fall geblieben wäre, hätte ich mich, ehrlich gestanden, auch nicht eingemischt.

Du hast den Mann mit deinen Recherchen aus dem Gefängnis geholt!
Aber nicht seinetwegen! Sondern weil das Mädchen anschließend noch einen weiteren Mann beschuldigt hat, ihren Onkel, der nun gar nichts dafür konnte. Im Gegenteil, er war ein netter Kerl. Seinetwegen habe ich mich in den Fall hineingekniet. Dass der gewältige Vater freigesprochen wurde, war sozusagen Beifang.

Man hat manchmal das Gefühl, dass du mehr Empathie für die Täter empfindest als für die Opfer.
Hier waren die angeblichen Täter die Opfer. Manchmal dreht sich eben alles um, wenn man näher hinsieht. Für Opfer bringt jeder Empathie auf, das ist manchmal aber auch das Fundament der falschen Verdächtigung.

Das sehe ich anders. Die Opfer von Verbrechen und deren Angehörige bleiben oft verdammt einsam. Und ihr Schmerz geht mir näher als das Schicksal derjenigen, die Verbrechen begangen haben.

Ich habe oft über Hinterbliebene geschrieben – aber nie einfach nur so. Ich schreibe auch keine traurigen Geschichten über Leute, die unheilbare Krankheiten haben. Das können gerne die Kollegen machen, mich interessiert das nicht.

Was interessiert dich dann?

Mich interessieren die gesellschaftlichen Zusammenhänge. Ich hatte sehr viele Kontakte zu Opferfamilien. Das Leid einer Mutter: Was soll ich da schreiben? Dass es schrecklich ist? Was nützt das? Wenn ich aber schildere, welche Vorgeschichte ein Verbrechen hat und wie der Staat mit der Verfolgung des Unrechts umgeht, dann wird es relevant für eine Zeitung: Nehmen wir den Fall jenes Abiturienten, der von Polizeibeamten in einer Winternacht betrunken aufgegriffen, dann auf einer Landstraße ausgesetzt wurde – wo er überfahren worden ist. Der nächste Skandal war, dass die Sache von den Behörden unter den Teppich gekehrt und als Unfall verkauft wurde. Nur durch einen Zufall kam die Straftat der Polizisten ans Licht.

Verstehe ich dich richtig: Wenn du dich zu sehr mit dem Schicksal der Opfer oder von deren Angehörigen identifizieren würdest ...

... würde ich stehen bleiben! Wir lernen aus diesen Geschichten nichts, wenn wir nur auf die Opfer blicken. Wir müssen auch fragen: Warum wurde dieser Mensch ein Opfer? Was hat zu der Tat geführt? Oft bemerkt man, dass im Schicksal des Täters ebenfalls eine Opfergeschichte steckt.

Ist diese Verallgemeinerung dein Ernst: Die meisten Täter sind auch Opfer?

Nein, verallgemeinern würde ich es nicht. Aber es ist unübersehbar. Gerade bei Gewalttätern, auch bei Sexualverbrechern. Wenn man da in die Kindheit schaut, wird einem schlecht.

317

Und da setzt dann dein Mitgefühl ein?
Ich empfinde für alle ein gewisses Mitgefühl. Aber nicht so weit, dass ich mich tränenreich in meinen Texten ergehe. Das interessiert doch keinen.

Genau das bezweifle ich. Die Leute identifizieren sich schon sehr mit den Opfern von Verbrechern ...
Ja?

Schon allein, weil sie sich vorstellen, dass sie es selbst hätten sein können.
Ja, aber sie könnten womöglich auch Täter sein. Und das gesellschaftlich Interessante für einen Artikel ist doch die Frage, unter welchen Umständen entwickeln sich Menschen in welche Richtung: Hätte *ich* ein Mörder werden können, mit einer solchen Vorgeschichte? Ich habe im Gerichtssaal wirklich Demut und Dankbarkeit gelernt dafür, was mir vom Schicksal erspart geblieben ist. Es gibt unvorstellbare Biografien.

Kann nicht auch ein Mensch, der behütet aufwächst, zum Schwerverbrecher werden?
Natürlich. Gerade Wirtschafts- und Umweltverbrechen werden von gut situierten Tätern begangen. Denen geht es halt ums Geld. Auch viele Menschen, die einen Totschlag begehen, sind in eine Situation geraten, die ihnen subjektiv unlösbar erscheint. Ich würde sagen, auch ich selbst habe eine Prädisposition zur Gewalt. Ich kann mir vorstellen, wenn ich einen Mann hätte, der mich zur Weißglut treibt, dass ich den erschlagen könnte, theoretisch jedenfalls. *(lacht)* Gott sei Dank habe ich durch meine Sozialisation andere Methoden an die Hand bekommen, meine Konflikte zu lösen.

Du hast einen extrem liebenswürdigen Ehemann, den du schon aus deiner Schulzeit kennst und mit dem du ein sehr besonderes Verhältnis hast.
Ja, das stimmt. Ich war 17, als ich den August kennengelernt habe. Er ging in meine Parallelklasse. Er bricht nicht laut die Türen auf, um sich

durchzusetzen, sondern schafft Tatsachen, auf eine kluge, unspektakuläre Weise. In dieser Beziehung erinnert er mich sehr an dich, wenn ich den Spieß mal in deine Richtung umdrehen darf ...

... lieber nicht! ...
... ich wohne ja nun 31 Jahre mit ihm und anderen Menschen in einer Wohngemeinschaft zusammen. Wenn ich so zurückblicke, machen wir eigentlich unterm Strich die ganze Zeit, was der August sagt, ohne dass wir es merken. Er regiert auf seine Art die gesamte WG. *(lacht)*

Ich kenne dich tatsächlich ausschließlich als WG-Bewohnerin ...
... ja, als ich nach Hamburg kam, habe ich hier eine Wohnung gesucht und landete im Schanzenviertel. Mein Mitbewohner war ein junger Arzt mit halblangen, dunklen Haaren. Wir hatten unglaublich viel Spaß, haben viel getrunken und wahnsinnig viel geraucht, sodass wir uns praktisch am Abend in der WG-Küche kaum noch erkennen konnten.

Und mit diesem Arzt, seiner Frau und deinem Mann bist du dann nach Schleswig-Holstein an einen See gezogen. Kannst du dieses Lebensmodell empfehlen?
Unbedingt. Aber man muss es sich trauen. Und: Man sollte lieber früh als später zusammenziehen. Denn die ganzen Schrullen, die man mit dem Alter entwickelt ...

... an die konnte man sich dann rechtzeitig gewöhnen?
Ja, ja. Und die Schrullen sind beträchtlich. Am schlimmsten sind meine eigenen. *(lacht)*

Ich kenne keinen Menschen, der einerseits so herzlich und lustig ist wie du und auf der anderen Seite gelegentlich auch so kalt wirken kann. Zum Beispiel ist es dir sehr fremd, wenn man um alte Menschen trauert. Du sagst im Prinzip: Wenn jemand alt ist, dann stirbt er, und das ist okay.
Ja. Das ist der Lauf der Welt. Was gibt es da zu klagen?

Was ist denn das für eine Logik: Kann man nicht um einen Menschen, der alt ist, trotzdem trauern?!

Neulich bekam ich die Nachricht, dass die Pacht für das Grab unserer Eltern ausläuft. Da stand drin: Wollen Sie das Grab verlängern? Ich habe an meine Geschwister geschrieben: »Nö, warum?! Es ist ein Stein in München-Pasing, was geht mich das an, ich war seit zehn Jahren nicht mehr dort, ich bin für die Auflösung des Grabes.«

Hast du dich in der Familie durchgesetzt mit dieser Haltung?

Ja, wir haben es aufgelöst. Und trotzdem: Meine Eltern waren mir noch nie so nahe wie jetzt. Ich denke fast jeden Tag an die beiden. Und ich glaube, meine Mutter hätte an den Friedhof genau denselben Brief geschrieben. Ich habe das offenbar von meiner Mutter geerbt, die ein absolut pragmatisches Verhältnis zu sehr vielen Dingen hatte ...

... sie war auch relativ unsentimental?

Obwohl sie die herzlichste Frau war, die ich kenne. Aber in ihrer Herzlichkeit manchmal auch eisenhart. Ich habe das ja zum Teil mitbekommen als Kind, bei Verhandlungen mit ihren Mitarbeitern. Den Sound meiner Mutter habe ich immer noch im Ohr.

Kannst du so über Verstorbene reden, weil du gläubig bist, also auch an ein Leben nach dem Tod glaubst?

Ich hab keinen Glauben mehr.

Wie bitte? Du hast dich immer als Gläubige bekannt und das auch geschrieben!

Ich mache ja aktuell den Podcast »Unter Pfarrerstöchtern« mit meiner Schwester (der Theologieprofessorin Johanna Haberer, *Anm. d. Red.*). Darin erzählen und erklären wir die Bibel. Das Gottesbild und der Glaube, die dort proklamiert werden – im Alten wie im Neuen Testament –, das kann doch keiner ernst nehmen, der halbwegs bei Trost ist. Die Bibel ist ein tolles Buch, aber sie steckt auch voller Verrücktheiten. Was Jesus sagt, sind zum Teil geniale Sachen, zum Teil bloß Behauptungen eines religiösen Eiferers aus der Antike. Jesus war ein Apokalyptiker, der dachte, die Welt geht jeden Moment unter. Wie sehr er sich getäuscht hat, sieht man daran, dass wir uns 2000 Jahre später immer noch über ihn unterhalten.

Du glaubst auch nicht mehr an die Auferstehung? Darüber hast du an Ostern mal eine ganze Titelgeschichte geschrieben.
Je älter ich werde, desto mehr Gedanken mache ich mir über den Tod, und desto weniger glaube ich an ein Leben danach. Allerdings es gibt zwei Dinge, die mich irritieren und doch manchmal an eine höhere Macht glauben lassen: Das eine ist diese unglaubliche Ordnung der Natur. Ich versinke vor Andacht, wenn ich in meinen Garten schaue. Wie alles seinen Platz hat, wie die Maulwürfe arbeiten – das ist ein unglaubliches Wunder!

Und deine zweite Irritation?
Dass ich manchmal das deutliche Gefühl habe, es passt jemand auf mich auf. Ich hatte viel Glück im Leben. Mir wurden Türen geöffnet, und Türen haben sich hinter mir geschlossen – und immer zu meinem Besten. Vielleicht bin ich auch selbst diejenige, die Türen unbewusst öffnet und schließt. Vielleicht ist es ein unausgesprochener Auftrag oder eine biologische Mitgift der Vitalität. Aber ich merke, ich habe eine Aura um mich, die böse Menschen fernhält.

Es ist aber auch ein offenes Geheimnis, dass es Menschen gibt, die keineswegs böse sind und die doch vor dir Angst haben.
Das war schon immer so. Ich weiß gar nicht, warum, ich bin eigentlich weichherzig und nicht nachtragend. Ich sage bloß, was ich denke. Wer Angst hat vor mir, ist selber schuld. Aber bei manchen Leuten würde ich auch sagen: Gut, dass du Angst hast vor mir, Blödmann!

Was ich auch immer wieder beobachte: Neben denen, die Angst haben, gibt es auch viele, die dich regelrecht verehren, vor allem junge Frauen – fast so, als seist du ein Popstar. Wie erklärst du dir das?
Vielleicht, weil ich die Mutter bin, die sich diese Frauen wünschen.

Bist du für eine gute Mutter nicht ein bisschen streng?

Warum streng? Die wollen ein weibliches Vorbild haben, das lustig ist, die Wahrheit sagt und ihnen vorlebt, dass eine Frau nicht schwach und klein ist. Viele junge Frauen schreiben mir: »Ich will eine Patentante, die so ist wie du!« Es wird den jungen Frauen heute doch ständig eingetrichtert, wie jammervoll ihr Dasein ist *(in gespielt klagendem Tonfall):* Ich krieg viel zu wenig Geld, ich muss halbtags arbeiten, die Männer sind schlecht zu mir! Ich habe keine Aufstiegschancen, Altersarmut droht, und oh, jetzt kriege ich auch ein Kind, da bin ich so überfordert! Ich bedaure es, ein Kind zu haben, meine Figur ist im Eimer ... Von diesem Gewimmer leben ganze Online-Medien. Sie erzählen den Frauen den ganzen Tag, was für Würstchen sie sind.

Aber die Missstände, die Frauen erfahren, sind ja real.

Aber sie werden durch ständiges Gejammer nicht besser. Missstände werden durch Selbstermächtigung besser. Und indem man den Frauen sagt: Hallo, lass dir das nicht gefallen, hau dem mal auf die Pfoten!

Aber Sabine, nicht jede Frau hat ein Naturell und einen Background, auch finanziell, wie du!

Lieber Giovanni, noch nie in der Geschichte ging es den Frauen der westlichen Welt so gut wie heute. Sie haben alle Chancen, und sie ergreifen sie auch. Schau dich doch bloß in unserem eigenen Laden um! Sie gehen als Korrespondentinnen nach China und in die Ukraine, sie leiten Ressorts und trauen sich alles zu. Kein Würstchen weit und breit. Und auch sonst: Frauen sind Chefärztinnen, fliegen Airbusse, lenken Staaten oder verdienen Millionen. Und trotzdem höre ich aus den sozialen Medien diesen steten Jammerton.

Kann es sein, dass dir alles politisch Korrekte wesensfremd ist?

Was mir auf die Nerven geht, ist diese um sich greifende Hyperempfindlichkeit. Dieses Zusammenschrecken – wie eine Seeanemone, wenn nur mal ein Fisch vorbeischwimmt. Dieses Infantile, das der Feminismus den Frauen leider auch überstülpt. Ein unsensibles Wort – und sie sind angeblich für Tage traumatisiert. Wer soll das ernst nehmen?

Zu dieser angeblichen Sensibilität passt aber gar nicht, dass es vor allem junge Frauen sind, die deine wirklich grausamen Geschichten im Podcast mit so großer Freude hören, oft sogar vor dem Schlafengehen. Ich könnte das nie.
Du machst doch selbst einen Podcast über Kunst ...

... aber, mit Verlaub ...
... ich sage ja nicht, dass die Künstler alle kriminell waren, aber die Kriminalität hat in der Kunst eine gewaltige Rolle gespielt. Auch in der Literatur und im Theater, besonders aber in bildlichen Darstellungen. Geh doch nach Florenz, in die Uffizien, David im Kampf mit Goliath, abgeschnittene Köpfe, erwürgte Menschen – da wanderst du durch ein Bestiarium von Mördern und Vergewaltigern! Oder schau dir die griechischen Sagen an oder, da ging's ja schon los, die Bibel – ein einziges Blutbad!

Kann es sein, dass Menschen heute gar nicht mehr so viel erleben und in der Kriminalgeschichte eine Erlebnisdichte und Dramatik erfahren, die sie sonst vermissen?
Davon bin ich überzeugt. Mit einem Kriminalpodcast hast du in der Ukraine im Moment kein Glück. Auch in Afghanistan nicht – die machen die Haustür auf, da ist das Verbrechen. Bei uns ist das anders. In der erzählten Extremsituation gibt es Spannung und Auflösung. So entsteht Katharsis. Und das Verbrechen wohnt ja in uns allen: Wenn ein politisches System kippt, kann es schnell passieren, dass alle zu Verbrechern werden. Das haben wir in Deutschland erlebt. Wir standen bis vor wenigen Jahrzehnten alle knietief im Blut ...

... und das Pressehaus, in dem wir dieses Interview führen, war in der Nazi-Zeit die Propagandazentrale Hamburgs. Von dieser Zeit mal abgesehen: Wann ist, nach deiner Erfahrung, die Justiz besonders anfällig für Fehler?
Wenn sie dem Zeitgeist entsprechen will. Wenn sie gesellschaftlichen Moden folgt.

War das bei Jörg Kachelmann auch so? Du hast ihn fast als Einzige von Anbeginn verteidigt, nachdem er unter dem falschen Vorwurf der Vergewaltigung in U-Haft gekommen war. Diesen Fall thematisierst du bis heute.

Ja, der Fall Kachelmann war ein Musterbeispiel. Ein kollektives Versagen von Polizei, Justiz und Medien. Man stürzte sich blindlings auf ihn, weil man seine vielen Liebesgeschichten mit Frauen für frevelhaft hielt. Weil er es mit Wahrheit und Treue nicht so genau nahm, traute man ihm auch gleich ein Sexualverbrechen zu. Kein Ermittler hinterfragte die Behauptungen seines angeblichen Opfers, tränenblind glaubte man alle Lügen dieser Frau. Es war wirklich ein Fall aus dem Lehrbuch des Schreckens.

Zu meinem größten Bedauern wirst du nicht nur den Kriminalpodcast, sondern auch deine Funktion als meine Stellvertreterin in der ZEIT-Chefredaktion zum Ende des Jahres aufgeben. Warum?

Ich werde, wenn ich aufhöre, 63 Jahre alt sein. Wir geraten in einen Umbruch, auch im Journalismus. Ich kann die Digitalisierung nicht mitgestalten, das ist eine andere, neue Form von Journalismus, dem fühle ich mich nicht gewachsen. Das ist der eine Grund. Der zweite ist: Ich war jetzt mehr als elf Jahre deine Stellvertreterin, das ist genug. Ich muss wieder mal raus aus diesem Büro, um neue Eindrücke zu sammeln. Und ich finde: Die Jungen müssen jetzt ran an die Führungspositionen. Sie sind um die 40, stark, klug. Die Älteren sollten sich zurückziehen, den Jungen den Rücken stärken und im Krisenfall die Scheiße wegräumen. Das ist jetzt der Job.

Nun ist wahrscheinlich für dich der Posten in der Chefredaktion auch immer ein *Nice to have,* aber kein *Must* gewesen ...

... das stimmt. Ich habe mich nie um Posten geschlagen, wie du weißt. Bin ihnen aber auch nie ausgewichen ...

... du merkst, da kommt neben viel Bewunderung auch ein kleines bisschen Neid bei mir hoch. Wenn unsereins todmüde die Zähne

zusammengebissen hat, hast du dir unbezahlten Urlaub genommen und bist in wunderschöne Luxushotels in ganz Europa gefahren.
(*lacht*) Also ich bin kein großer Leidensmensch, kein Sichaufzehrer. Arbeit muss Freude machen. Ich glaube, dass ich nur so eine längere Strecke durchhalte. Ich bin nicht mit 40 im Eimer oder mit 50 verbittert, weil der Job nicht hielt, was ich mir von ihm versprochen habe. Das Loslassenkönnen ist wichtig, es macht frei und effektiv. Wer loslassen kann, ist wirklich erwachsen.

Du hast alle großen Namen bei der ZEIT noch persönlich gekannt, den Gründerverleger Bucerius, die Gräfin Dönhoff, die großen Reporter, Helmut Schmidt, Ted Sommer als Chefredakteur ...
... ja, der hat mich noch selber eingestellt.

Wer von denen ist für dich die prägendste Figur gewesen?
(*überlegt lange*) Oh.

Keiner?
Bei den Alten fällt mir niemand ein, von dem ich sagen würde: Das ist mein großes Vorbild. Damals war so mancher Scheinriese in leitender Position.

Neulich hast du mir eine Mail gezeigt, mit der sich ein Hörer innig für den Bibelpodcast bedankt. Und du hast gesagt: So eine Reaktion sei dir mehr wert als jeder Erfolg von »ZEIT Verbrechen«.
So ist es auch.

Warum?
Es gibt Dinge, die kann nur ich, die sind so tief in meinem Herzen, dass ich sie nicht mehr herauskriege. Dazu gehört zum Beispiel, dass ich weine, wenn ich Johann Sebastian Bach höre. Oder bestimmte innige Kirchenlieder. Oder die spannenden biblischen Geschichten, die gehören auch zu meiner Grundausstattung. Die Bibel ist das vielleicht am meisten verkannte Buch der Welt. Ein Meisterwerk der seelischen Tiefe, geschrieben über Jahrtausende – nur eben nicht von Gott. Das für ein Publikum aufzubereiten, ist mir mehr wert als jedes Auto-

gramm. »ZEIT Verbrechen« gebe ich leichten Herzens ab, es gibt ja tolle Kriminalreporter im Haus. Aber den Bibelpodcast ...

... den wirst du fortsetzen?
Den führe ich fort bis zur Offenbarung des Johannes, also bis zur Vision der Apokalypse, bis zum Untergang der Welt. *(lacht)*

PS: Ein Nachtrag
von und mit Robert Habeck

Das Buch war schon im Satz, als Robert Habeck sich bereit erklärte, eine Art Bilanz zu ziehen über seine ersten Jahre an der Macht: Was ist aus der Aufbruchsstimmung geworden, die er fünf Jahre zuvor als Oppositionspolitiker ausgestrahlt hatte? Was aus der Hoffnung, die zum Programm werden sollte? Es war ein anderer Robert Habeck, der da auf genau demselben Platz wie 2018 in meinem Büro saß (siehe das Gespräch mit ihm auf Seite 123). Er sah abgekämpft und müde aus, so, wie wohl fast jeder Berufstätige am Tag vor dem Urlaub aussieht. Aber es gibt nur wenige Berufstätige in Deutschland, die in den Monaten zuvor derart harte Kritik einstecken mussten wie er. Seine Sprache war vorsichtiger geworden, wenn auch, gottlob, noch nicht ganz staatstragend. Die Heiterkeit war weg. Die Macht als Vizekanzler und Wirtschaftsminister schien wie eine Bleiweste auf ihm zu lasten. Trotzdem hatte er sich dazu entschieden, eine Botschaft der Selbstgewissheit und des Optimismus zu verbreiten. Nie zuvor sei er politisch so mit sich im Reinen gewesen. Angesichts der Wirtschaftslage und der miserablen Stimmung im Land überraschte mich das. Ein bisschen klang es so, als wolle sich Robert Habeck auch selbst Mut machen.

Wir saßen hier vor ziemlich genau fünf Jahren schon mal zusammen. Damals haben Sie eine Art Zukunftsmanifest entworfen. Sie sagten: »Es ist mir im Grunde egal, was die Menschen denken. Hauptsache, wir einigen uns auf politische Projekte, die uns verbinden und mit denen wir die Zukunft in die Hand nehmen. Die Gedanken dürfen gern frei bleiben.« Wie steht es jetzt bei den politischen Projekten, die die Menschen verbinden und mit denen sie die Zukunft in die Hand nehmen?

Bezogen auf die Aufgaben, die Deutschland in den nächsten fünf bis zehn Jahren vor sich hat: mittendrin. Bezogen auf die Legislatur und in Prozenten: bei 75 Prozent. Ich würde sagen, dass in den letzten bald zwei Jahren eine enorme Agenda abgearbeitet wurde von der Regierung, auch von mir persönlich und dem Ministerium, das ich führen darf.

Entschuldigung, aber müsste man vor dem Hintergrund des Heizungsgesetzes nicht eher sagen: So wenig Einigkeit über Projekte war nie?

Das war natürlich in mehrfacher Hinsicht eine Phase, aus der man viel lernen kann. Aber der politische Streit, sowohl innerhalb der Regierung wie zwischen Regierung und Opposition, darf nicht darüber hinwegtäuschen, dass in der Bevölkerung ein ganz großer Gestaltungswille da ist.

Meine Wahrnehmung ist eine komplett andere: Es gibt so viel Unzufriedenheit, so viel Sorge und Enttäuschung darüber, dass in diesem Land, das mal ein Muster war für Effizienz, so wenig funktioniert ...

... das sehe ich anders!

Wie denn?

Die Wahrheit ist, dass wir als Land aus einer politischen Bequemlichkeit aufschrecken. Das ist ja für sich genommen schon eine Zumutung – sich selbst zu sagen, da haben wir alle nicht genau hingeschaut, da waren wir zu selbstvergessen, zu träge, vielleicht auch zu denkfaul. Wir sind jetzt konfrontiert mit der zwingenden Notwendigkeit, Dinge anders zu machen: die Zuwanderung zu organisieren, die Energieversorgung umzustellen, bis hin zum Stellenwert des Militärs, das auf einmal wieder eine Bedeutung hat. Es ist mit den Händen zu greifen, was für eine Herausforderung diese Transformation darstellt. Man kann der Debatte nicht mehr ausweichen.

Und Sie glauben, dass durch Reden die große Transformation auch akzeptiert wird?
Ja, ich bin optimistisch, dass wir einigungsfähig sind. Weil das Land in der Vergangenheit immer wieder gezeigt hat, dass es sich neu erfindet, dass wir Krisen meistern können. Und ich bin als Demokrat optimistisch, dass am Ende für Lösungen abgestimmt wird und nicht für die Verhinderung von Lösungen. Ich glaube übrigens, dass die Union gerade merkt, dass es nicht reicht, die Performance der Regierung »ausbeuten« zu wollen.

Welchen Sinn hat es denn, ein Heizungsgesetz auf den Weg zu bringen, das Teile der Bevölkerung in Angst und Schrecken versetzt – vielleicht auch in die Arme der Populisten getrieben hat? Die verschiedenen Versionen des Gebäudeenergiegesetzes stecken den Leuten heute noch in den Knochen ...
... das steckt mir natürlich auch noch in den Knochen. Dieses Gesetz ist mal als Klimagesetz geplant gewesen. Dann hat die Koalition es als Reaktion auf den russischen Angriff auf die Ukraine vorgezogen. Der Beschluss, es von 2024 an, also sehr schnell gelten zu lassen, war eine direkte Auswirkung der Gasversorgungssituation. Ein Gasmangel war für den Winter 2022/23 eine reale Bedrohung, wir mussten befürchten, dass wir Unternehmen abschalten müssen. Auch für die Zeit danach waren wir in Sorge. Der Antrieb war, dass wir alles tun müssen, um in den nächsten Jahren Gas zu sparen.

Es kam dann aber anders.
Im Frühjahr dieses Jahres war der größte Druck weg, die Bevölkerung hat gesehen, dass die Energiesparmaßnahmen greifen, dass wir alternative Energie besorgt haben. Das hat was verändert. Dann haben wir das Gesetz noch mal geändert, und daraus ist wieder ein Klimaschutzgesetz geworden. Und nun ist es ja auch gut so.

Gerade haben Sie gesagt, man kann eine Menge aus den vergangenen Monaten lernen. Was denn?
Dass das Gespür für die gesellschaftliche Veränderung nicht verloren gehen darf. Ja, dieses Gesetz mutet den Menschen in Deutschland etwas zu, wir ändern etwas. Umgekehrt kann ich heute sagen: Noch nie hat eine Regierung so viel für Klimaschutz getan. Noch nie konnten wir so glaubwürdig sagen: Wir können auch dieses Projekt der Transformation schaffen.

War zumindest der erste Entwurf des Heizungsgesetzes nicht auch das Projekt von Spezialisten, die nur noch wenig Sensorium für die Empfindung der Mehrheit haben?
Also das würde ja heißen, dass vier Referenten, zwei Abteilungsleiter, ein Staatssekretär und ein Minister zusammenhocken und sich etwas ausdenken. So war es nicht, die Blase hat es nie gegeben. Nur fürs Dokument: Ein Drittel der fossilen Energien, die wir in Deutschland verfeuern, verbrauchen wir beim Heizen, damit sind wir sehr schlecht, auch im europäischen Vergleich. 80 Prozent unserer Heizungen laufen auf Gas und auf Öl, in anderen Ländern sind es nur noch 20 Prozent. Wir müssen da rangehen – oder wir sagen, wir geben die Klimaschutzziele auf. Dann wiederum werden andere Länder das auch tun. Insofern steht sehr viel auf dem Spiel. Und ja, das hat jetzt wehgetan. Aber ich glaube, wenn wir in ein paar Jahren zurückblicken, wird man sagen, gut, dass wir es angegangen haben.

Was sagen Sie denn denjenigen in Ihrer Partei, den Aktivisten oder manchen Kommentatoren in deutschen Medien, die meinen, dass dieser Kompromiss, der nach der Sommerpause verabschiedet werden soll, viel zu lasch sei?
Die Antwort ist, dass wir auch mit dem veränderten Gesetz die Möglichkeit haben, die Klimaschutzziele einzuhalten.

Aber was sagen Sie diesen Kritikern, die meinen, der Klimawandel vertrage keinen Aufschub und das Gesetz sei immer noch zu lasch?
Ich weiß jetzt nicht genau, wen Sie meinen, ob Leitartikler in Ihrer Zeitung oder die Klimakleber ...

... vielleicht beide ...

... beiden muss ich sagen: In einer Demokratie brauchst du immer politische und gesellschaftliche Mehrheiten, das bestimmt die Geschwindigkeit der Veränderung. Man muss aus dem Zentrum der Gesellschaft heraus immer wieder erklären, erklären, erklären, für die Mehrheiten werben, sie herstellen, Bündnisse schmieden.

Auf der anderen Seite denken viele Leute: Was sind unsere knapp zwei Prozent am weltweiten CO_2-Ausstoß gegen die 32 Prozent von China? Und ich soll jetzt noch das Grillen einstellen.

Grillen können alle, wie sie wollen, von mir aus.

Na ja, ist die Fleischerzeugung nicht auch ein starker CO_2-Treiber?

Das ist alles richtig. Es gibt jedoch Antworten, über die wir auch schon vor fünf Jahren gesprochen haben: Die politische Aufgabe ist es, eine bessere Politik zu machen, nicht den besseren Menschen zu erziehen. Also besser zu sein, als Menschen es im Alltag sein können. Heißt: Wie wir die Tiere halten und wo das Fleisch herkommt, wird über den politischen Rahmen geregelt. Dann kannst du im Supermarkt deine Wurst kaufen, ohne dir lange Gedanken machen zu müssen, wie die Zuchtbedingungen waren und ob sich die Sau umdrehen konnte im Stall. Wenn wir uns aber politisch immer nur auf den bequemsten Nenner verabreden, dann macht der Anspruch, die Dinge zum Besseren zu verändern, kaum einen Sinn.

Bei der Frage nach den Emissionen Chinas sind Sie jetzt aber ausgewichen.

China hat noch einen langen Weg vor sich. Aber die Annahme, dass Deutschland allein auf weiter Flur ist, ist falsch. Ich komme gerade vom G-20-Treffen in Indien. Weit mehr Länder als erwartet und auch Indien sagen, wir wollen den Weg zur Dekarbonisierung gehen. Der globale Wettbewerb geht inzwischen um die Frage, wer spielt vorne bei den neuen Klimatechnologien? Die Welt investiert in diese Technologien und erneuerbare Energien.

Sie sind über Monate fast täglich angegriffen worden. Auch durch eine Zeitung, die selten »Heizungsgesetz« geschrieben hat, sondern stark personalisiert: »Habecks Heiz-Hammer«. Hat so ein Dauerfeuer Auswirkungen auf Ihr Leben?

Ja, aber anders, als man vermuten würde. Das, was ich im Moment mache, ist das Beste, was ich in meinem bisherigen politischen Leben gemacht habe. Es bedeutet mir richtig viel, und ich bin stolz darauf. Ich habe immer viel gearbeitet, aber noch nie so viel wie in den letzten zwei Jahren. Ich weiß, wofür ich das tue. Es gibt null Hadern, null Zaudern, null Bedauern, gar nichts. Ich bin ganz verschmolzen mit der Aufgabe, die ich im Moment habe. Es war immer klar, dass es nicht nur Applaus geben würde. Andererseits sind manche Dinge auch leichter gegangen, als ich es mir vorgestellt habe: Wir haben ein Gesetz gemacht, dass in allen Bundesländern, auch in Bayern, zwei Prozent der Landesfläche mit Windkraftanlagen bestellt werden sollen. Da dachte ich, da gibt es richtig was auf die Mütze – aber alle sind jetzt an Bord. Selbst die Bayern sagen, wir wollen Windkraftweltmeister werden. Dabei weiß ich noch, wie ich Markus Söder in meinen ersten Monaten im Amt besucht habe. Seine Haltung war in etwa: In Bayern weht kein Wind, das funktioniert bei uns nicht. *(lacht)*

Es gibt aber im Moment vor allem Gegenwind.

An anderen Stellen ist der erwartete Gegenwind gekommen, ja. Aber das bedaure ich gar nicht, und es ist auch nicht das, was mir in den Knochen steckt. Was mir in den Knochen steckt, ist, dass ich diesen Moment der gesellschaftlichen Veränderung zu spät gesehen habe. Nach dem ersten Jahr des russischen Kriegs gegen die Ukraine und der Energiekrise, wo alles so irre schnell gehen musste, wo es bei Entscheidungen auf Tage ankam, sind wir im gleichen Tempo weitergelaufen. Darüber habe ich viel nachgedacht, denn das sollte mir eigentlich nicht passieren.

Was genau meinen Sie mit gesellschaftlicher Veränderung?

Im Winter grassierte die Angst, nicht genug Gas zum Heizen zu haben. Als wir diese Gefahr gebannt hatten, traten andere Sorgen in den Vordergrund: dass eine neue Heizung zu teuer ist, dass der Umstieg schwierig ist. Das traf auf eine große Krisenerschöpfung, nach all dem, was die Menschen in den letzten Jahren strapaziert hat – die Pandemie, der Krieg zurück in Europa, die Inflation. Wenn in so einer Phase der Verunsicherung auch noch wild Ängste geschürt werden – da kommt jemand, reißt deine Heizung raus –, wird daraus ein schwieriges Gemisch. Die öffentliche Debatte war dann so tosend, dass es erst mal schwer war, genau genug hinzuhören.

Sie sagen, es seien Ängste geschürt worden. Sehen Sie sich denn als Opfer einer Kampagne?
Nein, die deutsche Presse darf schreiben, was sie will. Die Pressefreiheit ist ein hohes Gut.

Das war eine Antwort wie von Angela Merkel.
Das nehme ich in diesem Fall als Kompliment. Eine öffentliche Person zu sein bedeutet, mit Zuschreibungen leben zu müssen. Das gilt für die schlechten Zuschreibungen und für die guten auch.

Lesen Sie denn alles, was über Sie geschrieben wird?
Nein.

Sind Sie aufgrund dieser Stimmung bedroht worden?
Das gehört inzwischen zum Alltag eines Ministers dazu.

Aber war Ihnen das Ausmaß vor Amtsantritt klar?
Nein, in dieser Dimension nicht. Als ich das letzte Mal hier in diesem Büro saß, war ich Landesminister und Parteivorsitzender einer Oppositionspartei. Jetzt bin ich Vizekanzler und Wirtschaftsminister der größten Volkswirtschaft Europas. Mit dem Amt ist ja ein realer Machtzuwachs verbunden, der notwendigerweise auch bedeutet, dass man bestimmte Abschirmungen, Sicherheitsvorkehrungen und so weiter akzeptiert.

Im Vergleich zu früher, als Sie ganz unbeschwert gesprochen haben, scheinen Sie mir in Ihren Antworten sehr viel vorsichtiger geworden zu sein ...
Früher habe ich für mich gesprochen, jetzt spreche ich für Deutschland.

Sie sagen, es gibt eine gewisse gesellschaftliche Geschlossenheit in wichtigen Fragen. Mein Eindruck ist, die Gesellschaft ist heute noch gespaltener als in den Zeiten der Flüchtlingskrise. Gut steht nur die AfD da.
Ich habe, das ist ein paar Wochen her, mal wieder das Braunkohleunternehmen LEAG in der Lausitz besucht und habe dort mit den Auszubildenden gesprochen. Als ich beim vorletzten Mal dort war, haben sie eine große Protestaktion gemacht und gesagt: Herr Habeck, Sie können hier unterschreiben, dass die Kohlekraftwerke bis 2038 weiterlaufen sollen, dann sind wir wieder Freunde. Das konnte ich natürlich nicht – und es herrschte dann eine entsprechend gereizte Stimmung. Als ich kürzlich da war, hatten die ein Modell der Lausitz aufgebaut – mit lauter Gaskraftwerken, Solaranlagen, Windkraftanlagen – und haben zu mir gesagt: Herr Habeck, das ist unsere Zukunft. Helfen Sie uns, diese Zukunft zu bewerkstelligen! Da konnte ich sofort einschlagen – und das erlebe ich auch anderswo.

Sie nennen ein Beispiel aus dem Osten Deutschlands, wo die AfD im Moment die stärkste Partei zu sein scheint.
Ja, möglicherweise werden einige der Menschen, die ich dort getroffen habe, AfD wählen. Trotzdem kann man doch vernünftig miteinander reden!

Sie halten Wähler einer in Teilen extremistischen Partei nicht automatisch für Extremisten?
So ist es. Alles, was ich von der AfD weiß, halte ich für falsch, teilweise für verschwörungstheoretisch, für demokratiefeindlich, teils für faschistisch. Mit den Menschen, die diese Partei wählen, kann ich trotzdem reden. Die werden hinterher nicht die Grünen wählen, die werden vermutlich auch niemals sagen, Robert Habeck ist ein prima Politiker.

Das erwarte ich auch gar nicht. Aber ich bin fest davon überzeugt, dass es richtig ist, miteinander zu sprechen.

Auf welchem Feld müssten die anderen Parteien besonders aktiv werden, um der AfD endlich etwas entgegenzusetzen?
Erst mal braucht man spürbare, greifbare Erfolge. Die sind ja da.

In der Ampel nimmt man weniger die Erfolge als den Streit untereinander wahr.
Das Entscheidende ist, dass wir in der Ampel gesehen haben: Niemand hat vom Streit oder von öffentlichem Schlechtreden profitiert. Wenn einer der drei Regierungspartner im Moment in den Umfragen durch die Decke gehen würde, würde man sagen, okay, für den ist es ja offensichtlich eine gute Strategie gewesen. Das ist aber nicht der Fall.

Und was waren noch mal die Erfolge?
Wir haben eine Energiekrise und eine Gasmangellage abgewendet im letzten Jahr, die Energiepreise gehen wieder runter. Wir konnten das russische Gas ersetzen. Wir haben mit der Fachkräftezuwanderung die ökonomischen Grundlagen geschaffen, dass genug Fachkräfte kommen können. Es gibt Fortschritte bei der Digitalisierung, beim Ausbau der Erneuerbaren. Die CO_2-Emissionen sinken. Und vieles mehr. Man kann das, was gerade in Deutschland passiert, also auch stark erzählen. Ich breche aber an dieser Stelle ab, um nicht den Eindruck zu erwecken, dass ich die Probleme übersehe.

Sie nennen – wie vor fünf Jahren auch – nicht die Migrationspolitik, also das Thema, das bei uns und in vielen anderen Ländern die Rechte so stark macht.
Die gehört ohne Frage dazu, wie soziale Gerechtigkeit, wie die Gleichwertigkeit der Lebensverhältnisse. Auch weil sie sich natürlich dazu eignet, Probleme zu externalisieren, also anderen die Schuld zu geben. Auch da, wenn ich das sagen darf, hat meine Partei, die ja woanders herkommt, unter Schmerzen einen großen Schritt getan, indem sie die europäische Handlungsfähigkeit im Asylrecht mit unterstützt hat.

Nach langem Streit hat sich die EU auf eine Reform des Asylrechts geeinigt. Das Ziel: den Zustrom von Menschen ohne Anrecht auf Schutz zu reduzieren. Einige in Ihrer Partei sehen das immer noch als Verrat am Selbstverständnis der Grünen.

Am Ende haben wir es aber in der Regierung gemacht. Obwohl immer im Raum steht, die Grünen kreisen nur um sich selbst. Das ist überhaupt nicht wahr: Wir haben mit dem Asylkompromiss und mit vielen anderen Entscheidungen staatsbürgerliche Reife bewiesen.

Sie wollen nicht mehr Milieupartei sein, das war vor fünf Jahren Ihre programmatische Ansage. Jetzt sind Sie in den Umfragen relativ stabil bei 14 bis 15 Prozent. Wenn man sich Ihre Wähler anschaut, dann muss man feststellen, es ist schon ein sehr eigenes Milieu. In den Achtzigerjahren waren es vor allem Menschen mit geringem Einkommen, aber gut gebildet, die die Grünen gewählt haben. Es waren auch viele Arbeitslose darunter. Heute sind unter den Menschen, die am besten verdienen in Deutschland, die meisten grünen Wähler.

Es gibt eine Korrelation der grün wählenden Menschen mit dem Bildungsabschluss, und in der Regel folgt ja einem höheren Bildungsabschluss ein höheres Einkommen im Laufe des Lebens. Insofern kann man das nicht abstreiten. Aber die DNA der Partei ist ja nicht, für Leute mit höheren Einkommen Politik zu machen – ganz im Gegenteil. Es mag Milieuzusammensetzungen geben, wahrscheinlich gilt das in irgendeiner Form für alle Parteien. Die Frage ist: Ruht man sich darauf aus? Und da ist es eine Klischeezuschreibung, dass meine Partei in besonderem Maße selbstreferenziell ist, also Politik fürs eigene Milieu macht. Es ist genau andersrum: Wir sind in den letzten Monaten geradezu über uns hinausgewachsen, Entscheidungen zu treffen, die wir nicht im Parteiprogramm hatten und die nicht gerade milieukonform sind.

Sie haben von der Macht gesprochen, die Ihnen zugewachsen sei. Spüren Sie manchmal auch Ohnmacht in Ihrem Amt?

Die Macht überwiegt eindeutig, aber noch einmal: Die Macht ist ein Arbeitsauftrag.

An welcher Stelle spüren Sie die Ohnmacht?
Ohnmacht ist das falsche Wort, weil ich ja durchaus Möglichkeiten habe, Dinge zu ändern. Aber die Aufgaben sind so vielfältig und so groß, dass ich manchmal wünschte, der Tag hätte 48 Stunden. Dann könnte ich mehr reden und mehr Überzeugungsarbeit leisten – und auch noch häufiger nachfragen. Klar.

Wenn das Heizungsgesetz verabschiedet wird – war es das dann mit dem Klimaschutz für diese Legislaturperiode? Das jedenfalls hört man aus allen Ampelparteien – auch aus Ihrer.
Ihre Frage geht von einem Missverständnis aus. Als ob Klimaschutz nur aus neuen Gesetzen besteht und dann ist alles erledigt. Es geht ums reale Tun. Wir erneuern die Industrie, bauen unser Energiesystem um, beschleunigen weiter den Ausbau von Wind- und Solarenergie, organisieren die Wasserstoffinfrastruktur ... Wir sind mittendrin.

Kommt denn die umstrittene Subvention der Energiepreise für die Industrie, die Sie sich so sehr wünschen – aber die von kleineren Betrieben abgelehnt wird, weil die befürchten, dass die größeren dann einen Kostenvorteil haben?
Es geht um die energieintensive Industrie. Aber da kann ich keinen Durchbruch vermelden. Ich halte das zwar für notwendig und habe dafür geworben, der Finanzminister und der Bundeskanzler sind da aber bekanntlich sehr skeptisch.

Für was genau: für eine längerfristige Subvention oder eine auf wenige Jahre beschränkte Brückenförderung?
Für eine Brücke, die lang genug ist, dass dann ausreichend andere Energie da ist. Die dauerhafte Lösung wird so aussehen: Die große Industrie in Deutschland, also die Stahlindustrie oder die Chemieindustrie, aber auch kleinere produzierende Gewerbe bekommen Zugang zu erneuerbarer Energie. Da sind die Produktionskosten sehr günstig. Nur müssen die Wind- und Solarparks in der Menge noch gebaut werden. Und klar, mein Leben wäre einfacher, wenn die vorherige Regierung damit schon früher angefangen hätte. Hat sie aber nicht.

Mit welchen Kosten rechnen Sie?
Um die 20 Milliarden Euro auf sechs Jahre.

Aber müsste man dafür nicht ein viertes Mal in vier Jahren die Schuldenbremse aussetzen?
Beim Industriestrompreis ist der Vorschlag, ihn über das Sondervermögen zu finanzieren, das wir zur Bewältigung der Energiekrise eingerichtet haben. Die Schuldenbremse erneut auszusetzen – das geben die wirtschaftlichen Daten nicht her, und der Koalitionsvertrag tut es auch nicht. Wir haben über den Klima- und Transformationsfonds Möglichkeiten geschaffen, große Investitionen zu tätigen. Das sind Milliardensummen, die wir ausgeben. Ich mache aber keinen Hehl daraus, dass ich mit mehr Möglichkeiten mehr machen könnte – und meine, dass Deutschland mehr machen müsste. Wir sollten stärkere Investitionsanreize setzen, durch bessere steuerliche Abschreibungsmöglichkeiten für Klimainvestitionen, für Ausgaben in Forschung und Entwicklung, oder auch die degressive AfA. Damit können Investitionen schneller abgeschrieben werden, das ist steuerlich für die Unternehmen attraktiv und setzt einen Impuls. Wir können auch selbst über staatliche Unternehmen mehr investieren – etwa bei der Bahn.

Die Schuldenbremse wird für den Rest der Legislaturperiode eingehalten?
Ja. Immer vorausgesetzt, es passiert nichts Unvorhergesehenes.

Sie wissen, dass Deutschland heute vielerorts wieder verglichen wird mit dem Zustand von 2003, als wir »der kranke Mann Europas« genannt wurden.
Krank sind wir nicht, aber etwas untertrainiert. Und das hat speziell für Deutschland zwei Gründe. Wir sind Exportnation, rund 50 Prozent unseres Bruttoinlandsprodukts kommen durch Exporte zustande. Die Exporte haben uns reich gemacht, die Wirtschaft ist dadurch sehr stark gewachsen, aber wenn die Weltwirtschaft, zum Beispiel in China, schwächelt, haut es bei Deutschland stärker ins Kontor. Und es ist ja erst ein Jahr her, dass uns ungefähr die Hälfte des Gases flöten gegangen ist – eine solche Abhängigkeit von Russland hatten andere Länder nicht.

Sehen Sie das als die alleinige Erklärung für die letzten drei Quartale, in denen wir schlechter dastanden als die meisten vergleichbaren Länder?
Es gibt noch eine Erklärung, die dazukommt: dass die Binnennachfrage schwächer ist, aber das gilt natürlich in anderen Ländern auch. Die Inflation sorgt dafür, dass Menschen weniger Geld haben, der hohe Zinssatz sorgt dafür, dass Investitionen teurer werden und weniger investiert wird. Das ist seine Kehrseite. Also im Grunde ist das, was wir in der Bauwirtschaft jetzt sehen, der Effekt. Das klingt bitter und zynisch, aber es ist das Ziel der Zentralbanken, Investitionen abzudämpfen, um die Inflation nicht weiter hochzuziehen.

Sie wissen, dass von Unternehmerseite noch andere Gründe angeführt werden: der Alleingang beim klimapolitischen Umbau der Industriegesellschaft, die Regulierungswut, die hohen Energiepreise – und die generelle Unsicherheit, ob genug Energie da sein wird.
Was die Sicherheit angeht, dass wir genug Energie haben, die ist garantiert. Die Versorgungssicherheit steht immer über allem! Im Moment haben wir in Deutschland enorme fossile Kapazitäten. Die werden wir nicht abschaffen, solange wir nicht klimaneutralen Ersatz haben. Was den klimaneutralen Ersatz anbelangt, haben wir doch gerade etwas Gutes verkündet: Wir haben uns mit der Europäischen Kommission geeinigt, dass wir bis 2030 den Bau klimaneutraler Kraftwerke mit einer Leistung von insgesamt bis zu dreißig Gigawatt staatlich fördern werden. Das entspricht dem, was rund dreißig Atomkraftwerke leisten würden. Solange wir keinen Wasserstoff haben, läuft ein Teil dieser neuen Anlagen mit Erdgas, sie werden aber gleich so gebaut, dass sie umrüstbar sind auf Wasserstoff.

Eine Umfrage der »FAZ« bei Spitzenmanagern und Unternehmern hat ergeben, dass die meisten dem Satz zustimmen, »Deutschland hat seinen Zenit überschritten – und seine besten Jahre hinter sich«. Und *off the record* stimmen CEOs noch ganz andere Töne an: Es sind wirklich düstere Aussichten!
Wir müssen an der Wettbewerbsfähigkeit arbeiten, hart arbeiten, und wir haben kollektiv in der Vergangenheit weggeschaut. Es kann ja keine

Überraschung sein, dass wir als Gesellschaft älter werden. Dass wir eine klaffende Lücke an Fachkräften haben. Dass andere Länder in der Digitalisierung weiter sind als wir. Dass fast halb Europa intelligentere Stromsysteme hat. Oder dass wir bei Genehmigungsverfahren mit ausgedruckten Akten arbeiten. Das sind alles keine neuen Erkenntnisse. Da ist ein politischer Schlendrian gewesen, und der muss jetzt beseitigt werden. Wir müssen Investitionshemmnisse wegräumen, Bürokratie reduzieren, bei den unzähligen Berichtspflichten entschlacken. Da sind wir dran. Insofern, ja, wir müssen an unserer Wettbewerbsfähigkeit arbeiten. Aber was mich umtreibt an dieser Haltung, wir hätten den Zenit überschritten – das klingt alles nach schlecht gelaunter Untergangsstimmung.

So ist aber die Lage ...
... dann müssen wir da rauskommen! Dann müssen die Vorstandsvorsitzenden die Mentalität mit verändern! Darf ich noch ein Beispiel erzählen? Ich habe letzte Woche Thyssenkrupp einen Förderbescheid über zwei Milliarden Euro übergeben – die investieren noch mal mehr für den Standort Duisburg in grüne Stahlproduktion, bauen ein Riesenwerk auf. Das Ding hatte eine Vorgeschichte: Sechs Wochen vorher war ich bei einer Demo, 12 000 Stahlkocher in T-Shirts, auf denen stand: »Stillstand hat noch nie etwas bewegt!« Die haben gesagt: Wir sind die Klimaschützer, wir wollen hier den Standort aufbauen, das Werk weiterentwickeln, für unsere Stadt und unsere Familien. Normalerweise dauert so ein Genehmigungsbescheid ein bis zwei Jahre. Ich habe ihnen den sechs Wochen später vorbeigebracht. Die Stahler haben mir zum Dank ein Herz aus Stahl geschenkt.

Frei nach Herbert Grönemeyers Bochum-Hymne: *Du hast 'n Pulsschlag aus Stahl.*
Das ist jetzt eine kleine Anekdote, aber sie zeigt etwas. Wir reden ja über Mentalität. Diese Leute hatten auf dem T-Shirt nicht stehen: »Wir gehen in den Untergang, wer geht mit?« Die haben auch nicht gesagt: »Habeck, hilf uns.« Die Haltung war: »Wir wollen! Machst du mit?« Ich will die Probleme nicht wegreden, aber ich will, dass wir sie angehen mit der Haltung: Das lösen wir jetzt! Ich sehe diese ganzen

Überschriften, ich lese die Artikel, ich treffe die CEOs permanent, ich bin mit den Vorsitzenden der Verbände durch Videoschalten in Verbindung. Und mit dem ganzen Wissen, das ich habe, sage ich jetzt: Das ist eine Situation, die wir bestehen können, wenn wir es denn wollen.

Ist es nur eine Frage der Mentalität, wenn allein 2022 125 Milliarden Euro mehr Direktinvestitionen aus Deutschland abgeflossen sind, als im gleichen Zeitraum hier im Land investiert wurden, wie Zahlen des Instituts der deutschen Wirtschaft zeigen? So viel wie nie zuvor. Und wenn wir bei einer Zukunftstechnologie, diesmal der KI, wahrscheinlich wieder wenig Eigenes auf die Beine stellen werden?
Allein die Zahl der Unternehmen, von denen wir wissen, dass sie in den nächsten drei Jahren über 100 Millionen Euro investieren wollen in Deutschland, ist groß. Gut zwei Dutzend Firmen wollen einen Gesamtwert von 80 Milliarden Euro investieren. Und erst diese Woche hat der taiwanesische Halbleiterhersteller TSMC seine Standortentscheidung für Dresden angekündigt. Infineon investiert, Intel. Deutschland – und gerade auch der Osten – wird zum Hub für Mikroelektronik. Und bei KI könnte ich Ihnen lauter Beispiele nennen für Mittelständler, die Großartiges entwickeln. Deutschland kann was.

Vor fünf Jahren haben wir ganz zum Schluss über Ihre Aversion gegen das formelle Protokoll gesprochen. Sie sagten: »Das Letzte, wonach ich Sehnsucht habe, sind Krawatten.« Sind sie Ihnen in der Zwischenzeit vertrauter geworden?
Ja. Und es gibt auch Situationen, in denen ich vorher nie war: Feierstunden im Bundestag, in denen der Opfer des 17. Juni gedacht wird, des Holocausts – oder Staatsbesuche, wo mir das dann auch angemessen erscheint. Also: Hat sich anders ergeben, es gibt jetzt wichtigere Dinge in meinem Leben als die Krawattenfrage.

Giovanni di Lorenzo hat in den vergangenen 33 Jahren Gespräche mit Zeitgenossen geführt, die sich an Wendepunkten ihres Lebens befinden oder auf große Einschnitte zurückblicken. Er hinterfragt das Medienbild, mit dem viele Prominente leben – immer auf der Lauer nach einem Moment der Authentizität: Mal entlockt er seinen Gesprächspartnern komische Offenbarungen, mal ganz und gar tragische. Und es überrascht, wie nah sie uns dabei kommen.

AXEL HACKE
GIOVANNI DI LORENZO

Wofür stehst Du?

WAS IN UNSEREM
LEBEN WICHTIG IST –
EINE SUCHE

Axel Hacke und Giovanni di Lorenzo haben zusammen ein ungewöhnliches Buch geschrieben. Sie stellen die große Frage nach den Werten, die für sie maßgeblich sind – oder sein sollten. Statt aber ein Handbuch der Alltagsmoral zu verfassen, haben sie vor allem in ihren eigenen Biografien nach Antworten gesucht.

»Ein Buch über die Angst und darüber, wie man ihr standhalten kann« *Frankfurter Allgemeine Zeitung*

Helmut Schmidt
Giovanni di Lorenzo

Verstehen Sie
das, Herr
Schmidt?

Die Fortsetzung der klugen, unterhaltsamen und kurzweiligen
Gespräche zwischen Giovanni di Lorenzo und Helmut Schmidt, in
denen es um die große Weltpolitik, das Versagen der deregulierten
Finanzmärkte oder den Zustand der SPD geht, aber auch um sehr
persönliche Erinnerungen und Einsichten.

Roberto Saviano / Giovanni di Lorenzo
Erklär mir Italien!
Wie kann man ein Land lieben, das einen
zur Verzweiflung treibt?

Aktualisierte
Neuausgabe

KiWi

Sehnsuchtsort der Deutschen, Sorgenkind Europas: Wie kann ein Land bloß so schön und doch so verdorben und verwirrt sein – eine Frage, die sich nach den Wahlen im März 2018 noch dringlicher als zuvor stellt. Zwei Männer, die Italien eng verbunden sind, versuchen im Gespräch dieses Rätsel zu ergründen.

»Italien ist voller Talent, Wagemut und Heldentum. Es ist bunt, elegant und chauvinistisch, boshaft und verlogen.« *Roberto Saviano*